现代职业教育研究前沿论丛

丛书主编：王振洪　祝鸿平

U0756338

2022年度教育部人文社会科学研究规划基金项目
"高职教育先前学习认定的国际经验和中国路径研究
（项目批准号:22YJA880003）"

高职教育先前学习认定研究

岑　建◎著

华中科技大学出版社
http://press.hust.edu.cn
中国·武汉

内 容 简 介

全书分为八章:第一章论述基于学习成果的先前学习认定将在高职教育"产出治理"中发挥重要的推动作用;第二章分析高职教育开展先前学习认定的思想渊源、逻辑起点,及其内涵与表达;第三章从国际研究和国别研究中提炼世界先前学习认定发展的经验;第四章论述在先前学习认定的过程中,国家资历框架所起到的规制、标准、桥梁和质量保证作用;第五、六、七章从实践的角度论述高职院校先前学习成果认定、积累和转换等三项核心内容,其中,积累和转换可以被认为是认定的延伸与应用,认定也可以被看作是三者广义的概念;第八章论述如何保证先前学习认定的质量。

图书在版编目(CIP)数据

高职教育先前学习认定研究 / 岑建著. -- 武汉 : 华中科技大学出版社,2025.5.
ISBN 978-7-5772-1806-9

Ⅰ. G718.5

中国国家版本馆 CIP 数据核字第 2025LK5231 号

高职教育先前学习认定研究
Gaozhi Jiaoyu Xianqian Xuexi Rending Yanjiu

岑 建 著

策划编辑:张　毅
责任编辑:张　毅
封面设计:廖亚萍
责任监印:朱　玢
出版发行:华中科技大学出版社(中国·武汉)　　电话:(027)81321913
　　　　　武汉市东湖新技术开发区华工科技园　　邮编:430223
录　　排:武汉正风天下文化发展有限公司
印　　刷:武汉科源印刷设计有限公司
开　　本:710mm×1000mm　1/16
印　　张:14.5
字　　数:285 千字
版　　次:2025 年 5 月第 1 版第 1 次印刷
定　　价:89.00 元

总序

━━━━━━━━━━━━━━ ● ● ●

职业教育是国家教育体系中不可或缺的重要一翼。伴随着现代化建设进程的加快,职业教育不断壮大。时至今日,我国已经建成了世界上规模最大的职业教育体系,党的十八大报告中提出的"加快发展现代职业教育"更是将职业教育由"大"变"强"作为共同愿景上升到了国家战略的高度,表明了我国加强现代职业教育的决心和信心。职业教育不仅大有可为,更应当大有作为。作为职业教育重要的理论支持,职业教育研究也应当大有可为、大有作为。

一个领域的研究水平往往代表着这个领域的发展水平。作为教育学中的"后生",我国职业教育研究的历史并不算长,但研究热情之高、总体趋势之好、形式内容之丰富都是前所未有的。一大批职业教育人将职业教育研究作为追求的方向与目标,积极回应和破解职业教育改革发展中的现实问题、重点问题以及难点问题,积极探索中国特色职业教育的发展路径,取得了一批高水平、影响大、可借鉴的研究成果,推动了职业教育的发展。

但是,职业教育研究的总体成就与其他学科相比仍有差距,在国际舞台上的声音还不够响亮。职业教育尚有许多理论问题和实践问题需要通过深入的科学研究来进一步厘清和解决。在这样的时代需求中,"现代职业教育研究前沿论丛"的主编单位——浙江省现代职业教育研究中心(以下简称"中心")应时而谋、顺势而生。中心前身为金华职业技术学院高职教育研究所,其作为浙江省成立最早的高职教育研究所之一,多年来致力于专深的职教研究。为适应新常态、谋求新作为以及实现新发展,2012年5月,金华职业技术学院联合浙江省教育科学研究院成立了浙江省现代职业教育研究中心。2013年1月,中心获批成为浙江省哲学社会科学扶持型研究基地;2015年2月,中心正式成为浙江省哲学社会科学重点研究基地,是浙江省目前唯一依托高职院校的省级哲学社会科学重点研究基地。浙江省现代职业教育研究中心的成立虽然只有四年时间,但以金华职业技术学院高职教育研究所为起点,已有十余年的发展历史。在这十余年里,依托国家示范性高职院校建设项目,中心取得了丰硕的成果。作为职业教育的实践者、思考者和记录者,中心始终紧扣改革主题,专注现代职业教育研究,在职业教育研究领域中不断发挥先导作用,形成了一定的知名度和影响力。

现代职业教育的快速发展需要强有力的科学研究作支撑,而"现代"两字凸显了发展职业教育的时代性,赋予了职业教育新目标和新内涵,同时给职业教育研究提出了新命题和新要求。当前,职业教育进入一个全新的发展阶段,职业教育研究不仅要因势而动、积极求变,更要有的放矢、精准发力,围绕新常态下职业教育的新议题展开一系列的思考和探索,用职业教育理论来说明和阐释职业教育实践,用职业教育实践来丰富和发展职业教育理论,使两者互为补充、齐头并进。这既是现代职业教育发展的现实要求,又是广大职业教育人的责任担当。浙江省现代职业教育研究中心正是抱着这样的初衷出版"现代职业教育研究前沿论丛",作为中心的一员,我深感快慰。

丛书由浙江省现代职业教育研究中心主编,旨在通过优秀成果的集中展示反映当前职业教育的研究水平,可谓是职业教育研究者的一次集体思想行动。丛书的研究选题聚焦于目前职业教育中的一些热点、难点问题,基本代表了现阶段职业教育的理论前沿,将陆续呈现给读者。我们期待未来能有更多的职业教育研究者加入这一集体行动中来,将先进思想通过"现代职业教育研究前沿论丛"落地生根,为职业教育走向未来注入新理念、新智慧和新方法,使更多人认识职业教育、认可职业教育、推崇职业教育!

借此机会,我们把这套丛书推荐给广大职业教育的支持者、改革者和实践者,同时瞩望浙江省现代职业教育研究中心继往开来、砥砺奋进、乘势而上,取得新的更丰硕的研究成果!

是为序,更为盼。

亚洲职业教育学会(AASVET)原会长
中国职业技术教育学会原副会长兼学术委员会执行主任
华东师范大学职业教育与成人教育研究所原所长、教授、博士生导师
浙江省现代职业教育研究中心学术委员会主任
石伟平
2016 年 7 月于上海

前言

——— o o o

在我们生活的这个知识社会里，知识更新越来越快，知识密集度越来越高，学习强度越来越大，学习和工作联系越来越紧密。在这种情况下，人们除了关注机器和工具等"硬"生产要素外，更加关注人力资本这种高价值的"软"生产要素。高效率、高效益地获取新知识和新技能的学习潜力、能力和灵活性，已经逐渐成为人们适应这个复杂和快速变化的世界的必备素养。每个人都需要通过各种形式的学习来获得和调整能力（知识、技能和态度），以应对各种挑战。

传统的学校教育（或正规学习）已经难以满足社会和个人应对社会快速变化的学习需求，因为所谓"教育"，实际上就是对"先进文化"的传递，但许多内容可能并不在书本上，而已经在书本上的，原本也是鲜活的生活经验或休闲娱乐的个体体验经过提炼后的实践智慧和去情境后的理论提升。很多知识、技能和思想观念已经随着环境的改变不再合乎时宜而逐渐被淘汰，而从现时的实践中学习的知识和技能却能始终保持"新鲜"的味道。这就意味着，人们除了正规学习之外，还必须充分利用就业培训、工作环境、社区活动、日常生活等学习情境，持续地进行自我导向学习和社会导向学习。

社会正在转变为一个学习型社会，人们已经从关注教育转而关注终身学习和全方位学习。在这个社会中，终身学习的主要利益相关者个人、组织和学习系统之间需要良好的权利平衡，学习者将在终身学习规划中获得真正的发言权。当这种发言权映射到现实中时，人们的工作和学习活动、教育和培训系统、社区活动和劳动力市场之间越来越需要建立更有效的联系，即学习和工作的联结越来越紧密。当前社会越来越多的在校学生参加社会实践、岗位实训、社区活动和职业培训，越来越多的在职人员选择在职的本科或研究生教育，或参加各种成人教育和在线学习。而且，各种开放学习资源越来越丰富，学习的类型越来越多元，学习的空间越来越广阔，人们对学习的选择也越来越自由，社会积累了大量的非正规和非正式学习成果（即先前学习成果）。这些先前学习成果大多数是在工作和生活中获得的实践智慧，是创新性劳动和开拓性发展不可或缺的知识、技能和能力。

这似乎为高职教育的发展开启了另一条光明的大道，因为高职教育是学习与工作结合最为紧密的教育类型。在高职教育中,诸如校企合作、工学结合、产教融合、学徒制等系统性的人才培养模式改革,能力导向、成果导向、基于工作过程等理念的课程改革,以及项目化、理实一体化的教学方式改革等,都是学习与工作相结合的典型范例,也是塑造高职教育类型特征的推动力量。在这一系列改革之下,产生了大量的竞赛奖励、荣誉证书、技术项目、专利发明、科研论文、培训证书等存在形式的先前学习成果。这些成果与正规学习成果一样,是学生未来职业发展和终身学习的基本能力,甚至是核心能力。而且,近年来,高职教育的学习者已经扩大到转业军人、新型农民、农民工、下岗工人、转岗工人等群体,他们在先前的工作和生活中已经积累了丰富的工作经验,这对他们未来的职业发展将会有很大的作用。

这时,我们面临一个非常现实的问题。这些先前学习成果是正规教育体系以外的"非正规"成果,在现有的学习评价或教育评价标准中找不到它们可以参照的"坐标",既难以得到政府权威部门、其他教育和培训机构、社会组织和行业企业的认可,也不能在社会流通和自由转换。特别是,这些学习成果在很大程度上处于缄默或非透明的状态,学习者自己可能都不清楚它们的存在和价值。如何使这些先前学习成果从隐匿、不可见转变为明确、可见,以提高成果的可用性和辨识度就变得很重要。

国家对先前学习的认定,标志着开启了一个巨大而未开发的潜在知识与技能资源库。它是基于学习成果的学习评价制度,学习者在专业人员的帮助下,经过批判性反思、创建档案袋和搜集证据等活动,总结提炼出先前在工作、生活、社会实践等非正规和非正式情境中获得的知识、技能及能力,以正规教育标准或国家资历框架[①]为依据,对这些成果进行识别、认可和认定,使之从非正规转向正规,从缄默转向明确,从隐匿转向透明,并通过学分授予、积累、转换等程序,获得高等教育入学许可、课程豁免,或直接获得学历证书或职业证书等。如果是校企合作或企业主办的先前学习认定,学习者还可能获得企业就业、薪资增长或职位晋升等机会。在本质上,这是一条通向高等教育和高质量就业的"替代路径",打开了个人通向成功的"机会之窗"。

为此,从20世纪90年代开始,美国、澳大利亚、法国、德国等发达国家将实施先前学习认定制度置于国家教育政策改革的关键位置,得到了欧盟、联合国教科文组织等众多国际组织的大力推崇和支持,并形成了各具特色的制度模式。2010年,我国《国家中长期教育改革和发展规划纲要(2010—2020年)》提出"建立学习成果认定体系,实现不同类型学习成果的互认和衔接"。近5年,要求"实现各类学习成果

---

① 我国香港特别行政区和台湾地区已经建立了区域性的资历框架,但大陆地区目前还没有建立国家层面的资历框架。因此,本书中所提到的我国国家资历框架仅指在大陆地区统一适用的资历框架。

的认证、积累和转换"更是在《中国教育现代化 2035》（2019 年）、《国家职业教育改革实施方案》（2019 年）、《关于做好职业教育国家学分银行建设相关工作的通知》（2020 年）、《关于推动现代职业教育高质量发展的意见》（2021 年）等政策及新修订的《中华人民共和国职业教育法》（2022 年）中反复强调，充分体现了我国建立高职教育先前学习认定制度的重要性和紧迫性。

　　探索这条替代路径困难重重，需要开展大量深入的研究。因而，本书抛砖引玉，希望能为该领域后来的研究者和实践者做一些铺垫。

岑　建

2025 年 2 月

于金华职业技术大学

目录

————————○ ○ ○

第一章 高职教育的产出治理转向

现有的许多评价活动从指向上来说属于条件评价,即主要评估高职院校与教师对教学工作的经费、设备、时间的投入状况,于教育质量而言这种条件评价是间接的。而学生学习成果评价直接指向学生的学习状况,直接反映教学质量的本质。注重产出的质量管理方式因其直面学生学习增值,强调教育成效证据而备受各国关注。衡量教育的有效性,走向基于证据的教育实践,关注学习成果、教育产出等基于成果的教育评价,已然成为教育现代化发展的趋势。当前在高职教育中推行的"能力本位""基于工作过程"的课程改革,以及"基于产出的教育"(OBE)的专业认证,传递了一个共同的理念:学生学到什么和能做什么远比在哪里学习、如何学习和什么时候学习重要。于是,正规教育中将形成一个"学习产出"驱动整个课程活动和"学习产出"评价教学质量的结构和系统,最后会形成"产出治理模式"(output governance models)。一些国际组织正在积极促进这种治理模式在世界各国的探索和实施。

总之,驱动高职教育系统运行的应该是学习产出而非学习时间或教学资源的投入,是学习中心而非教育中心,是学生中心而非教师中心,是产出导向而非投入导向。本质上,学习成果是教学安排的核心,或者说是基于证据的学习导向。同样的学习经历和时间投入不一定会产生同样的学习成果,即使是同样的学习成果,成果的质量水平也可能不同。而且,评价成果必定要用到证据,也只有证据,才能证明有多少学习成果、有什么样的学习成果、学习成果是否达标,才能把校内和校外的学习成果,正规和非正规、非正式的学习成果纳入同一个系列。更为重要的是,组织学习成果证据的过程,是一个反思学习和学习反思的过程。

第一节 高职教育需要完整的学习体系

当前各种基于教育产出的改革主要针对正规教育,但对于高职教育而言,技术技能人才的成长规律要求学生学习不能仅仅局限于校内,还需要在工作岗位上实践;也不能仅仅局限于正规学习,还需要重视非正规学习和非正式学习对自身成长的重要作用。因此,基于学习成果的先前学习认定制度也必然要成为高职教育制度体系改革的重要内容。高职院校的教学组织和课程被视为手段而非目的,应当围绕学习产出,推动课程结构、学业评价、教学内容、资源支持等同步改革,如果它们无法为培养技术技能人才做出贡献,就要被重建。教学目标是由行业中的专家,根据岗位分析得出的能力(学习成果),反推出来的。学校再根据教学目标进行一系列的教学安排,例如设计课程结构、学习内容、教学任务,并进行学习评价等。也就是说,不论课程如何丰富,教学时间和资源投入如何充足,教育质量评估最终要看学生能够获得多少能力,即学生知道多少、理解多少、能做什么,学生学习后在现实生活中能够应对多大的挑战,在工作、生活中能承担多大的责任。否则,可能就会本末倒置。

一、终身学习需要打破传统教育的时空限制

为经济和社会发展培养高素质的技术技能人才是高职教育的核心目标。技能形成的"黑箱"让最深刻的技术看似消失,实际却融入了每天的工作生活当中以至于不可分辨,这就是人们常说的"缄默性"或"潜在性"。而且,技能大多具有个体性,是智力与体力的融合,学习者的工作生活经历、天资禀赋,教师或师傅的教学能力与技能水平,学习的情境和个人投入等都是技术技能形成及其发展程度的"变量",任何一个因素发生变化,都会影响个人技能的发展。此外,技术技能形成的复杂性还在于其不断寻求对产业的适应。随着"知识社会"向"学习型社会"转变,技术在生产生活中的革命性作用越来越明显,个人的技能必须能够跟上甚至超越社会组织对技术技能的需求,正规学习内容和手段的滞后性必然不能满足个人和组织对技术技能发展的需求。德雷福斯模型深刻地解释了从"新手"到"专家"长期的非线性的技能形成过程。长期以来,高职的学习者[①]被要求在学校教育的规范中学习技术技能,而忽视了技术技能形成和积累的历时性、特殊性和复杂性。

而且,从人类发展的历史来看,每个人的形成都是个体生命与周围世界连续互动的结果,无论是与自己、社会还是自然。人类能够从他们经历的任何情况中学习,学习贯穿他们的一生,从而形成了独特的技能结构和个体的知识储备,人也不断地通过多维经验和学习转变社会身份。因此,富尔等认为,学习型社会应该将教育的功能扩展到社会的各个方面。

在学习型社会中,学习变得更加复杂而普遍。因为在学习型社会中,终身学习是非常必要的,获得能力并不局限于正规学习,还包括非正规和非正式学习,所有这些形式的学习都应被视为有价值的学习。国家的政策更加关注教育在维持、扩大社会和经济财富增长中的先决条件的作用;人们也更坚定地认为:学习是重要的、有价值的,学习者必须终身承担起自我学习的责任,在他们的一生中投资自己

---

① 高职院校兼具职业教育和技能培训的功能,进入高职院校学习的不仅有正规学历教育的学生,还有大量的企业工人和其他社会人员,在本书中统称为学习者。

的潜能,同时考虑到他们先前的学习。因此,教育的目的应该是"优化"职业间的流动性,并不断地激发学习者学习和自我培训的愿望,而不应只是为学习者终身从事的特定职业做准备。如果学习涉及一个人一生的时间跨度和多样性,涉及整个社会,包括经济以及教育资源,那么我们必须改革现有的正规"教育系统"预设的固定模式,努力促成"使人成为他自己"的终身学习。

高职教育既是"工作"与"学习"连接最紧密的教育类型,也是终身学习最直接的推动力量。在以职业院校为中心的技能形成体系中,技能本身的异质性和学习过程的内隐性,以及信息技术的快速发展,高新技术的加速迭代,产业结构的深刻变革,等等,都要求打破学习的时空限制,让原本封闭的职业教育体系从内容到形式进行改革,开放其教学过程来满足学习者和社会组织对技能的多方面需求。要求高职院校推倒"围墙",走向社会,向社会大众开放,构成利益相关者共同参与的技能积累的社会组织。

二、宽生学习需要重视非正规和非正式学习

变化是人类的主要状态。在快速变化的现代社会中,信息技术加速了生产方式和生活方式的变革,促使新行业、新业态、新岗位、新职业不断出现,学习者仅靠学校预设并传授的基于窄口径岗位要求的专业知识和技能,或者流水线单一工种的操作技能难以适应快速迭代的技术岗位对新技术的要求。个人的职业发展有必要通过各种形式的学习来获得和调整能力,以应对各种挑战。

在这种背景下,2007 年,美国非正式与正式环境学习中心提出了"宽生学习(life-wide learning)"的概念,从横向的空间(场景)宽度上,把学习概念与人的学习如何跨越各种社会场景紧密地联系起来。从个人的发展来看,学习的目的不应局限于对知识的深刻掌握,还应着眼于培养学习者未来处理迁移性任务的能力,这些任务既可能是在正式的环境中进行,也可能是在非正式的环境中进行的。从这个角度来说,宽生学习(或全方位学习)可以理解为学习者在真实世界中的各种学习活动。它没有边界,不局限在学校、教室、课堂中,更关注在非正式学习环境多场域和情境下的学习。

纵观历史,人们一直在为加强和实践自己的专业技能去做充分的准备,从中世纪到工业时代一直如此,在现代学习型社会中也是如此。现行的职业教育和培训体系是不断变化的社会经济和社会文化的一部分,需要随之不断地调整甚至创新。在过去,只要获得一个资格证书就足以在社会和劳动力市场上占据一席之地,但在当前不断向学习型社会转型的过程中,需要灵活、持续和更具适应性的学习,以保证公民在当今劳动力市场上的生存能力。政府、大学、企业、个人等所有参与者紧跟这一发展潮流是至关重要的。在历史上,个人从来没有像在学习型社会中一样,

有机会通过学习获得如此大的控制权来指导自己的职业生涯。

而且,在整个生命历程中进行的学习将塑造和构成每个人的身份,决定其行为、态度、信仰、价值观和动机,学习过程在个体和社会的紧密关系中持续推进。学习过程不限于正式教育领域,日常生活(非正式学习环境)是大多数学习发生的地方。人类在生活世界的各个空间中获得经验学习和构建知识,促进了人类的生存。理解经验学习中的知识如何形成和转化为个体的能力,使他们能够以最佳的方式生活(具有一定的自主性),对理解人类能力和社会变革至关重要。课堂内的知识和技能是对过去实践经验的总结和理论化,往往滞后于现实工作岗位的要求,解决工作岗位问题往往需要家庭生活、社区生活、社会实践中看似与职业无关的活动中习得或养成的价值观、责任心、意志力、处事态度,以及逻辑思维、观察力、想象力等一系列与个人性格、心智、精神等相关的能力。学习者需要更多地走出教室,获得价值观教育、智力发展、能力发展、社会服务、体艺发展等全面的学习经历,以及与工作有关的经验,提升学习动机,促进自主学习,形成正确的价值观和态度,提升服务精神和责任感,培养正向思维和提升品德修养。

然而,许多社会的资格认证体系仍然偏重教育机构的正式学习,个人学习的很大一部分仍然没有得到承认,许多人继续学习的信心没有被持续增强,这导致社会中巨大的人才和技能资源利用不足。因此,成年人在非正规和非正式环境中获得的学习成果需要被认可、评估和认定,以提高他们的社会适应性和就业能力。先前学习认定是使宽生学习成为现实的一个关键杠杆,它使个人通过各种途径和在其生活中不同阶段所获得的隐藏的和未被承认的能力变得可见并具有社会价值,有助于将更多的人纳入一个开放的、灵活的教育和培训系统,并使社会获得更加丰富的技术技能和人才积累。

三、产业技术的快速迭代需要宣扬个性化学习

大数据、区块链、云计算、机器学习、生成式人工智能和大型语言模型、虚拟仿真等技术蓬勃发展,大量感知化、物联化、智能化的手段在产业中广泛应用,在给产业经济注入强大动力,加速其发展的同时,对劳动者的要求也发生了深刻的变化。大量重复性劳动被机器所代替,企业对劳动者情感、创意、反异化、策略性的复杂智慧劳动的要求越来越高,需要更多的懂技术又有创新精神和责任意识的人才,关键能力缺乏而不能快速适应岗位转换的员工将被快速更换。因此,职业院校学生必须通过个性化学习路径寻求在职业素养方面的全面提升。

一方面,学生代表着一个广泛而多样的群体,每个个体都有独特的学习需求,而且随着工作岗位技能要求的不断提高,教室里的课程学习对高职学习者的专业发展是不充分的,他们试图走出这种固定的预设教学模式,寻求更能全面打造自己

的学习方式。学习者需要更加了解自己的学习需求、学习差距和学习路径，以适应课程的多样性和专业范围扩大的挑战。与此相适应，多数学生不再局限于一刀切的课程，他们将学习的触角深入社会、工作、学校的各个角落，吸取与未来职业有关的，或与个人兴趣有关的知识、技能和能力。而且，尽管企业等用人单位在衡量员工的技能和评估学习需求方面的作用越来越大，但某类或某些技能将在更频繁的时间间隔内被淘汰，学习者的角色也将不断发生变化，他们需要更加了解自己想要争取的职位的要求，并根据这些要求提高自己的技能，并将其融入更多的个性化和量身定制的学习计划中。

另一方面，一些非传统学生（指非正规学历教育的学生，包括企业工人和其他社会人员）高度渴望获得学位，以获得稳定的发展途径和安全的晋升空间。产业技术的快速变化，使得学习者积极寻求获得高等教育的入学机会。在这个意义上，高等教育作为一个智力发展和身份建设的空间，可以帮助他们完善或进一步提升个人履历。对于这些学习者而言，高等教育路径不是线性的，他们需要通过替代路径获得入学机会。他们通常是兼职学生，有工作、家庭和专业责任。这不是一个同质群体，高等教育对他们来说也不是或不再是一个熟悉的领域，甚至让他们感觉自己像一个"局外人"，这可能是因为早期社会化和社会经历对他们的选择和职业的影响。他们需要根据自己的工作和生活目标及要求，创建、遵循并继续自己的个性学习路径，以适应不断变化的职业环境和技能生态系统。

先前学习认定为高职学习者的个性学习提供了"机会之窗"，其重点是根据他们自己的需求开放学习机会。随着用人单位对员工职业素养的要求越来越高，无论是对于同质的学生群体，还是对于异质的非传统学习者，他们学习的自主性比以往更强，不仅希望在个性化的学习策略中自我导向学习或社会导向学习，而且希望更好地知道如何学习、学习什么、何时学习，以及为什么要学习。在个性化学习策略的推动下，越来越多的人认识到，学习系统的作用已经从一个具有统一学习路径、几乎没有个人投入空间的制度化学习系统，转变为一个以灵活和更加个性化的学习为特征的学习系统。在这个系统中，先前学习认定作为一种以结果为导向的评价工具，其目的不是强调能力的缺乏，而是评估现有的能力，用于确认和评价人们迄今为止在工作和生活中所积累的经验知识，并将这些学习经验与进一步发展的规划联系起来，或者说，与每个人在特定环境中的终身学习战略联系起来。

第二节 学习成果是审视高职教育质量的基本依据

高职教育以就业为导向，学习者的就业能力体现为知道什么、理解什么和能做什么，而不应只是体现在获得的学历文凭上（虽然学历文凭也能够在一定程度上反映学习者的知识和能力,但更多的是反映学习的经历,而学习经历和学习成果并不能画等号)。例如,同班的学生投入了同样的教学资源和学习时间,却有不一样的专业知识、工作能力和职业素养。其中,可能就包含了一些学生不仅在正规教育环境中学习,还通过大量的非正规和非正式学习获得了专业知识和职业能力,以及其他可迁移的关键能力,就有了其他学生所不具备的就业能力。因此,学习成果可作为判断高职教育质量的基本依据。

一、学习成果是职普融通的"纽带"

职普融通是世界各国建设现代职业教育体系的重要内容,也是我国当前职业教育改革的重点。从世界各国的改革经验来看,围绕学习成果进行职业资格和课程改革,并按照约定的资格标准对接各类学习成果,以学习成果的高渗透性促进职普融通是各国普遍采用的有效路径。

1. 用学习成果定义资格

建立国家资历框架,打通各类教育之间的联系,充分利用社会各类学习成果和实践智慧,是国际教育改革的趋向。截至 2018 年年底,在 193 个主权国家中,有161 个国家建立了资历框架。[①] 用学习成果定义资格,旨在建立一个统一的"装置",创造阶梯、联系和路径,为终身学习者提供无障碍流动性的国家资历框架,将普通教育与职业教育成果一一对应。通过国家资历框架统一各类学习成果,并为资格证书制定统一的、基于学习成果的标准,促进向更多元的成果开放,包括那些通过先前学习获得的成果,体现先前学习成果的价值,以及各类学习成果之间的等值性。从而建立职业教育与普通教育之间共同的价值基础,减少教育机构、培训机构和学习机构之间的障碍,促进学习成果的获得、积累和转移。

实践证明,要使先前学习认定成为资格认定体系和框架中不可分割的一部分,其向学习成果的转变是基础性的,并与正规职业教育和培训课程之间建立基于学习成果的联系,以使认定主流化和正常化。立足点必须是个人在学习过程结束时知道什么、理解什么或能够做什么,而不是对教学过程的投入量或持续时间。如果认定必须与基于投入的标准有关,那么认定将无法找到依据。虽然正规、非正规和非正式学习的结果可能是相同的,但导致这些结果的过程必然是不同的。

在这方面,欧洲进行了开创性的探索,欧洲政策支持资格的透明度和先前学习认定。例如,欧洲资历框架和欧洲职业教育与培训学分制度,要求使用学习成果来定义资格,推进从基于投入的资格标准转向基于成果的资格标准,并进行了深入的

---

① DUVEKOT,COUGHLAN,AAGAARD. The learner at the centre: validation of prior learning strengthens lifelong learning for all[M].Houten:European Centre Valuation Prior Learning,2017.

先前学习认定制度改革。

2.基于学习成果的课程建设

教育和培训都在向学习成果转变,这已经成为各国教育改革的重要内容。这项改革首先在欧洲国家兴起,并逐渐带动世界各国改革。对于职业教育与培训的提供者和企业来说,基于学习成果的课程可以为连接教育、培训和工作提供一个宝贵的平台,在学习能力与职业和劳动力市场需求之间提供一种"共同语言"。对于教师来说,以学习者通过跨学科方法获得的知识、技能和能力为基础的课程比传统方法更具挑战性,在设计适合学习者需要的课程和应用创新的教学方法和评估程序方面也更灵活。对于学习者来说,基于学习成果的课程可能为其提供了便利,使其能够明确学习的目的,并为其提供更多的机会,使其能够积极学习、接受教育和培训或融入劳动力市场。当然,基于学习成果的课程并不自动以学习者为中心,也不能保证使学习者受益,但能加强教育和培训与劳动力市场之间的联系,学习者能否从中收益取决于其如何选择和利用这些课程。

这种理念早在 20 世纪 80 年代在一些国家就成为课程改革的关键,并促使德国、法国、荷兰和英国制定了真正的国家能力教育制度。例如,荷兰根据学习成果和能力制定成人教育、职业教育与培训(VET)和高等教育(HE)的教学标准。我国也正积极地探索基于学习成果的高等教育课程结构和课程内容改革,如 OBE 教育模式、"基于产出"的专业认证以及高职院校正在进行的"能力本位"和"基于工作过程"的课程开发。

3.建立可渗透的教育系统

教育系统对任何基本变化的不可渗透性,拒绝与组织外部系统进行积极充分的资源沟通和交流都是阻碍教育改革的关键原因,因为当教育系统内缺乏新的资源和信息而导致创新和变革的动力消失,个体和群体就失去了进一步发展的动力和方向,就可能"热寂而死"。因此,加强学科教育与职业教育相互沟通,提高高等教育系统内各部门的可渗透性,是发达国家高等教育发展的一种趋势。[①]

教育系统的可渗透性的一个重要表现为,学习成果在教育系统内的不同教育类型之间、不同教育层次之间、不同教育机构之间,在保证认定过程透明性和成果质量的基础上,实现积累、流动、携带、转换和互认的可能性。这种可渗透性的教育系统能够基于学习者的能力要求,选择不同的教育与培训项目,关注学习者可以达到的目标和学习过程的输出结果,将其需要掌握的知识和技能全方位进行拓展和应用。

在产教融合的背景下,先前学习成果的认定、积累、学分转移和资历框架共同

---

① 陈解放.论新形势下我国高等职业教育的适应性调整[J].中国高教研究,2005(9):48-50.

创造了一个可渗透的教育系统,也促进人才链、教育链、产业链、创新链深度融合。它强调渗透性必须使学习者能够转移和利用其以前的各种学习成果,无论这种学习发生在哪里或在什么时候,如在学校、工作中,甚至在休闲时。值得注意的是,欧洲一直是教育渗透性的先驱,特别是随着国家资历框架(NQF)和欧洲资历框架(EQF)的发展,学习成果从职业教育和培训系统转移到普通高等教育方面非常明显。先前学习认定往往是为了以后的学习或培训,与高等教育课程、教育项目相结合以获得正规的更高层次的学历文凭。先前学习的成果为以后的学习提供条件,目的是帮助个体获得完整的知识、技能和能力的学习过程,并获得与正规学习同等价值的、能够得到社会认可的资格。

二、学习成果是产教融合的"凝聚核"

行业企业真正关心的是人们学习后所拥有的知识、技能和能力。换句话说,行业企业关注劳动者知道什么、理解什么和能做什么,而不关注劳动者之前在哪里学习、学习了多长时间和是怎么学习的。正如人们去饭店吃饭应看重菜品的色香味,而非厨师的工具是否精致。

在正规学习中,课程标准中的学习成果是学校预设的学习目标的陈述,学习者往往被动地接受这种非情境性的课程安排,他们所获得的学历文凭等资格证书是完成课程的证明,而不是对学习成果的证明。尽管在获得资格证书前,每个学生都要参加考试、参加实习或实训考核,但学生却以群体的方式接受考试或考核,学分所代表的是学习成绩却不能完全代表学习成果,更无法赋予每一个学习者准确而具体体现其能力的证书。而企业需要的恰恰是能够从众多的求职者中准确快速地识别出符合各个岗位的最佳人选。因此,准确而具体的学习成果往往更符合产业企业的需要。这也是当前世界各国职业教育推行基于学习成果课程改革的原因所在。先前学习经常是在具体环境中获得实用知识、技能和能力。例如,在职业培训中,提供者选用基于企业的实际关切或关键技能等一般就业能力标准的课程,这是由职业结构的变化以及学习者和企业的需求所驱动的。再如,在非正式学习中,无论是自我导向学习、工作导向学习还是社会导向学习,也同样是基于学习者工作和生活需要所驱动的实践性学习。因此,基于结果的教育被认为是在职业教育和培训与企业和行业需求之间建立联系的一种更具体的方式。

先前学习认定是基于成果证据的评估方式,能够更深入地理解学习者已知的东西,并能够将个人和工作场所的学习转化为一种可移植的格式,一种适合在许多不同场合公开承认的通用"货币"。先前学习认定使学习者的技能和能力可见。所谓可见,通常用职业证书(职业资格证书、技能等级证书)、教育证书(学历证书、学位证书)和学分等赋予非正规和非正式学习以正规化、制度化特征。因此,认定程序和工具的实施与提升学习者能力和职业地位是相辅相成的,它建立了职业教育与培训和进一步的职业发展之间的联系,同时也给企业进一步加强内部培训的机会。如果学习者的现有能力在企业内得到发挥,企业内学习就会取得成功。因此,产业和职业教育相关各方的合作是提高非正规和非正式学习的可见性和可用性以及相关的职业教育培训机会的决定性因素,也是解决教育与劳动力市场对人才培养冲突的可能办法。

尽管技术发展对学习者的能力结构有很大的影响,但人们普遍认为,大多数工作越来越需要横向技能,如批判性和创新思维、人际关系技能(如沟通技能、组织技能、团队合作等)、个人内部技能(如自律、热情、毅力、自我激励)、全球公民意识(宽容、开放、尊重多样性、跨文化理解),以及媒体和信息素养,这些技能通常可以应用于不同的工作,甚至是整个人生。适应能力、创造性地解决问题的能力、创业精神和出色的团队合作能力是企业需求最多的技能类型。人们通常通过工作或生活经验来培养这些技能,它们并不容易在正式的资格证书中体现,因此企业无法立即看到它们。认证可以使技能变得显而易见,并有助于实现供需之间的匹配,将企业的人力资源开发和员工的技能发展紧密联系在一起。

三、成果评价提供明确的学习路径

越来越多的职业教育和高等教育关注基于学习成果的教学改革,以产出为导向,事先明确规定学习成果或能力,并使用基于成果标准的方法进行评估,学校课程改革的重点也是明确规定学习成果和预期成绩标准。成果导向的理念突出了学习成果本身在教育评价中的主导地位,这种理念打破了传统的证书和院校为导向的观念,明确了学习成果的价值,让学分认证回归教育评价的本质。用成果评价学习,有利于学习者更加灵活地安排学习进程和选择学习路径。当基于结果的教育(以各种不同的形式)被广泛接受时,学习者必须能够将自己的学习与他们达到规定的学习结果、能力或标准的方式相匹配,并提供证据。这时,先前学习认定就发挥了重要的作用。

一是在各种学习情境下的成果都能够被接受,它接受学习可以在许多情况下进行,包括正规教育和培训之外的情况。为许多人(包括那些没有机会参加正规教育和培训的人)提供了一个机会,以证明他们是如何得到不同资格的学习结果,并部分或全部学分(资格)。

二是先前学习认定基于能力的评估被认为是以成果为导向和以证据为基础的。学习者通过这个过程学习其所追求的东西,并更好地理解自己是学习者。也就是说,评价过程以帮助学习者成为更好的学习者为导向。基于能力的评估在许多方面是课程匹配和非匹配过程之间的交叉,它们提供了评估标准,不要求与课程大纲具体匹配,而是要求与预期结果或获得的能力相匹配。

三是基于特定输入端情景的标准,可能很难去评价不同情景下和基于不同逻辑的学习成果。而先前学习认定基于学习成果的标准,说明一个人知道什么和能做什么,通常能够为学习成果认定提供更好的参照,改善学习者与学习系统和社会系统的丰富性的匹配。

四是先前学习认定推动学习成果从碎片化走向一体化,学生也会因为参与先前学习认定而发展或改变职业素质。在各国的实践中,指导、帮助学习者反思学习、规划职业发展路径是一个必不可少的环节,认定的结果往往与未来的进一步课程学习(补充课程)挂钩,成为大学准入或课程豁免的替代条件。研究表明,先前学习认定的参与可以提高学习者反思学习、解决问题、使用隐性知识、自我调节学习和提高学习技能的能力。

传统教育培养学习者去情景化的知识和抽象技能,而职业教育所需要的却是能够在情景中应用的技能和能力,即便是仿真训练也是控制情景因素的。真实世界的情景比仿真情景的可变性、复杂性、不确定性因素更多,更适合提高学习者的关键能力。缺乏情景中同伴间的互动和参与式活动,是学校教学中常态存在的理论与实践相脱节以及学生的动手能力不强、创新能力不足的教育性根源。先前学习认定可能改变这种与社会现状脱节的不合时宜的教育方式,激励学习者寻找适合自己职业发展和个性学习的路径。

第三节　先前学习认定是高职教育发展的优先事项

在职业、社会、就业、经济、教育、技术等多种因素的共同作用下,先前学习认定将作为高职教育未来发展的优先事项,帮助高职教育的学习者认清自己、投资自己、发展自己。

一、职业因素:先前学习认定推进自我导向学习

自我导向学习是指学习者自主设立学习目标,选择学习资源,自我激励、自我评价的学习过程,体现了学习者学习的主体性和参与性。在这一模式下,学习者的知识基础,学习者的信心、自我知觉,学习者的学习动机、自尊等,都会发生重要变化。随着网络时代的到来,学习从信息获取型向网络化和参与型转变,由于学校教育不能提供所有需要的知识,学习者需要额外的场地进行针对职业发展的有效学习和职业训练。在先前学习认定制度下,高等职业教育才有机会接受外部学习,使校外学习的成果被纳入正规学习成果体系,进而不断强化学习者获得高质量就业的学习能力。

　　先前学习认定帮助学习者意识到自己的真正潜力,以便有效地实现学习目标:证书和资格、就业能力或流动性、社会包容和参与、赋权和个人发展。先前学习认定旨在赋予学习者所拥有的知识和能力以职业价值,特别是那些与专业背景相关的知识和能力。它一直是学习者转移其所拥有的知识和技能的一种方式,使个体有可能对学习经验和能力进行自我评价,对其丰富性进行总结,并使这些经验在社会环境中得到评价和认可。从这种认可中获得的资格赋予了(非正规和非正式)学习"正式"的社会属性,并促进工作岗位或工作环境改变。

　　进而,将学习者的价值与符合社会对能力和技能需求的个性化学习策略联系起来。授之以"鱼"不如授之以"渔",先前学习认定给予学习者最大的礼物就是给其必要的工具、洞察力和理解力来掌管自己的学习和生活。当根据兴趣和动机行事时,学习者开始理解支持其学习的力量。在先前学习认定的过程中,学习者最大的收益是对学习和未来职业发展的反思与规划。只有在这之后,个人才会做出选择:与哪些标准相联系,针对哪些利益相关者,哪些是自己的学习目标,等等。高水平的反思性职业规划可以由个人的规范、愿望和目标来定义,目的是使个人能够管理自己的职业,阐明自己的发展需要,并培养自己的能力。其结果对学习者来说是变革性的,有助于激发新的自信和产生新的经验意义,这反过来又促使学习者在自我内外做出改变。

　　由于先前学习认定能够显示哪种学习环境或学习形式最适合学习者,能够帮助学习者优化其他学习形式,更有效地制定或利用其他学习环境和学习形式,包括在职培训、岗位指导、独立学习、远程学习,等等。认定先前的学习经验不可避免地会导致对现有资格和人力资源管理系统的优化调整,激励学习者积极谋划终身学习策略。先前学习认定被用来增强人们的能力,提高个人的自尊心,也可以让人们意识到改变社会的必要性。当学习者没有进入教育系统的希望时,先前学习认定会为其提供某种可能性,为其提供获得不同类型的知识和影响社会发展的机会。人们被鼓励在他们的一生中利用自己的先前学习,并投资他们的潜能,这使得学习比以往任何时候都更重要和有价值。

二、社会因素:先前学习认定以学习者为中心

　　先前学习认定以维护社会正义为基本原则,将学习者,特别是社会边缘的人群的利益置于首要位置。在20世纪70年代初,美国引入了先前学习认定的概念,其中心思想是社会正义。在先前学习认定的研究中,社会公正和社会变迁问题成为中心议题,学习者即成为这个中心议题的中心,即便是先前学习认定已经从当初的社会公正目的转向当前的社会利益目的,学习者依然处于中心位置。

　　一方面,承认他们先前学习成果的社会价值。先前学习认定的社会功能是为

国家的低技能、边缘化目标群体提供融入正规经济提供机会,让那些没有机会接受教育的人的技能得到认可。帮助那些没有机会获得正规学习的个人认识到自己所具有的知识和能力,这个过程赋予他们的先前学习成果以意义。这是一个明显需要得到认可的群体,特别是资格认可,因为他们中很少有人拥有在劳动力市场上具有公认价值的资格。

另一方面,给予他们更多的接受高等职业教育的机会。先前学习认定的结果往往和高等教育的入学机会相联系,对于那些没有机会进入高等教育的人而言,会因此获得高等教育。获得适当的高等教育是打破障碍或边缘化的关键,因此也是社会包容的关键。认定所提供的这条路径适合社会中任何目标群体,包括劳动者、求职者、移民、低技能者、高技能者、老年人和年轻人,等等。从社会公平的角度来看,承认先前学习被认为是缓解边缘化和促进公平的重要手段,为那些在传统上被排除在外的人开辟了通向正规教育的学习途径。这是一项真正将学习者置于学习过程中心、真正赋予学习者社会权利的政策,不仅仅是书面声明而已。

三、就业因素:先前学习认定提高学习者的就业能力

就业能力是指通过从事有偿工作、担任志愿者或以其他方式为社会做出贡献,从而获得或保住一份工作的能力。终身工作正变得越来越罕见,个人必须做好经常更换工作的准备,或不断更新知识和技能,以适应不断变化的劳动力市场。先前学习的认定具有在工作或职业转变的相关方向上利用先前学习的潜力,帮助学习者以创新的方式概念化学习,超越教室和学校的限制,进入真实的企业、组织和公民社会,帮助学习者更好地将学习与劳动力市场相匹配。

它使学习者所有知识和技能具有可见性,包括非正式或非正规环境中获得的知识和技能,为企业提供更好的技能劳动力储备,而缺少对非正式获得的技能的认定可能会阻碍人们的职业发展和就业前景。因此,新的学习和技能提高对每个人来说都是必需的,特别是当今技术发展速度在逐渐加快的背景下。如果通过工作经验获得的技能得到适当认证,企业在招聘时将获得更可靠的信息。而且,认定有助于企业和行业间的技能转移,支持行业内以及整个劳动力市场技术技能人才的流动;为高职院校的社会生源如农民工、下岗职工、退役军人、新型职业农民等,以及老龄化社会越来越多的可能被边缘化的老年群体进入劳动力市场或在劳动力市场流动提供了更多的渠道和机会,帮助他们重新融入劳动力市场和社会。

对于很多人来说,认定过程是一个具有内在指导和扩大反馈元素的复杂过程。它具有更广泛的意义,使人们认识到自己在职业和个人生活中的优势。不仅如此,认定通过赋予先前学习成果"新语言"加强就业能力。从非正式学习中衍生出来的学习成果,可能具有隐性知识的形式,而不可明示或不可言说。先前学习的过程不

仅仅是将先前的学习形象化,它也是使先前的学习变得"可说"或明确。当学习者在这个映射过程中得到认定顾问的支持时,他们之前的隐性学习很可能会被转化为概念性的交流资源,个人因此获得了一种新的语言,用于交流学习和能力,同样也构成了就业能力的一个重要方面。从这个角度说,认定申请者在评估阶段之前准备学习成果文件,使这些先前学习的能力既可见又可讲,赋予学习者清晰展示能力的"权利",以赋权维度加强了就业能力维度。

四、经济因素:先前学习认定调节经济部门的人才需求

经济发展的规律表明,工作需要更高的和更广泛的技能,初级的工作会逐渐减少。经济部门要求必须采取另外的方式来解决技能短缺问题,最有效的即以非正式和非正规的方式终身学习,并获得横向能力。实现经济领域可持续发展目标,负责任的消费和生产活动,同样需要推动相关劳动者参加非正式和非正规的学习活动,以及融入正规教育和培训。

在这种情况下,高职院校也需要向经济部门开放,接受并承认经济部门以及其他社会组织和非政府组织的认定优势和力量,共同推动先前学习认定,增加劳动力在不同经济部门之间的纵向和横向流动,产生更高的就业率,并促进受过教育和有技能的劳动力的需求与供应之间的平衡。国家之间的竞争最终会落到人才竞争上,现代国际经济的竞争很大程度上是高技术技能人才的竞争。随着互联网技术的应用、升级和普及,社会学习的方式、方法、途径等都发生着深刻的变化,正式学习的成果往往不能反映出一个人实际知识和能力水平的全貌,非正规、非正式学习的成果在很多国家已经成为评判人才能力水平的重要依据。而且,先前学习成果认定是全面、科学、公正地评价人才综合素质的重要方式,对于科学开发和利用人力资源具有重要的现实意义。

劳动力市场不得不变得更加灵活和更具创新性,以应对随之而来对人力资本发展的挑战,先前学习认定越来越多地被用于员工发展和确保企业内部资源的最有效分配。如果在各种情况下获得的知识、技能和能力,都能被更多人看到,市场机制就能更有效地发挥作用。如果企业等利益相关者充分信任和认可那些提供专业服务的人的知识、技能和能力,就会更好地从他们的知识、技能和能力中获益,同时也会发现企业的招聘更简单、高效。在企业里,认定过程也会鼓励工作岗位的重组,以更好地匹配员工的能力和工作,更好地了解人们的知识、技能和能力,同时也会鼓励企业安排正式的学习时间,将其作为员工继续培训的一部分,企业进而发展成为学习型组织。当然,先前学习认定会使培训的需求是明确的,培训就更容易组织。此外,进入某些行业会有资格准入,必然涉及获取职业资格,这可能是认定非正规和非正式学习成果的最终目的。

五、教育因素:先前学习认定提供进入正规教育的替代路径

学习型社会正在形成,数字化在这一过程中会变得越来越重要,并使所有非正规和非正式学习得以实现和加强,学习者几乎所有类型的学习需求更容易得到满足,这不仅会发生在职业活动、个人生活中,而且会发生在高职教育中。非正规和非正式学习的机会将增加,一个更具渗透性的教育系统将会出现,它允许个人根据自己的生活方式和喜好来创造自己的学习路径。在通过非正规和非正式的学习经历创建个人学习路径方面,先前学习认定的重要性将更加凸显,终身学习、非正规和非正式学习将通过认定系统正式化,正规教育的数智化将加速这一过程,从而扩大正规教育系统的包容性和开放性。先前学习认定是促进教育获得和学习进步的强大机制,具有其他教育过程所不具备的方式,重视不同类型的学习和不同形式知识的潜力。因此,认定对于传统上被排除在高等教育之外的人,以及那些在离开教育系统一段时间后正在重返高等教育的人来说,具有较强的吸引力。认定制度的核心是用更有创意和更有效的方法来弥合高等教育的参与差距。

在实践中,高职教育组织的多情景学习会越来越普遍,主要有三种核心情景:一是教育系统,先前学习认定可以作为入学、接受学分或授予高级资格的基础,特别是在继续教育和高等教育中,包括职业教育和培训;二是工作生活,特定企业的岗位训练和工作,或某些产业和行业中创业活动或职业发展;三是第三部门,往往通过该部门组织的志愿活动、社区活动或其他社会服务。由于社会的发展使得职业教育和学习逐渐突破学校教育的框架,渗透到人类生活的各种场景与各个阶段,高职教育的学习者在第二、三种核心情景下开展学习活动的情况会越来越多。如何从教育评价与测量的角度,将这些教育和学习进行规范化的评价与认定,从而进一步促进人们不断地投入更加深入的学习中,以实现终身学习,将会是今后高职教育改革的关注点。先前学习认定的政策,将会作为指挥棒引导高职教育的学习者积极从事科研活动、创业活动、志愿活动、公益活动等,先前学习评价能够将学习者从这些活动中所获得的知识与技能,通过认定转化为入学条件、职业资格和课程学分,使课堂外的学习被纳入规范化学习系统,丰富高职教育现有的学业成果体系,并激励更多在职人员、社会人员回归学历教育,积极进入高职教育。

认定以获得正规资格之外的"另类"途径将这三种核心情景下的学习成果汇聚到一起,从而创建职普融通的新路径,倒逼正规教育体系提高开放性和办学效益。未来的教育格局将以不同层次和类型的教育之间、教育与产业之间的"界限模糊"为特征,在设计适合个人需求的教育途径方面提供更大的灵活性,并将几种教育模式结合起来,形成一个终身的、全方位的、激励性的学习体系。

随着先前学习认定制度的广泛建立和实施,学生向上流动更容易,更多高等教育机构通过学习评价、课程结构、教学方式和教学资源等方面的改革与创新,为基于先前学习认定的个人提供"第二次机会",以充分发挥其学习潜力。虽然高等教育在这方面进展普遍缓慢,但很多国家已经在先前学习认定制度建设上,特别是在利用认定来促进免试入学和课程豁免方面取得了重大进展。

在许多情况下,避免教育系统的重复和低效率,是各国推行先前学习认定的一个关键原因。人口流动、生活多样性、学习多样性等带来了学习成果的多样性,世界生产力的提高越来越需要创造性劳动,也就越来越需要个性化的知识、能力、方式和思维。人们通过经验形式获得的学习资本,在填补具体资格升级缺口的同时,降低了教育成本,提高了教育效率,因为所需要的正规教育和培训比原来认为的要少。非正规和非正式学习获得正式系统中的某种认可或认定,使得在某一情境中获得的技能和知识可以转移到其他情境中,而成为一种重要的替代途径。

同时,承认非正式获得的技能以及更多的模块化和基于能力的学习,将会获得越来越多的政策支持,基于能力的教学和模块化学习系统使得认定非正规和非正式获得的技能、能力会更加容易,学习者将能够批判性地评估自己的技能和学习差距,并找到相应的课程来提高技能。因此,哪些学校能够更好地利用先前学习成果及其认定制度,变革其教育教学内容、方式和形式,哪些学校就对社会变革的适应性更强,未来发展也会更好。

六、技术因素:先前学习认定促进新技术的及时应用

技术的进步,尤其是数字技术的发展,正在使正规与非正规和非正式学习之间的区别变得模糊。由于学习的可能性和资源是多方面的,学习的"长度"正在增加,各种学习服务、工具和功能可以减少教育提供者和终身学习者之间信息的不平衡、不对称。最显著的是数字技术已被用于增加教育的可及性,为大型开放式在线课程(MOOC)和网络研讨会等创新的教学方式和远程学习提供了新的工具和解决方案,并通过两种方式进一步影响高职教育:首先,一系列技术(如物联网、增材制造、先进机器人技术等)和新工艺(如大数据分析、人工智能等)共同影响人们在职业教育、培训活动中所需要和发展的技能;其次,数字技术有可能重塑教师、培训师的角色和使命。而且,数字技术的出现和发展为在线职业指导、评估、确认和认定提供了最初的也是目前最广泛的应用基础,可以更有效地支持访问和运行先前学习认定系统。

技术对职业教育系统的影响很可能会催生新的学习形式。为了帮助调整个人的学习需求和可用的学习内容等,将有一系列的技术会用于支持个人终身学习,化

身成为"数字虚拟管家""数字辅导员"等,充当个人终身学习的服务提供者。它们识别技能差距和学习需求,搜索学习内容和可能的学习解决方案。虚拟管家还相互学习,识别类似的情况,并为其"主人"推荐学习解决方案,支持对先前学习的认可。社会将更加重视非正规和非正式学习,这将导致学习更加多样化。在这个社会中,工作、教育和娱乐之间将不会再有严格的区分,也没有结构化的个人职业,教育休假、继续教育或专业发展和其他正式的培训将失去其主导地位。受教育程度不能用今天的指标来衡量,学习档案、参加培训或正式学位将伴随着非正规和非正式的学习活动和技能发展。[①]

新技术的发展突出了对通过非正式和非正规手段获得的技术技能的重视,使个人能够在工作场所使用新技术,并承认新技术占主导地位的职业的能力成为可能。在依赖使用新技术的部门,正规教育和培训可能跟不上技术变化和新出现的技能发展需求。在这种情况下,先前学习认定发展为一种替代选择,以确保个人的技术能力能够得到认可,并确定工作场所的技能差距和培训需求。

第四节 先前学习认定推动高职教育产出治理转向

终身学习提倡广泛参与,人人可及。大多数国家开始由传统教育重视时间和资源的投入转向成果和效益的产出,在学业评价中不再将非正规、非正式学习阻挡在学习体系之外,正规学习与非正规和非正式学习之间的界限正在变得模糊。这意味着,一方面,非正规和非正式学习的正式化正在发生;另一方面,正式学习的非正式化也变得很明显。非正规和非正式学习的重要性增加,提出了关于学习成果的识别、评估和认定的新问题,先前学习认定因此便逐渐走向各国职业教育改革的政策中心,成为教育产出治理的强有力的推动力量。这一过程可以分为三个主要阶段。

一、政策开拓初创阶段

早在 20 世纪初,法国、德国等国家就已经有了先前学习认定制度的萌芽,这些国家允许有相关工作经验的个人参加考试,实际上是在不上课的情况下授予资格。例如,挪威自 1952 年以来一直存在的所谓"第 20 条",法国早在 1934 年启动工程领

---

① PAUSITS.Prospective report on the future of non-formal and informal learning towards lifelong and life-wide learning ecosystems[R].Luxembourg:Publications Office of the European Union,2020.

域非正规和非正式学习认证的初步立法。① 然而,这些制度大多被视为技术性的,以确保正规培训的灵活性,而不是作为其本身的政策举措。在相关文献中经常提到的第一个此类计划是美国为第二次世界大战中退伍军人制定的《退役军人安置法案》,通过对他们在军队期间的学习成果进行认定,帮助这些退役军人进入高等院校就读,获得学院学分和更高水平的学历文凭,同时也希望通过对他们以前工作经验的认可使他们更容易地重新融入劳动力市场。从 20 世纪 60 年代末开始,先前学习认定制度从军队推广至政府、企业界、工会,评价对象进一步扩大到更为广泛的成人学习者。

先前学习认定作为一个单独的政策领域,兴起于 20 世纪 80 年代末,法国和澳大利亚作为先前学习认定的开创性国家,对先前学习认定在全球的传播和发展产生了很大的影响。法国从 20 世纪 80 年代开始制订了先前学习认定计划,以非正式地记录工作经验。随后,主要是为了促进公平,"经验验证"(VAE)被发展为一项原则,用于整个法国教育系统,因此,今天,具有相关经验的个人有权接受先前学习认定,并可以通过相关计划获得几乎任何官方列出的职业或专业资格(包括高等教育)。

然而,先前学习认定现在能够成为职业教育与培训政策工具包的一部分,更多地归功于澳大利亚。先前学习认定现已成为澳大利亚资历框架覆盖的所有认定培训产品的标准和必要条件。自 20 世纪 80 年代末以来,在国家职业教育和培训体系下进行的所有评估中,先前学习认定一直是主要政策,并随着职业教育和培训(VET)体系的发展而继续发展。它在 20 世纪 90 年代进行了全面改革,作为这些改革的一部分,职业教育与培训始终以能力为导向,这些能力可以在培训包中总结,并分配给新建立的资历框架的各个级别。澳大利亚的这些改革整合了职业教育与培训政策工具包的关键因素,最值得注意的是明确的能力导向和国家资历框架都支持先前学习认定。

二、政策引进模仿阶段

一些国家引入先驱国家的先前学习认定计划。这一阶段最值得注意的例子之一是后种族隔离时期的南非,它将其全面的职业教育与培训改革与澳大利亚改革的核心思想相结合,并相应地促进了先前学习认定,特别是作为验证黑人工人工作经验的一种方式。这项改革的主要利益相关者(如南非全国金属工人联盟,在澳大利亚有一个对应机构),非常熟悉澳大利亚的职业教育与培训改革,并在此基础上

---

① SANSÉAU, SANDRINE. Accreditation of prior experiential learning as a catalyst for lifelong learning:analysis and proposals based on french experiments[J].Journal of International Education Research,2013,9(4):317-327.

支持南非类似的政策改革。由于南非对先前学习认定的高度社会政治期望,以及实施中存在的主要挑战,南非的经验在文献中存在广泛的争论。这一阶段的跨国政策引进的另一个例子是瑞士,其先前学习认定的推动者明确提到了法国的经验,并设法游说进行类似的改革,最初只在州一级(主要是在该国的法语区)进行改革,后来上升至国家层面进行改革。

无论是早期的先前学习认定政策开拓的国家,还是模仿先驱者改革的国家,各层面的政策执行者,主要是国家层面,都迫切要求实施先前学习认定,他们认为这是应对教育系统全面扩张背景下出现的挑战的有效工具,越来越多的人有机会接受正规教育(包括高中和高等教育)。而且,由于学历在劳动力市场中发挥着重要作用,这使得那些可能具有相关工作经验但缺乏这种学历的个人在劳动力市场处于很不利的地位,这种情况要求政策制定者通过引入先前学习认定计划等方式来解决这些困难。

三、全球标准推进阶段

在全球范围内建立先前学习认定的安排可以被视为国际组织的影响之一,它支持向终身学习、学习结果维度以及基于学习结果的标准制定、课程设置和资格认证的转变。此外,国际组织关于先前学习认定治理的建议是基于增加"有效性"和"提高国家资格水平"提出的。联合国教科文组织、国际劳工组织、经合组织等国际组织大力推动实施先前学习评价制度,提供了政策设计的基本原则、政策建议、信息平台、协作机制、技术支持等,发挥了重要的资源支持和组织协调作用。同时,还组织大量的调查研究,发布经费筹集、质量保障、评估方法等一系列专题报告。特别是欧盟委员会等区域性机构采用一种开放式的协调方法,以"软法律"(如建议、指南、决议等)的形式推动各国政策的完善和实施。

欧盟从20世纪90年代中期开始,就在其成员国强调推进终身学习的重要性,由此产生的《终身学习备忘录》《哥本哈根宣言》,使资历框架以及对资历和技能的承认成为欧盟职业教育和培训战略的关键因素,这与同一年代的澳大利亚职业教育与培训改革非常一致。虽然澳大利亚是第一个将先前学习认定纳入其总体职业教育与培训改革议程的国家,将其与基于能力的培训和国家资历框架联系起来,但欧盟是第一个将先前学习认定与更普遍的职业教育与培训改革联系起来的多边行为体。在欧洲职业培训发展中心(CEDEFOP)、欧洲培训基金会(ETF)等组织的帮助下,欧盟周边国家以及世界其他地区的发展中国家都在积极推广先前学习认定,先前学习认定现在也越来越多地成为职业教育发展合作中使用的一个关键概念。

在国家层面,法国、芬兰、挪威和荷兰各具特色的认定方法已经形成,认定制度被纳入国家教育和培训系统,被认定人员的数量大幅增加。在这个阶段,认定目标从先发国家逐渐扩展到越来越多的"新来者"。在先发国家,认定正在变得更加制度化,尽管并不一定总是充分发展,但在制度网络中变得越来越确定。欧洲数据显示,2006—2009 年,开展先前学习认定的国家从 21 个增加到 26 个;2010—2018 年有制度安排(如法律框架、战略或政策)的国家从 12 个增加到 36 个。2018 年在教育与培训、劳动力市场和第三部门等三大领域中有制度安排的国家分别是 36 个、19 个和 23 个,27 个国家在教育和培训领域中至少有一个分部门将认定作为优先事项。而且,依据欧盟 2012 年提出的"认定 11 项原则",至 2018 年,符合"认定 11 项原则"发展程度与领域的国家数如图 1-1 所示,各国在 2018 年有 9 项达到中等以上水平,2018 年先前学习认定制度进入教育领域的国家数较 2016 年有所增长,如图 1-2 所示。2012 年,美国教育委员会(ACE)调查发现,有 92% 的高等教育机构正在实施先前学习认定,教育委员会成绩用户中有 94% 尝试使用先前学习认定,并有 88% 的学习者已经成功实施。[①]　加拿大先前学习评估协会(CAPLA)调查发现,73.8% 的加拿大高校制定了先前学习认定制度,而没有该制度的高校大多数已有制订的计划。[②]

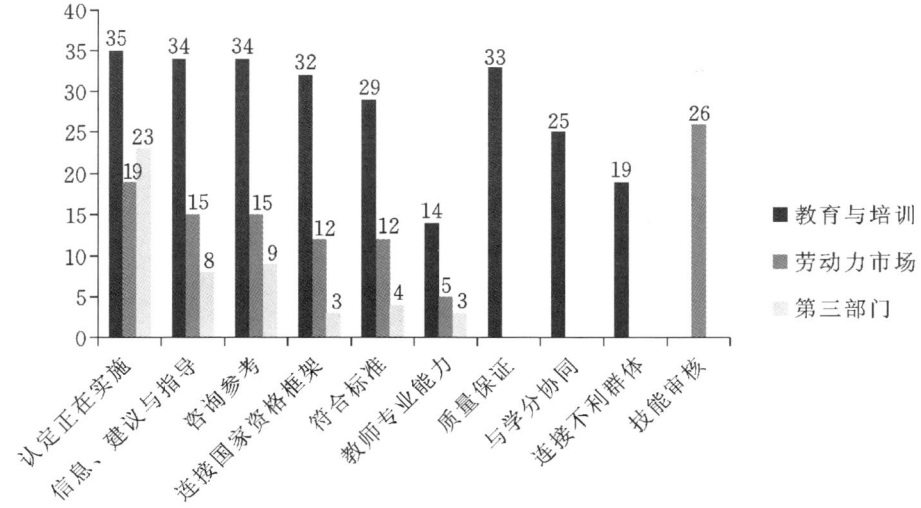

图 1-1　符合欧盟"认定 11 项原则"发展程度与领域的国家数(2018 年)[③]

① 应一也,耿俊华,周晶晶.从过去到未来:美国先前学习评价的发展轨迹[J].中国远程教育,2017(7):60-68.

② PLA Centre. Achieving our potential:an action plan for prior learning assessment and recognition (PLAR)in Canada[R].HALIFAX:PLA CENTRE,2008.

③ CEDEFOP,European Commission,ICF.European inventory on validation of non-formal and informal learning 2018(FINAL SYNTHESIS REPORT)[R/OL].[2023-09-16].https://cumulus.cedefop.europa.eu/files/vetelib/2019/european_inventory_validation_2018_synthesis.pdf.

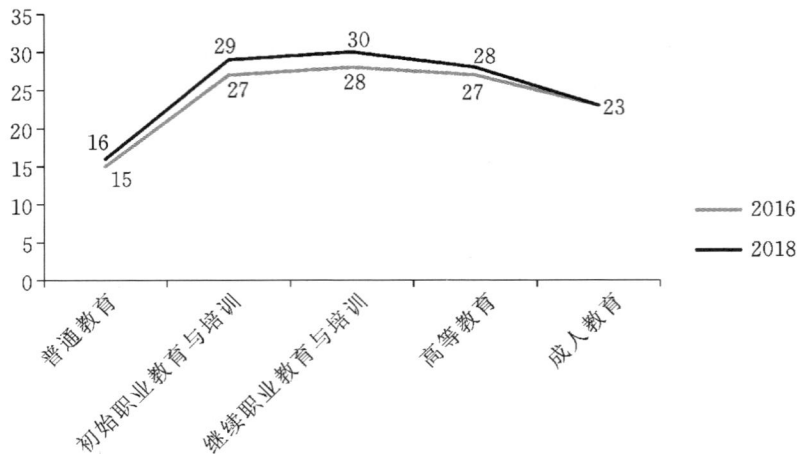

图 1-2 先前学习认定制度进入教育领域的国家数（2016 年、2018 年）①

先前学习认定政策的确立与 20 世纪 80 年代和 90 年代引入学习成果或基于能力的教育标准和课程密切相关。向学习成果的转变，重点是学习者应该知道什么、能做什么和理解什么，这说明同样的成果可以通过不同的方式和不同的途径（包括在工作和休闲时间的学习）来达到。20 世纪 80 年代英国国家职业资格的引入和 20 世纪 90 年代芬兰基于能力的教育的发展，都说明了这一点。学习成果和模块化资格结合的产出治理教育改革导致了先前学习认证制度的建立；而先前学习认定政策的制定、完善和实施，又进一步深化了职业教育产出治理的改革与发展。

① DUVEKOT，KARTTUNEN，NOACK，et al. Making policy work：validation of prior learning for education and the labour market[M].Houten：European Centre Valuation Prior Learning，2020.

第二章　高职教育先前学习认定的理论基础

高职教育是最贴近工作和生活的教育类型,杜威(Dewey)认为"教育即生活"很好地解释了高职教育的这一特点。高职教育的学习者在工作、生活和社会活动中通过有意的或无意的学习,积累了大量的知识、技能和能力,这些学习成果对于个人和社会发展都具有很大的价值,却往往由于其"缄默"或"不可见"的状态而不被认可,需要通过先前学习认定使之正规化、透明化和社会化。终身学习理论、经验学习理论、承认理论和成效为本理论等为建立高职教育先前学习认定制度提供了理论基础。

第一节　高职教育的学习及其类型

终身学习是每个人基本的生活状态,贯彻人的一生,渗透在人与自然和社会互动的任何时间和空间。高职教育的学习者也不例外,不仅要进行必要的正规学习,还需要不断地进行非正规和非正式学习。

一、终身学习情境下的学习

学习是个人吸收信息、思想和价值观,从而获得知识、诀窍、技能和能力的过程,通过个人反思、重建和社会互动来实现。学习从未知领域开始,以不同的形式,通过各种脑力和体力活动,获得知识和能力。

学习发生在人类与社会或自然界互动的任何空间,无论是在生活场景、工作场所、地方社区、文化社区、体育场地、政治组织,还是在学校或专业机构。对个人来说,这是一个终生积累经验和能力的过程,是在社会定义的空间中活动的一个组成部分。这些社会定义的空间本身并不能实现这一点,它们只有在被定义为人们的生活背景的时候,才会成为学习空间。可见,学习是一个比目前的教育和培训更广泛、更丰富的概念,并不局限于学校情境下的正规学习。

学者们对于学习的概念有不同见解。行为主义学者认为学习是刺激与反应的结合,学习的过程是不断试错以形成认知联结的过程;认知派学者主张学习是形成和改变认知结构的过程,学习是通过新知识与学习者认知结构中有关观念相互作用的过程,其结果是新旧知识意义的同化。托尔曼(Tolman)把学习过程视为在头脑中形成"认知—期待"和"认知地图"的过程,认为学习是对情境所形成的完整认知地图中符号与符号之间关系的认知；加涅(Gagné)把学习过程看成信息加工的过程。克努兹·伊列雷斯(Knud Illeris)认为学习是在生物体内导致永久性能力变化的任何过程，而且不只是由于生物的成熟或老化。

学习虽然没有统一的定义，但有一个共同的特性，即学习是人一生中身体(遗传、生理和生物)和心灵(知识、技能、态度、价值观、情感、信仰和感官)经历社会情境的综合过程，这些情境的感知内容随后在认知、情感或实践上(或通过任何组合)发生转变，并融入个人的经历，从而成为一个不断变化或更有经验的人。学习是个体适应环境的复杂活动过程，在不断变化的社会生活中，个人需要通过自我改变，不断地完善知识、技能和能力结构，以适应新的社会情境和社会要求，体现了终身学习存在的必要性和合理性。终身学习贯穿人的一生，需要每个个体不断地自我提高、自我完善，通过持续学习获得职业技能并提高个人素养。

在现代社会中，人们不再只在学校或通过其他正规途径学习，而是在生活中无时无刻、无处不在地学习。终身学习需要人们利用在生活中获得的资格，在非正式和正式学习之间以及教育和劳动力市场之间架起桥梁。1996 年的《德洛尔报告》提出一个综合性的学习概念框架，即学会认知、学会做事、学会生存和学会共处。该报告认为，正规学习往往强调知识的习得，而妨碍了其他类型的学习，但这些类型的学习恰恰是维护人类可持续发展所必需的。它强调必须从人的一生来思考学习，培养具有适切性的技能、知识和态度，从而促进工作、公民意识和个人成就等目标的实现。在这种观念下，非正规、非正式学习自然而然地被纳入了终身学习之中。

二、高职教育学习的类型

由于人类的学习现象极其复杂，不可能用一种理论解释全部学习现象，因此，从不同的角度研究就可能对它有不同的分类。例如，加涅根据学习情境由简单到复杂以及由低级到高级把学习分为信号学习、刺激—反应学习、连锁学习、言语联想学习、辨别学习、概念学习、规则学习和解决问题的学习等八类。到了 20 世纪 60 年代，有学者认为，教育系统没有为了满足不断变化的社会条件而进行自我变革，人们需要考虑如何通过不同的学习制度来满足学习需要，学习也可以发生在正规课程安排的边缘或之外。于是，学习又被分为正规学习、非正规学习、半正规学习、非正式学习；或者日常学习、学校与教育性学习、工作场所学习、基于兴趣的学习、网络学习；再或者分为个体的和集体的学习、有意识的和无意识的学习、有组织的和无组织的学习、有证据的和无证据的学习、知识的和技能的学习、结构化的和非结构化的学习，等等。

现在国际上比较普遍采用的分类方式是联合国教科文组织和经合组织等国际

组织根据学习情境提出的,如表 2-1 所示,将学习分为正规学习、非正规学习和非正式学习。高职教育的学习基本属于能力本位学习,既包括理论学习、课程实践等正规学习,也包括实习实训、学徒制、社会实践、志愿活动等非正规和非正式学习。

表 2-1　学习的主要层次与类型①

正规学习:资格、文凭或学历	幼儿教育(ISCED0)	初等教育(ISCED1)	初中教育(ISCED2)	高中教育(ISCED3)	中学后教育(ISCED4)	短期高等教育(ISCED5)	学士或同等学历(ISCED6)	硕士或同等学历(ISCED7)	博士或同等学历(ISCED8)
		特殊教育、职业技术和专业教育							
	第二次机会教育	学徒制、实际应用培训、实习实训							
	资历框架	QF1 级	QF2 级	QF3 级	QF4 级	QF5 级	QF6 级	QF7 级	QF8 级
非正规学习:非正式的证书或没有	幼儿保育	青年和成人扫盲	工作技能培训、专业发展、实习						
		校外活动	计算机培训、生活技能培训、健康卫生、生态保护						
		社会和文化发展、有组织的体育、艺术和手工艺品制作							
非正式学习:没有证明	以家庭为基础的托儿服务	自我导向、家庭导向、社会导向学习,工作场所、家庭、当地社区、日常生活学习							
		偶然学习、阅读报纸、听广播、参观博物馆等							

1. 正规学习

正规学习(formal learning)是指在正规教育情景下通过有组织的教学计划进行的学习,并获得正式的文凭、资格证书或正式的认证。正规系统中的学习通常按照学习目标分若干层次,教育者和学习者有意为之,有时间安排和直接的教学行为,规定学习者参与的最低要求。正规学习倾向于关注命题性而非程序性的知识形式,这种知识依赖于既定的内容,可以超越特定的环境进行推广。正规学习主要有以下五个特点。

(1)规定的学习框架。学习有组织、目的和计划,有明确界定的特征和结构化的学习内容,学习者有意为之。

(2)通过直接的教学行为和可见的结果促进学习,通过资格认可和测量,授予文凭、资格证书或学分。

(3)有指定的教师或培训师和学习者,学习是公认的。

(4)发生在正规教育或培训机构或其他规定的地方,强制性要求学习者参加。

---

① UNESCO,ETF,CEDEFOP.Global inventory of regional and national qualifications frameworks 2017(volume Ⅰ)[M/OL].Luxembourg:CEDEFOP,Publications Office,2017:72.

（5）遵循正规课程，学习主要关注命题知识，倾向于有一个认知重点，专注于发展特定的知识和技能。

2. 非正规学习

非正规学习（non-formal learning）代表着知识的制度化控制向个体化控制和自我导向学习的转变，它是在正规系统框架之外进行的任何有组织且系统的教育活动。从学习者的角度来看，非正规学习是有意为之。与正规学习相比，非正规学习往往不太注重认知表现，而是更关注如何在具体的环境中获得实用的知识、技能或能力，如沟通、组织、领导以及社会和跨文化技能。非正规学习更注重程序性知识，而不是命题性知识，较少依赖直接的教学行为，倾向于基于经验的学习。例如，传授工作技能、公司内部培训、信息和通信技术技能训练、结构化的在线学习，以及社会组织为其成员、目标群体或公众组织的课程。它主要有以下五个特点。

（1）学习可能是有目的、有组织、结构化的，但并不总是结构化的，可以通过间接的教学行为促进学习，通常以短期课程、培训班和研讨会的形式提供。

（2）学习者有意为之，学习经常有自愿的成分。

（3）可以发生在正规的教育机构，也可以发生在工作场所，或发生在志愿服务和社团活动中。

（4）注重学习者的需求，学习可能是对正规学习或课程的补充，处于更广泛的教育领域而不是学校控制领域；不会非常集中在命题知识上，可能与社会化无关。

（5）可能不会通过资格认证来认可。

非正规学习比正规学习更加灵活，可以在任何地方进行，为与学习者兴趣相关的内容学习创造了一个"宽松空间"，鼓励与他人合作的新方式，支持各种技能和性情的发展，包括领导技能、沟通技能、组织技能、社交技能、时间管理技能、跨文化技能、坚持性和复原力。因此，非正规教育为高职学习者提供非全日制"第二次机会教育"，常见的包括企业内培训、结构化在线学习和社会组织举办的课程。例如：针对转业军人、新型农民、农民工、失业人员的专业提升与就业培训；学生社团和志愿活动；社区电商培训、环保培训；作物科学、畜牧业、健康保健、公共安全、生态保护等方面的知识和技能拓展，等等。当今的职业和生活轨迹不再是线性的，且工作过程中学习的重要性也在提升，学徒制或其他形式的初始职业教育和培训成为发展职业行动能力和组织工作能力的基本学习形式。

3. 非正式学习

非正式学习（informal learning）通常又称为经验学习、体验式学习或偶然、随机式学习，是在与工作、家庭或休闲有关的日常活动中发生的学习，是每个人从日常经验和接触环境中获得和积累知识、技能、态度和见解的终身过程。它不是结构化的，通常不会导致认证。非正式学习在大多数情况下是偶然或随机发生的。非正式学习主要有以下五个特点。

（1）它在目标、时间或学习支持方面没有组织或结构化，可能很难观察到非正式学习何时发生，也很难完全相信它正在发生。

（2）学习通常是杂乱无章的，可以在任何地方进行，受机会的影响，通过行动和反思来归纳，收获是随机的、狭隘的，学习者通常不会察觉自身知识和能力的增长。

（3）学习不是有意的，往往取决于即时的情景，是其他活动的结果，不依赖于说教的方法，不集中在命题知识上，可能涉及"做中学"的非语言行为模式，包括模仿、复制专家的技能和知识，以及个人试错和同伴批评。

（4）学习被嵌入有意义的活动中，很可能由学习者感知到的需求所激发，并可以由有影响力的更专业的其他人或同伴来推动。

（5）不会通过资格认证来认可。

非正式学习实际上涵盖了所有涉及学习潜力的人类活动，比正式学习更普遍，也更有效，其收获也超越了资格认证。通常 70%～90% 的人类学习都属于这个类别。[①] 学习者对技术技能的兴趣往往起源于非正式学习，他们从自然现象和生活经历中受到启发、得到灵感、获得感悟。这种兴趣在生活经验中不断被加强，并成为使人的技能达到极致的推动力。非正式学习是培养工匠精神和责任意识的源泉，它在学习者社会化和适应新环境方面发挥着重要作用，它有助于形成价值观、规范和行动。例如，高职院校的学习者通过志愿者服务、文化体育活动、社团活动获得的社会责任感、职业素养和合作意识，在生活经历中培养的家庭责任和兴趣爱好等。非正式学习可能与其他活动同时发生。例如，在汽车机械课程实践（正式学习）中，学生们顺便获得了优秀品质（他们的守时性、主动性等），或者学到了关于团队合作或问题解决的知识（非正式学习）。再如，在工作中与其他人员合作、互动及解决问题中的经验积累及其转化为知识技能。

综上，学习发生在各种环境中，正规学习、非正规学习、非正式学习是一个持续的、终身的连续统一体。正规学习和非正式学习可以说是学习连续体的两个极端，而非正规学习则位于两者之间，偏左或偏右取决于国家和地方的需求。正规学习、非正规学习和非正式学习这几个概念之间的界限并不总是很清楚。这些不同形式的学习可以被视为发生在一个连续体上，从不同程度的正规性到非正式性。近年来，信息和通信技术提供了新的学习空间，进一步模糊了正规和非正规教育的区别，各种形式学习的混合体也许是最有用的。或者说，正是在正规和非正式元素的互动中，非正规性才获得了它的特殊性质。当然，无论是理论研究，还是实践应用，有必要对三种类型的学习进行比较区分。正规学习、非正规学习和非正式学习的

---

① LATCHEM. Informal learning and non-formal education for development [J/OL].［2022-05-21］. Journal of Learning for Development-JL4D，2014，1(1).https://files.eric.ed.gov/fulltext/EJ1106082.pdf.

比较具体如表 2-2 所示。

表 2-2　正规学习、非正规学习和非正式学习的比较

	正规学习	非正规学习	非正式学习
学习场景	学习在基础教育、职业教育、高等教育等有组织和结构化的环境中进行	学习通过工作场所培训、结构化在线学习、社会组织等有计划的活动进行	与工作、家庭、休闲或兴趣相关的日常活动,学习可以在任何地方进行
结构程度	学习是结构化的,有合理的目标、时间和支持	可以结构化,但学习更灵活	无结构
意向	学习是刻意的、有目的	学习者是刻意、有目的	可以是有意的,但大多是无意的或偶然的
认证	获得资格、证书或文凭	通常没有认证,但可以通过先前学习认定获得资格、证书或文凭	没有证书,但可以通过先前学习认定显示能力
促进者	教师、培训师	培训师、教练、导师	—
教学设计	有系统的教学设计,通过直接的教学行为促进学习	可能有,也可能没有教学设计	无教学设计,通过间接教学行为促进学习
学习性质	有明确的学习目标和学习计划	有明确的学习目标	无明确的学习目标和学习计划,是偶然、随机、经验性的
学习可控性	有组织、可控	可能有组织也可能没有,过程可控不确定	无组织、不可控
学习显性程度	学习者和教育者都认可学习	学习者认可学习	学习者可能无法识别学习
学习动机	学习者的外在动机	可能是学习者的外在动机	学习者与生俱来的
强度维持	学习有强制性的维持	学习具有自愿性	学习具有自愿性

续表

	正规学习	非正规学习	非正式学习
学习侧重	学习往往以认知为重点,主要集中在命题知识上	学习涉及认知、情感、社交和行为元素,可能侧重于命题知识和程序知识	学习涉及认知、情感、社交和行为元素,可能侧重于命题知识和程序知识
学习课程	课程被写下来,正式课程	课程可能写下来,可以补充正式课程	没有课程,可以补充正式课程
学习过程	自上而下,专注于发展特定的知识和技能	自下而上,专注于学习者及其需求	自下而上,专注于学习者及其需求
社会化程度	学习通常与社会化有关	学习可能与社会化无关	学习与社会化无关

注:根据联合国教科文组织和欧盟等国际组织相关文件中的定义整理。

第二节　高职教育先前学习认定的内涵

先前学习是对非正规学习和非正式学习的统称,先前学习认定是国际上职业教育与培训普遍采用的一种基于学习成果的评价方式,其目的是"让学习可见",赋予其社会价值和流通性,促进学习者个性学习和职业发展。

一、不同国家先前学习认定的名称及内涵

各国(地区)实践者和研究者对不同情境下的先前学习认定有不同的概念(见表 2-3),认定的要素以不同的方式和不同的名称被使用。例如,"先前学习认证""先前学习评价""先前经验学习认证""经验确认与认定",以及"能力测量""能力评估""知识诊断""技能审核"等。这些概念包括识别(clarification)、记录(documentation)、评估(assessment)、承认(recognition)等要素,并在不同的权重下,判断学习者在工作、生活、休闲和其他背景下获得的能力,颁证予以正式化。

表 2-3　各国(地区)先前学习认定相关的术语

术语/缩写	学习情境和内容的描述	主要国家/地区
validation/valuation of prior learning,VPL（先前学习评价）	对先前学到了什么的评价	大多数欧洲国家

续表

术语/缩写	学习情境和内容的描述	主要国家/地区
accreditation of prior learning，APL（先前学习认定）	对学习者在过去的某个时间执行某个学习计划的结果，或在工作中获得的经验，或在志愿活动中的学习成果进行认定	英国、荷兰
assessment of prior learning，APL（先前学习评价）	评价确定一个人通过正式教育环境以外的学习、工作和其他生活经验获得的知识、技能、能力或价值观	美国（普遍使用），爱尔兰
accreditation of prior experiential learning，APEL（先前经验学习认证）	对学习者以前通过工作或其他生活经验等非正规、非正式学习获得的成果进行评价和认定，授予学生与预期学习计划相关的学习学分	英国（普遍使用）、美国
validation and accreditation of experience，VAE（经验确认与认定）	对学习者经验的确认和认定	美国、法国
accreditation of prior certificated learning，APCL（先前证书学习的认定）	对已获得其他教育或培训机构认证的学习的认可和认证	英国
prior learning assessment & recognition，PLAR（先前学习评估与承认）	对通过非正规培训获得的能力和非正式学习、工作经验和生活经验获得的知识和技能的评价与认可	加拿大（普遍使用）
recognition of prior learning，RPL（先前学习认定）	根据所要求的学习或能力结果，对个体的非正规和非正式学习进行识别、确定、评价，阐述和展示个人已经达到某种资格证书学习结果的程度	美国、澳大利亚、南非、新西兰、加拿大、荷兰、爱尔兰、苏格兰
recognition of current competence，RCC（当前能力认可）	对学习者当前所有的知识、能力和技能的认可，不论何种情境下的学习，主要在企业中使用	加拿大

　　各国（地区）先前学习认定的政策定义和实践活动尽管存在差异，但关键的指导原则是一致的。

（1）都是过去经历的各种学习，不论其来源、时间和地点，都可以被认可并以适当的方式赋予凭证，使技能和知识具有可见性。

（2）被认定的并不是个人先前学习本身，而是它的结果。例如，正式或实际的资格、能力、知识和技能。

（3）认定往往与知识的转移或流动过程相联系，认定结果可以是入学资格或工作岗位、课程学分、正式或非正式的能力文件，其可以在国家之间、工作场所之间，或从非正式到正式的学习环境之间被识别、认可和流动。

二、先前学习认定的定义

概念范畴和认定称谓有所不同的先前学习认定都是指对学习者以前学习过程中所获得的知识、技能和能力进行的评价和证明，主要区别在于是否包含正规学习成果。例如，在英国存在两种概念：一种认为对学习者以前的正规学习成果进行评价和认定；另一种认为是对学习者以前通过非正规、非正式方式获得的学习成果进行评价和认定。但英国政府出台的《先前学习成果认定指南》规定：先前学习认定的学习成果是通过生活和工作获得的经验，以及在非正式背景下基于社区的或工作的学习、继续职业发展和志愿工作等情况，或者是与高等教育项目同时发生，但不是该段经历的正式学习成果。澳大利亚是在职业教育与培训中实施先前学习认定比较先进的国家，它规定先前学习认定是根据所要求的学习或能力结果，对个体的非正规和非正式学习进行评价，授予一定学分，确定个人已经达到某种资格证书学习结果的程度。《澳大利亚培训质量框架标准》明确指出：先前学习成果认定不包括在另一所机构学习学分的认定，也不包括相互认定。[1] 加拿大则将其定义为一种识别、证明、评估和认定知识和技能的系统程序，是对从非正式培训、工作经验和生活经验获得的知识和技能的评价与认可。可见，普遍的观点认为先前学习认定是对学习者在非正规和非正式学习中所获得的知识、技能和能力进行评价和认可，并授予相关证明的过程。

综合以上判断，先前学习认定是通过对各年龄层次的学习者在工作岗位、社会生活、社区活动或休闲娱乐中获得的非正规、非正式学习成果进行评价，判断其满足正式学习要求或达到资格证书标准的程度，并向个人正式授予资格（证书、文凭、学分或头衔）的教育制度。

先前学习认定是一个过程，指对通过非正规和非正式学习获得的知识、技能和能力赋予可见性的复杂的过程，主要包括四个阶段：①识别个人在具体的经历中所

---

① Australian quality training framework: standards for registered training organisations[Z/OL].[2020-04-20].https://vital.voced.edu.au/vital/access/services/Download/ngv:12568/SOURCE2.

获得的知识、技能和能力;②认可工作过程中获得的有价值的知识、技能和能力;③评估这些知识、技能和能力在多大程度上与特定课程或资格的学习结果相匹配;④授予评估结果正式的证明文件,可能获得(部分或全部)资格。

先前学习认定是一个政策工具。几乎所有的国家都是利用这个工具提高学习者在劳动力市场上的就业能力,或者获得正规学习的机会。其主要功能如下。

(1)由相关机构根据政策框架对申请人的知识、技能、能力进行评估,目的是让人们了解已经产生的学习成果,让"学习成果可见"。

(2)主管机构给予学习成果正式认证,以资格(文凭、证书或学分)的形式赋予个人的非正规和非正式学习成果合法的社会身份,使之能够在不同的社会组织之间流通;企业或教育提供者对该资格认可,学习者能够凭借该资格进入劳动力市场或接受正规教育。

(3)认定评估的是学习成果而非学习者的经历,学习者能够提供足够的证据证明其以前的学习成果,表明学习者在完成学习过程后知道什么、理解什么和能够做什么,以知识、技能和能力的方式定义这些成果。

(4)向公众公开认定程序和资历框架。

长期以来,高职院校按照技术技能人才专业成长的规律,积极推行工学结合,重视岗位训练和社会实践,引导学生通过非正规、非正式学习积累了大量的专业技能和工作经验。特别是在百万扩招政策下,退役军人、新型农民等社会生源进入高职院校,其独特的教育背景和学习方式决定了他们比传统生源有更高比例的非正规、非正式学习成果积累。这些学习成果是与正规学习成果同等宝贵的实践智慧,对这些成果的认定是我国建设学习成果认定体系的重要内容,是高职教育内涵发展的制度保证。①

三、先前学习认定的模式

当主管机构确定个人已达到标准预设的学习成果或具备在特定工作领域完成工作的必要能力时,认定的正式结果通常是授予证书、文凭或资格等,赋予官方承认的学习成果在劳动力市场以及教育和培训中的价值。认定成果在劳动力市场的价值主要体现在人力资源开发与管理方面,既可作为行业企业选人用人、晋升转岗或制定培训方案的依据,也可以作为执行特定工作职位(用人机构)所附带的特定任务所需的知识、才能和技能的工作要求与规范。在教育和培训中的价值主要体现为高等教育入学资格或课程学分。一些欧美高校在新生入学时对申请者先前的学习认定采用两种方式:一种是通过认定承认申请者先前的学习,学生进入高校后

---

① 岑建.高职教育先前学习认定制度构建的价值与路径[J].中国职业技术教育,2020(31):25-30.

可以直接获得相关课程的学分;另一种是承认申请者先前的经历性学习,也就是其以工作为基础的及通过生活经历获得的知识和技能。

可见,先前学习认定的作用并不仅仅是使"学习可见",还通过这一过程中在非正规和正规学习之间以及在教育和劳动力市场之间架起桥梁,并以识别能力和增强意识(认可)、评估能力(验证)和规划新的学习活动(个人发展)等一系列的程序提高个人的反思能力,促进个性学习和职业发展。先前学习认定主要有四种模式,如图 2-1 所示。

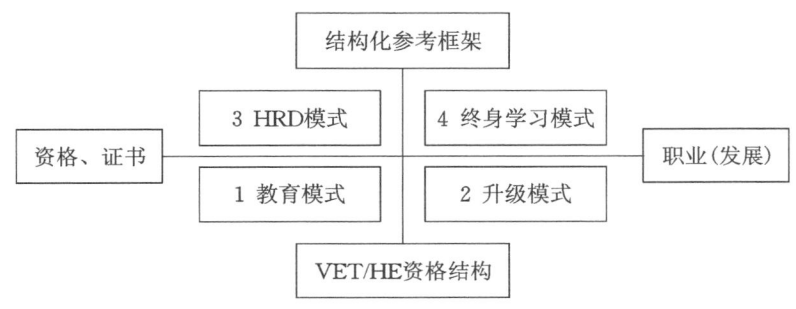

图 2-1　先前学习认定的四种模式①

（1）启动特定资格的教育模式,主管部门对先前学习成果的评估和认定的结果成为高职院校或普通高校入学录取或抵免课程学分的资格或替代条件。

（2）确定组织或个人的教育或培训需求的升级模式,在认定的过程中,专业人员帮助学习者根据已有的学习成果及其职业期望定制个性化学习方案和培训计划,促进学习者职业成长和专业发展。

（3）将学习者(通常为企业员工)的能力与组织目标相匹配的人力资源开发(HRD)模式。认定也用作劳动力市场上职业发展的工具,旨在证明学习者在劳动力市场上的职业价值,使职业能力和培训收益透明化、可视化,改善能力储备与劳动力市场需求之间的匹配,持续提升劳动力市场适度性和配置性。

（4）支持个人发展的终身学习模式。认定是学习者(主要是在职人员)职业能力补充完善的过程。一方面,认定识别阶段在一定程度上是定向的职业指导,学习者在顾问的帮助下,独立进行职业(发展)分析,深入了解以往学习经历中获得的能力,反思自己的职业生涯并深入了解自身的职业素质和抱负,以及这些能力对未来工作的价值,用以规划职业生涯或选择匹配的目标高校及其课程豁免或特定文凭;

① R DUVEKOT, D J KANG, J MURRAY. Linkages of VPL: validation of prior learning as a multitargeted approach for maximising learning opportunities for all[M]. Amsterdam: European Centre for Valuation of Prior Learning, 2014.

另一方面,企业还会对雇员入职前的培训需求和岗位适应性进行认定。认定机构根据企业的认定申请,评估雇员所具备的能力与获得资格所需能力之间的"差距",然后进行针对性的培训,弥补雇员能力的不足。

第三节　高职教育先前学习认定的理论基础

终身学习理论、经验学习理论、承认理论等从不同的角度为先前学习及其认定提供了理论依据。

一、终身学习理论:人们随时随地要学、可学、能学

终身教育、终身学习、学习型社会很早就成为社会学家和教育家们心中未来社会的美丽图景。夸美纽斯在《人类改进通论》中旗帜鲜明地提出"终身教育"的口号,还为终身教育勾勒出蓝图:人人都受到教育,人人都进学校,教育覆盖每个人的一生。以实现社会公平为出发点的终身教育开始走进教育研究者的视野。

1965 年,现代终身教育的首创者保罗·朗格朗(Paul Lengrand)正式提出了终身教育的概念,将其界定为贯穿个体一生的社会教育活动和学习活动。E.捷尔比把终身教育从理念提倡阶段推向实践展开阶段,认为终身教育应该是学校教育和学校毕业以后的教育及训练的统一。此后,终身教育思想流行于各发达国家,法国、美国、英国、日本、韩国等很多发达国家颁布专门的法律为其发展保驾护航。一些国际组织也出台了一系列的建议性政策。例如,联合国教科文组织的《学会做人:教育世界的今天和明天》(1972),经合组织的《回归教育:终身学习的策略》(1973),欧盟的《教与学:迈向学习社会白皮书》(1996)、《终身学习使命备忘录》(2000),等等。1999 年,我国发布《面向 21 世纪教育振兴行动计划》,要求在 2010 年基本建成终身学习体系。

随着经济的发展、科技的进步和知识更新的加快,每个人都处于一个复杂和快速变化的世界中,需要不断地随时随地学习。人们已经开始有意识地在自我选择的环境中学习,他们需要"制造自己"而不是"被制造",希望能够自己控制和适应变化。而且,知识经济的发展将人类社会生产力推到一个新的高度,科技发展和生产力的提高,既需要强制性的义务教育推进社会公平,也需要成人继续教育与培训促进就业,并持续不断地为生产力发展提供适合的人才。因此,20 世纪 80—90 年代,社会话语从关注社会正义(终身教育)转向关注经济发展(终身学习),"终身教育"的概念在政策文本中被"终身学习"所取代,人们好像也更加愿意接受"从摇篮到坟墓的学习理念",即使用"终身学习"这一术语。基于此,联合国教科文组织等国际组织也纷纷制定"终身学习"战略。

终身学习包括正规学习、非正规学习和非正式学习,部分取代了以往的成人教育、终身教育等概念,成为政策中解决成人教育和学习的主导方式。"从摇篮到坟墓"的终身学习是一种哲学,它以包容性、解放性、人性、民主价值观为基础,对于应对全球教育问题和挑战等具有至关重要的作用。终身学习是一种创新理念,它突破了传统教育的局限性、间断性、暂时性,使学习真正展现出其原本的统一性、开放性、整体性、连贯性的特点,是学习者终身发展的、连续的过程。

终身学习是正规学习与非正规学习、非正式学习相互沟通的学习形态,是方便、灵活、开放、多样的学习体系。在纵向方面,学习贯穿于人生的所有阶段,从幼年到少年、青年、中年直至老年;在横向方面,学习涵盖人们生活的每一个场所,从学校到家庭、社区、劳动场所,直至整个社会生活的人的全部活动。

终身学习是建设平等、包容、可持续的知识社会的必要条件,是对每个人的知识和技能、判断力和行动能力的及时调整和必要补充。面向 21 世纪教育国际委员会所建议的学会认知、学会做事、学会生存、学会与人相处的学习四大支柱,重点强调终身学习下个人的自主发展。

人们已经形成了基本的共识,我们目前几乎完全专注的正规学习不足以应对我们面临的挑战,需要培育一种超越正规教育的学习文化,涵盖在工作场所、社区和家庭中所有形式的结构化和非结构化学习。但年轻人和成年人在非正规和非正式环境中获得的学习成果中很大一部分仍然没有被看到、评估和认可,导致了社会中巨大的人才和资源利用不足。先前学习认定以有效、透明、负责和公平的方式有效地解决这一难题。换言之,先前学习认定是正规学习与非正规学习、非正式学习之间的一个桥梁,将三者联结成一个连续统一体。它将各个系统内和系统间的路径联系起来,允许个体在必要时进入和退出工作或教育系统,并随身携带从一个场景获得认可的知识和技能到另一个场景。而且,先前学习认定将个人的个性学习和职业期望设定为目标,并设计综合的学习过程和途径,使学习者获得更多机会进入高等教育或其他继续教育机构继续学习,并得到更多的可随时获取的公共教育资源和学习政策支持。

融入了先前学习认定的终身学习,要求学习者淡化学习的时间和空间概念,任何时候都可以学习,任何地方都能够学习,随时都可以获得学习资源,实现泛在的学习、持续的学习和长期的学习。因此,学习型社会使每个学习者的个性学习成为可能。

(1)学习者能够考虑到自己的学习经历,避免不必要的学习。

(2)学习过程能够以独立于传统学校学习的方式组织起来。

(3)学习的社会功能变得非常容易获得,使每个学习者都能够成为自己学习过程的共同拥有者。

因此,终身学习政策的重点也可以逐渐从传统的"课堂学习"转向希望利用"其他学习情境",如工作、自主学习、远程学习、隐性学习和休闲活动。同时,它越来越多地被企业用于组织的人力资源管理或职业发展中,强化对就业能力和劳动力市场多样性的关注。终身学习与先前学习认定的比较具体如表 2-4 所示。

表 2-4　终身学习与先前学习认定的比较①

终身学习	先前学习认定
学习者认识到自己的技能、能力和兴趣	识别、承认和可能证明学习者的知识、技能和能力
学习者对其学习和职业做出适当的决定	学习者能够以适当的方式(识别、评估和认证)充分利用先前学习认定的每个阶段,无论是继续学习还是就业
学习者在学习、工作和其他活动方面管理个人道路	根据验证结果,为学习者提供可能导致进一步学习或就业的个人途径
接收积极进取、就业能力强和灵活的人员,并提供自我发展的工具	学习者的现有能力在认定过程中可见,增强进一步学习的动力、就业能力和工作生活的灵活性
通过培养更灵活和适应性更强的劳动力来支持地方、区域和国家经济政策	认定的目的是防止重复学习,缩短学习时间,更快地进入劳动力市场
帮助社会支持发展更具社会意识、民主精神的学习者,他们坚持可持续发展	使学习者的知识、技能和能力可见,从而赋予个人权利和激活个人能力,并增强民主化和社会意识

由于学习是多方面的,可以用于实现各种目的,先前学习的认定涉及从个人到社会的多个利益相关者。高等教育内部的识别和验证过程旨在减少重叠教育,提高学习者的流动性和学习的灵活性。然而,在职业教育情境中,先前学习认定最终应被视为一种以学习者和学习为中心的方法,旨在重视个性学习与职业发展,如果先前学习认定成功并实现了学分积累,无疑会增加学习者对学业的满意度。

二、经验学习理论:经验与反思的交融

教学开始时学习者已经拥有经验,这种经验及其形成过程中发展起来的能力

---

① DUVEKOT, COUGHLAN, AAGAARD. The learner at the centre: validation of prior learning strengthens lifelong learning for all[M].Houten:European Centre Valuation Prior Learning,2017.

为所有进一步的学习提供了起点。

经验学习在中西方都有着悠久的传统,关于经验学习的实践和探讨生生不息,人们越来越看重经验对于学习者发展和成长的重要性。在希腊人看来,经验是指一堆实用的智慧,是可以用来指导生活的丰富的洞察力。感觉和知觉乃是经验重要的"采集器",它们提供给经验以有关的材料,但它们自己却并不构成经验。亚里士多德认为有经验的人往往比那些只懂理论而缺乏经验的人更易接近事物的真相,也更易成功。英国哲学家洛克认为,知识是由我们所经历的事件产生的观念,我们的一切观念无一例外都是通过某种经验给予我们的。

20世纪30年代,美国"进步教育"学者杜威(Dewey)提出"教育就是经验的不断改造改组。且这种改造改组,不仅能够增加经验的意义,还能够提高指导经验进程的能力"①。他还认为真正的教育启示都来自经验,但并不是所有的经验都具有重要的教育意义。杜威认为"学习等于经验+反思",经验世界和抽象反思构成了学习的过程。经验学习是学习者持续不断地对经验进行反思和改造的过程,是人们通过对自己过去经验的回顾与反思,并从中总结归纳和产生出一些新的有用的知识的过程,而该学习并不是有意识获取的,一般都是耳濡目染、潜移默化的。杜威在《经验与教育》中提到"为了实现教育的目的,不论对学习者个体来说,还是对社会来说,教育必须以经验为基础。这种经验往往是一些人的实际的生活经验"。库伯认为,传统的"学术"形式的学习只是一系列学习方式中的一种,它是常规制度化的和基于结果的,而不是非正式的和基于过程的,更多真正的学习是发生在非制度化背景中的。

经验学习以学生的经验生长为中心,把学习与学生的愿望、兴趣和需要有机地结合起来,是一种有意义的学习。罗杰斯认为,"它是超出事实性知识积累的学习;它能在个人行为、未来的行动选择、个人态度和人格等许多方面都导致变化;这种学习具有弥散性,它不只是知识的增加,而且会渗透到人的生存的各个方面"②。库伯认为经验学习是"通过经验的传递、转换,创造知识的过程",学习是一个不断循环的过程,形成了由具体经验(concrete experience)、反思性观察(reflective observation)、抽象概念化(abstract conceptualization)和主动实践(active experimentation)四个环节所组成的"经验学习环"(见图 2-2)。具体经验是指让学习者对自己以往的经验(如:学习者做过哪些事情,又采取了哪些行动)进行描述;反思性观察是指让学习者在停下来的期间对已经经历的体验进行思考;抽象概念化阶段,学习者必须达到能理解所观察的内容的程度,并且吸收它们使之成为合乎逻辑的概念;主动实践阶段,验证这些概念并将它们运用于制定策略、解决问题。

---

① 杜威.民主主义与教育[M].王承绪,译.北京:人民教育出版社,2001:87.
② 罗杰斯.自由学习[M].伍新春,管琳,贾容芳,译.北京:北京师范大学出版社,2006:257.

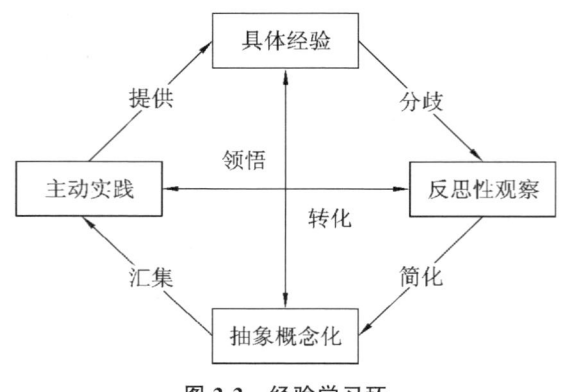

图 2-2　经验学习环

以上论述既强调了经验的重要性,也为先前学习认定奠定了理论基础。先前学习评价以经验学习为出发点,打通了学校与学校、学校与社会之间的通道,使得每一种教育形式都可能冲破终结性教育的束缚。教育可以从任何阶段开始,通过经验的转化与衔接,贯穿学习发展的始终。[①]

在当今社会,学历学位本身并不能保证令人满意的职业发展,学生需要其他资格证书提供的附加值来提高他们的就业能力。在高等教育或职业教育与培训的实践中,这种附加值可以通过在课程中嵌入工作生活技能,并对工作中获得的能力进行认定来构建。基于工作的学习已经越来越成为高等教育部门关注的领域,其学习和发展重点与学生的工作场所活动相关,被认为是支持已经在工作的学生个人和职业发展的重要手段之一。

在高职院校,建立实训基地和"校中厂"或仿真空间,制造经验学习的情境,已经成为教学的必备条件。但是,有目的的经验学习和在工作过程中的经验学习二者间存在区别。经验学习之所以在有目的的学习过程中成为可能,是为了感受一个学习对象,而获得和创造了虚拟的情境以及学习氛围。在这里经验学习的过程在某种程度上是由外部组织的,工作环境也是出于获得经验的考虑而构建的,由此则带来了"经验的片段化"问题。由于其虚拟的工作或想象中的工作环境,通常无法帮助学习者关注真正值得注意的问题,不利于对真实工作的系统反思。只有解决了"经验的片段化"问题,才能实现对行动真正的反思,推动个人行动能力和职业能力的发展。因此,工作和生活经验对于经验学习来说是必不可少的。先前学习认定通过对工作和生活中所获得的知识技能的评价,使学习者获得正式学习的资格或学习结果。其意义在于,使学习者把工作中的经验学习带到有目的的学习中,

---

① 肖龙,陈鹏.美国先前学习评价的个案研究——以俄克拉荷马州立大学技术学院为例[J].职业技术教育,2016,37(35):72-77.

通过二者的融合促进学习者对问题的反思。因此,对于先前学习认定而言,经验学习理论的核心因素包含具体的经验和通过反思而形成的能力。

三、承认理论:个体充分的自我实现

众所周知,现有的知识并非世界的全貌,所谓的真理、定理、原则等都是现时的、短暂的,都会随着新的发现被更新、被抛弃,技能也会因新的科学发现更新迭代,唯一不变的是紧跟劳动实践和职业技术发展而不断地学习,不断地在反思中学习。如何使反思学习的结果获得社会价值,被更广泛地使用,引出了对“承认”的讨论。

承认理论起源于19世纪的黑格尔哲学。黑格尔的一个重要命题是,自我是在被他人承认的关系中形成的;也就是说,除非通过相互承认来实施,否则个人的自主性仍然是抽象的。此外,争取承认的斗争是个人和社会冲突的基础,最终产生了社会进步。在承认理论中,社会对个人、群体身份的认可和确认,有助于正义和主体化。著名的承认理论家阿克塞尔·霍耐特(Axel Honneth)阐述了通过支持“相互承认”从而实现社会正义的承认理论。他认为一个“公正”的社会是每个人都能获得其应得的承认,以便其能够充分和自由地自我实现,从而成为道德代理人,能够采取“道德”行动,即“一个社会的公正或福祉是根据其确保相互承认条件的能力程度来衡量的,在这种条件下,个人身份的形成,继而个人自我实现,能够充分地进行”。

承认理论认为,人类社会发展的驱动力不仅仅是孤立的自我利益或寻求改善个人的物质环境。只有通过对他人的认可,我们才能发展出自信、自尊和自重,而这些对于自我实现至关重要。特定的“识别模式”支持自信、自尊和自重的发展。这些模式是爱、权利和社会尊重。爱通过情感支持、友谊、关心等做法来支持自信心的发展,这些做法肯定了对方的独立性,并提供了持续关怀的保证。权利支持自尊的发展,通过个人知道他们因其人格而与他人有平等的法律权利和责任,并通过诉诸法律来确认这些权利。社会尊重(或团结)通过共同的社区价值观支持自尊的发展,这些价值观使个人因其独特的能力而受到尊重。[①]

霍耐特提出了一个“正义的多元理论”,其中情感关怀、法律平等和社会尊重等三种形式的承认构成了正义的规范性原则。这些原则得到满足时,就为一个公正的社会提供了条件。当这些形式的承认被拒绝或发生错误的认可时,自我实现的发展就会被打断,使个人或群体感到被排斥和不公正的待遇。社会中的权力关系

---

① JEN.Recognition of prior learning(RPL):Can intersubjectivity and philosophy of recognition support better equity outcomes? [J].Australian Journal of Adult Learning,2011,51:90.

可能会使错误的承认持续下去。如果权力的运作使一些人无法行使代理权或控制他们的角色和地位,就可能导致一种内在的"自卑"或无力感,使这些人保持在一个"适当的边缘位置"。因此,争取承认的斗争推动了社会变革,成为身份要求和社会地位要求的载体,逐渐肯定了个人价值并重新配置社会关系。经济、文化和政治领域的共同作用规范调节个体与社会的价值平衡和相互承认,最终逐步走向马克思、恩格斯视域下"真正的共同体"中个体的全面发展以及自由的实现的图景。[①] 反过来,自我实现对于社会包容和社会正义的成功实践也至关重要。

基于承认理论,先前学习认定需要遵循五个关键原则:

(1)先前学习成果的承认是自我实现的重要基础,通过识别、评估、认可来赋予学习者必要的社会尊重和获得学习合法权利来实现。

(2)社会所有成员充分的自我实现是社会正义的前提条件,应该赋予全体公民,特别是社会边缘群体学习自由权,并尊重其学习成果的社会价值。

(3)承认是主体间的和互惠的,因为承认的双方都会受到影响,双方之间关系的性质对双方的发展都很重要,加强个人与学校或企业、学校与企业或社会组织之间的联系是承认得以实现的必要条件。

(4)承认是一个动态的、关系性的过程,包含了一连串持续的行为,而不是一次性的、单向的承认,认定必须坚持成果的现时性、充足性和有效性特点。

(5)承认需要调整机构和个人的关系,将个人学习目标和课程目标结合起来。

四、成效为本理论:高效学习与增值学习

成效为本理论认为,以学习成果为导向,强调学到什么与是否学到,比什么时候学与如何学更重要。成效为本的理论强调以学生为中心,以目标为导向,以能力为本位,以学习成果为证据。成效为本是一种从输出视角看教育系统成效的一种方式,在完成课程、专业等学习取得相应学位之后,知道什么、理解什么以及运用所学知识能够做什么,其实质是认知变化、技能变化、情感变化和个体行为变化。

成效为本的理论最早由美国学者斯派蒂(Spady)提出,他强调"成效为本是通过组织和操作,使得每个学生能成功地展示学习经验,在学习开始就能够清晰知道做什么,然后组织课程、教学、评估,确保达到预期的学习目标"[②]。也就是"用能够使学生达到目标的可测量的术语进行陈述,然后设计课程使他们知道如何去做"[③]。

聚焦于"教育产出(OBE)"的学习成果评估,注重学生学习增值,强调教育成效证据。作为覆盖多种类型学习成果的认证标准,强化过程容易导致通道狭窄,成效

---

① 王亚杉.现代性语境下共同体的承认理论研究[J].世界哲学,2023(03):135-145.

② WILLIAM G.Choosing outcomes of significance[J].Educational Leadership,1994,51(6):18.

③ 章伟.香港高校基于成效为本的课程改革与启示[J].现代远程教育研究,2014(1):79-84,88.

为本通过可以测量的成效,证明自身所具备的知识、技能和能力,能提升认证标准体系的科学性,降低社会认可的难度。成效为本关注学习结果的评价方式,既符合终身学习社会开放、全纳和多元的价值取向,也能解决教育教学过程中学习者学习途径的多样化需求。

运用成效为本的理念,建立相应的职业资格框架和与之对应的职业知识、技能和能力培养目标,形成职业资格与知识和技能相互"映射"的关系,既可以构建明晰有效的技能人才培养途径,又能有效避开体制障碍,实现产教之间、职普之间的沟通和衔接,促进职业教育与社会实际需求的有效结合。与此同时,还能提高知识、技能、能力传授和训练的效率及效能,规范教育培训市场,提高教育培训质量。从学生和社会的角度来看,先前学习认定被视为一种具有成本效益的获得证书的方式,它避免了不必要的重复培训,并缩短了获得证书所需的时间,减少了精力和金钱耗费。

对于成果隐蔽、过程复杂、情景多变的非正规、非正式学习,成效为本提供了一个明确的理念:认定学习的成果而不是学习的经历。因此,各国将学习成果确定为先前学习认定的核心因素,并以此作为先前学习认定与国家资历框架、学分银行相互连接的纽带。以至于各国在开展先前学习认定的时候,组织专人识别、积累和验证学习成果及其证据。

第四节　高职教育先前学习认定的逻辑起点

现代职业教育体系以开放包容的大教育观为指导,能够为不同性格禀赋、兴趣特长、素质潜力的学生提供多样化选择、多路径成才的机会,让更多的学生就业有本领、升学有渠道、发展有通道。在这个体系中,正规教育系统的功能结构无法满足这种多样化发展的需求,通过先前学习认定联通正规学习、非正规学习和非正式学习,架起普职融通、产教融合的桥梁,实现各类学习成果在社会可见、可用、可流动,推进终身学习与宽生学习,是其必然的路径选择。

一、先前学习认定挑战学习的主流话语

长期以来,人们几乎完全专注于正规教育和培训。先前学习认定突破了学习和教育的区别,突破了正规教育和非正规教育的区别,承认教育系统之外的"重要"知识的创造,并挑战封闭系统控制学习环境的先天专有权。可以说,先前学习认定是解放的工具,或者说是"静悄悄的革命"。

先前学习认定的支持者认为:人类大多数的知识、技能和能力都来自非正规和非正式学习,先前学习一直是社会知识创造和继承体系的中坚力量,与正规学习并

肩成为人才培养的主要力量,而非"冰山隐喻"。先前学习认定是知识和技能的重新结构化过程,这是经过人类生产实践和科学研究证明的真实存在。而且,在学习型社会,每个人、每个社区都是非正式教育的提供者、支持者、智力或知识的生产者,也是非正式教育优势的接受者,先前学习带来更多的知识创新和实践智慧。先前学习认定的加入会加快三种类型学习的融合,使学习的空间更加广阔,学习方式的选择更加多元,学习精神更加自由。

先前学习认定的反对者则认为:先前学习认定在学术背景下是有问题的,大学是人们来学习或被教授的地方,而不是人们将其现有知识带来认可或分享的地方。学术文化需要科学性、严谨性,先前学习认定有可能损害学术标准的质量,贬低大学的资格。

这样,我们不得不重新审视关于知识本身的假设。什么算学习?什么是有价值的知识?谁拥有知识?我们如何确定什么时候能学到知识?知识为什么要以它本身的方式被建构?

其实,可以从先前学习认定的四个功能来辨析以上问题。

(1)补救。当学生拥有尚未纳入课程的最新甚至前沿行业的知识时,通过承认以前在课程中没有教授的知识,使课程可以从其传统结构和内容扩展开来。对于高职教育来说,教师可以通过对先前学习的认定丰富学生的学业成果,也可以了解工作场所的学习和行业需求。

(2)获得权。先前学习认定的初衷是维护"教育是公民基本权利的社会正义",为可能被排除在外的个人提供进入高等教育的途径,促进教育的公平。先前学习认定不论学习的来源和学生身份地位,承认可验证的大学水平学习,这意味着一个有工作经验但没有受大学教育的学习者可以在其学习中取得进步,从而降低学习成本和缩短完成时间。

(3)终身学习。先前学习认定的"发展"理念被认为是该过程的标志。参加先前学习认定可以提高学生的学习能力、反思能力和规划能力,这个过程本身就构成了大学水平的学习,也是推动终身学习的关键能力。

(4)认证。先前学习认定作为获得高等教育学位和认证的政策工具,为学习者提供进入正规学习的替代途径,也为其获得职业资格证书、行业证书和许可证书,促进职业发展提供助力。

综合以上,先前学习认定挑战了制度的作用,将注意力转移到学习成果的认可、验证和认证上,而不是将教育制度作为"知识的源泉"。先前学习认定迫使学术世界和经验世界围绕知识、学习、资格和权利等复杂问题展开博弈,并提出切实可行的融通方案。

二、正规学习与先前学习之间存在等值性

当今世界是一个越来越以知识和经验为基础的世界,它带来了无穷的学习机会。个人可以利用无数的社会的、虚拟的、个人的和社区学习环境即时获取信息,各种知识和技能可以通过各种不同的方式获取,学习不再局限于某一时间或空间,这一点人们已经深信不疑。所以人们普遍认为,即使是大学水平的知识或技术和特定领域语言技能的学习,可以在课堂之外的工作场所、家里、社区,通过志愿活动、业余爱好活动、旅行等,与家人、朋友和其他人一起获得。学习,尤其是成人学习,可以说是在各种环境中的活动、互动和体验的结果,通过这些活动和体验,新的知识被构建起来。受益于非传统学习的人群,现在可能包括年轻和精通技术的学习者,他们已经成为我们现在所说的终身学习者,正在经历"从摇篮到坟墓"所有学习领域的学习。在这种情况下,他们上的最后一所学校提供的正式记录并不能准确反映他们的真实"教育水平"。

非正规学习、非正式学习是合法的知识来源。先前学习认定存在两个基本假设:一是存在着"作为行动和经验的结果在学校之外发生"的学习过程;二是这些经验学习过程产生了必须被正式化和社会认可的知识,以确保更大的社会公正和更好地利用人力资源。对于前者,毋庸置疑已经大量存在并时刻发生在人们的工作生活中。当然,人们从生活和工作经历中获得的学习成果,必须经过反思、阐述和评估,清楚地表明通过学习已经知道什么、理解什么和能做什么,可能值得在正规教育和培训或工作场所的背景下得到认可。对于后者,经验学习所产生的能力是在多种情况和生活背景下构成、纳入、更新和发展的,服从于一种独特的建设和传播逻辑,而这种逻辑往往是正规教育背景及其模式和教学实践的特点。这涉及学习反思、自我分析、自我认识和自我评估的过程,经过国家资格标准或大学的课程标准、企业技术标准等正规学习成果标准化的映射,达到设想的正式资格水平,使其得到社会各个领域的认可,被认为是合法的知识来源。

正规学习和非正规学习、非正式学习之间存在知识等值性。非正规学习、非正式学习是正规学习的前奏和基本的、必要的、有价值的基础及延伸,甚至在很多时候与继续学习和就业直接相关,发挥着启动、激励、维持和推动等重要作用,并非一种低级的学习形式。在实际工作中,个人知识的厚重的隐性部分与单薄的显性部分并存:厚重的隐性部分用于实践,主要来源于非正规学习、非正式学习;单薄的显性部分用于描述和证明实践,主要来源于正规学习。如果人们的个人隐性知识和隐性学习被贬低,他们的信心会减弱,他们对正规学习获得知识的使用和兴趣也将受到影响,也必然会阻碍人们的正规学习。非正规学习、非正式学习成果因为长期隐于"冰山之下"而不易被察觉,难以被学校系统所认同和使用,但这并不影响其社

会价值和职业效能。因此,各国已经通过建立制度允许先前学习认定加入学习过程,以"变现"学习成果的方式来实现三类学习成果的等值性。其目的是将通过非正规学习、非正式学习获得的具体文化资本(知识、技能和能力)转化为制度化的文化资本(证书、证明、资格或学分)。在法律法规方面,欧美国家已经建立了比较完整的制度体系来实现对非正规和非正式学习的制度化认可。这包括以学习成果来定义的国家资历框架和以产出为导向的资格和课程。然而,通常情况下,个人无法通过非正规和非正式学习达到获得完整资格所需的所有学习成果,而只能获得部分成果,这将被授予能力模块证明或学分,以表示其正规性。

三、降低学习者就业的机会成本

世界各国正在进行的教学绩效和教育问责改革表明,精打细算的教育投入产出模式已经走到教育实践的中心,"产出导向"的教育评价应运而生。在这种背景下,高等教育与培训机构不应重复学习者已经熟悉和太容易学习的模块,先前学习认定制度的出现则是最好的应援和助力。当然,先前学习认定并不是以最小的投入完成高等教育学习的捷径,而是展示真实技能和能力的方法,通过认定已经掌握的技能和能力,证明"杯子是半满的",帮助学校或企业合理地利用已有的学习成果,规划未来的课程结构和培训项目,在切掉不必要的学习或培训模块的同时,提供给学习者更多的学习机会以扩大其能力领域。

可见,先前学习认定是在不影响学术质量的前提下,缩短教育时间,避免教育重叠。无论从经济的角度还是从教育的角度,都没有理由让学生在其已经成功的课程上浪费时间。如果学生能证明其在入学前,或者大一、大二就已经获得了其所期待的知识和技能,为什么不为其提供更大挑战的机会?加速进入其专业学习的进程?或许,先前学习认定就是学生能提供的有效证明。

2010年,美国成人和经验学习委员会(CAEL)的一项调查显示,56%的先前学习评价的学生可以在7年内拿到中学后水平的学位,而非先前学习评价的学生只有21%可以做到;相比非先前学习评价的学生,先前学习评价的学生获得一个学士学位的时间平均节省2.5～10.1个月,获得副学士学位平均节省1.5～4.5个月。[①]2012年美国教育委员会(ACE)的调查显示,参加先前学习评价的学习者获得学士学位的时间比没有参加先前学习评价的学习者平均节省5.3个月,而每一个学分可

---

① Understand students who earn credit through prior learning assessment (PLA) have higher degree completion rates and shorter time-to-degree [Z/OL]. [2024-08-04]. https://files. eric. ed. gov/fulltext/ED524578.pdf.

平均节省 124 美元学费(公立大学)或 311 美元学费(私立大学)。①

传统的教育观认为,学习的效果与投入的时间成正比例,投入的课时、学时数越多就越能达到教学目标。但每个人驾驭时间的能力并不相同,投入同样的时间却会产生不一样的结果。教育从"投入导向"转向"产出导向"后,办学评估、教学评价、学生成长、职业发展等都应系统改革,特别是以就业为导向的高职教育,必须遵循"成效为本"理论,争取最大的"提质增效"。以先前学习认定为工具,充分评估利用先前学习的成果,以最少的时间投入取得最大的教育与教学效果,以激励学生个性发展。先前学习评价作为一种对大学水平的经验、知识和技能评价认定并授予一定学术学分的评价方式,其意义已经超越了评价本身,既能节省时间和学费、提高毕业率,又能促进学生在未来职业生涯中的长远发展。

四、现代职业教育需要发展个性学习

不管是现在的"知识社会"还是未来的"学习型社会",人们都有机会获得各种形式和类型的学习,学习范式已经转向将"自我"定位为终身学习过程的创造者。在不断变化的学习范式中,学习者是学习过程的核心,可以创造和重塑自己,对自己负责。学习者参与管理学习过程,在其中具有较强独立性,知道如何将这一过程与个人兴趣和抱负联系起来,从事并拥有自己的学习过程。学习者如果依赖他人来告诉其何时学习、学习什么、如何学习,将永远无法完全掌握自己的学习进程和未来发展,也将永远无法获得伴随着主动学习和预测需求及机会以获得新知识的优势。相反,那些已经达到独立水平的学习者,能够预测学习的需要,并选择最适合其个性化学习途径,以获得知识和技能,拥有更大的成功机会。

个性化学习是学习范式由教育者驱动转向学习者驱动的体现。在这个转变的过程中,个性化学习是"以学习者为中心"的动态学习理念,能够在基于自我驱动、反思性、灵活性和前瞻性的终身学习的学习文化中启动,建立量身定制的个性化学习方案。认定在其中发挥重要的学习导向职能,变"反馈"为"前馈",为学习者提供学习反思和自我评估技能的机会。反思的过程可以帮助学习者运用现在所学到的内容,对过去的经历进行反思,并在更广泛的背景下思考,从而认识到和表达出其从那次经历中学到的知识以及它与现在的相关性。在许多职业中,从业者需要反思、质疑自己的实践,在特定背景下拥有高度的自我反思的工作方式,以及参与不断的自我评价过程,以培养更好的反思技巧、更好的解决问题的能力、更多的知识以及更好的自控力,在不断的自我反思和自我评价中实现知识和能力的重构,改

---

① 应一也,耿俊华,周晶晶.从过去到未来:美国先前学习评价的发展轨迹[J].中国远程教育,2017(7):60-68.

善其实践。

先前学习认定的最终目的是帮助个体获得完整的知识、技能和能力的学习过程,在确定了一个人学习的潜在价值,支持学习者与其他行为者就学习的意义、形式和内容进行对话,以及促进个性化学习上做出贡献。第一,先前学习认定在将个性化学习的概念融入人们日常生活的过程中起到了关键作用。第二,先前学习认定让人们意识到他们已经拥有了宝贵的学习经验,他们可以利用这些经验塑造个性化的学习。第三,学习通常发生在各种环境中,但最终是由学习者自己在自觉或不自觉创造的学习情境中进行的。第四,个性化学习是指对个人学习经历的价值的所有权,以及学习者可以为各种学习目的设计进一步的发展步骤,先前学习认定通过向学习者展示个人价值和信心,以及通过使学习和社会系统的专家有能力促进和支持学习者的信心,来支持这种所有权。这意味着,学习不仅仅是教育,而是学习者通过认识、获得和参与个性化学习的连续性过程。

现代职业教育需要学习者更多地进行个性化学习,而非单纯依靠正规学习。因为多数的技术技能需要通过非正规学习和非正式学习铺垫、补充和拓展,并逐渐形成个人独特的职业道路。当学历证书和资格证书的共同目标是使学生具备从事终身学习所需的技能时,情况可能就是如此。众所周知,职业课程中的理论性知识并非学习者当前知识结构中的现有部分,也未必在以前的正规学习中存在,必须依靠先前学习积累的知识作为基础铺垫。技能学习更是如此,对所学技能没有丝毫认识的人要想顺利地掌握这项技能是不现实的。同样的道理,在学习者的技术技能发展中,可以不断地从非正规学习和非正式学习中获得知识、技能的补充,并通过先前学习进一步在职业生涯中拓展知识、技能和能力的范围。在这个过程中,学习者的自我评价、批判性反思、职业规划及确定实现个人目标和愿望等策略不断增强个性化学习的能力,也参与形成不断强大的职业能力。

五、提升技术技能人才能力的透明度

职业教育的学习者是未来的技术技能人才,其学习成果的质量事关利益主体相互间的信任,是推动社会高质量就业、产教融合、职普融通的关键。而学习成果质量是什么、怎么样、如何展示等问题就成了各利益主体关注的焦点,这就涉及学习成果的透明度问题。这里所谓的透明是对学习者迄今为止所取得的学习成果的真实的、全面的总结性描述,是学习者能力的具体体现。换句话说,是对学习者知道什么、理解什么、能做什么的系统证明。当然,这种系统证明采用将学习成果映射到正规学习的课程标准或职业资格标准的技术手段。它本质上是价值识别,除了学习者显性的文凭、证书、身份,更重要的是隐性的知识、技术和技能的可见性,及其社会化和合法性程度。那些质量高、社会认同或企业需求的学习成果更容易获得合法性和较高的社会认可度,得以在学校间和校企间流通。

因此,学习者的能力需要全面评估。一般认为,能力是知识和技能的总和,知识是"知",技能是"行",能力还包括应用技能的个人方法。因此,能力的价值只是部分固定的,因为这种价值不仅包括专业能力,还包括社会能力和个人能力。个人能力处于不断变化的状态,因为学习从出生开始,并持续到整个生命,每个人在一生中都在学习,在人生的某些时期,可以在学校系统中遵循更多的正式教育途径,而在人生的其他时期,可以遵循更多非正规和非正式学习的途径。而且,尽管能力实践的要求或成功标准是由外部决定的,但能力行动基本上是主观的过程,基于感觉的解释、问题的理解、实践的冲动、知识的调动、学习和在新环境下的技能练习,这些主观的或非认知的先决条件是生活经验和以前学习的结果。因此,能力的全面评估应着力于非正规、非正式学习成果的评估。

在存在"技能差距"的劳动力市场中,识别个体拥有的所有技能和能力对于解决技能不匹配问题变得至关重要。对所有类型的学习结果的正式承认增加了对个人完成特定任务能力的描述,它有助于识别个体是否符合特定工作的要求。在先前学习认定的参与下,能力应该作为人类行为力的一般等价物,取代与正规教育相关的认证制度中具有合法性的文凭和证书。识别、承认、评估和认证等过程可以使先前学习成果从隐匿的、不可见的,变成显性的、可见的,以提高成果的辨识度和可用性。同时,对个人学习成果的评价和承认使学习者能够就缺乏哪些技能和能力做出知情选择,并为其获得劳动力市场上的就业机会而有意识地培养自己的这些技能和能力。

第五节　高职教育先前学习成果及其分类

根据《国际教育标准分类法》(2011 年)的定义,学习成果(learning outcomes)是预期个人成功完成一个教育课程后所掌握的信息、知识、理解、态度、价值、技艺、能力或行为的总和。学习成果在不同的情境中有明显的差异,每一种成果在不同的时代、社会、领域、岗位都是不同的,是变化的,在不同的情境下,会被以不同的含义分解组合。通常被定义为人们通过学习所获得的知识、技能和能力,并在认知过程中根据需要进行展示。在有些国家,能力包含责任和自主性;而在另一些国家,例如荷兰,能力和技能通用,表示运用一定的方法、手段或策略解决问题的水平;在少数国家,"能力"一词可以统揽所有的学习成果。

在实践中,"学习成果"的概念比在一个认知过程中记录的知识、技能和能力更广泛。因此,并不是所有的成果都必须为了承认的目的而进行测量、编码或评估,先前学习成果就属于此列。先前学习包括非正规学习和非正式学习,因此,正规学习的文凭、学历等不属于先前学习成果的范围。国际上有不同的先前学习认定模式,不同的成果分类适应不同的认定模式,如职业资格、文凭适用先前学习成果认可;知识、能力、技能适用先前经验认定及非正规学习和非正式学习成果认定。由于正规学习会颁发明确且正式的资格证明,已经贴上了"国家"的标签,具有较强的透明度和社会合法性,这些学习成果以文凭、证书的形式在社会流通的时候,通常不需要额外的评价、认证。因此,先前学习成果包括非正规学习、非正式学习成果,不包括通过正规学习产生的学历、文凭,但包括职业资格证书和技能等级证书。

一、先前学习成果的分层

1956 年,布鲁姆及其同事提出了智力技能的层次分类,其后,奇可林、加德纳、尤厄尔、斯滕伯格、阿斯廷、麦蒂里等都对知识、技能和能力等学习成果的分层提出了各自的论述。

布鲁姆分类法对知识和技能的构建及描述产生了非常深远的影响,直到现在,几乎所有国家的资历框架的设计思想都来源于此。布鲁姆分类法将认知过程由低级到高级分为六个水平:记忆、理解、运用、分析、评价、创造。记忆、理解和运用是低阶目标,而分析、评价和创造是高阶目标。层次越高则越复杂、越抽象,层级低的类别是渐进升级到高一级类别的必要条件。后经过反复修改的布鲁姆分类法除了包括以上认知过程维度之处,还包括知识维度,分为事实性知识、概念性知识、程序性知识、元认知知识四类。

对于实践中能力的构建和描述,雷福斯模型是典型代表,包括五个渐进的层次。①新手:不会自主判断,实施行动时不会考虑具体情境,需要指导才能完成任务。②高级新手:有一定的认识,能分步实施行动计划,不需要指导就能完成简单的任务,但情境感知能力仍然很有限。③胜任:能正确理解并掌握背景知识,实施行动时能考虑到具体情境,能够进行批判分析,独立应对和处理杂乱的任务,达到一定标准,但仍需精进提高。④精通:能够进行整体考虑解决问题,能深入理解,能区分轻重缓急,能自主地做出决定,既能按原则办事,又能根据实际进行变通,实现操作自动化,达到高度标准化。⑤专家:专业权威,认知通透,能凭直觉解决常见问题,能超越现有观点阐述,只有在遇到新情况、解决新问题时才需要进行思考分析。

先前学习成果的认定其实是一个正规化过程,依据社会共同认可的已有正规学习成果的评价体系或资格标准,对非正规学习、非正式学习成果进行评估,确定其符合相关标准的程度。其实,具体对先前学习成果进行评估认定时,就不得不将其纳入国家资历框架这样一个立体的标准体系,进行横向和纵向的比较判断,并授予正式资格证明,使其具有成果代表性和社会合法性。两个理由,其一是采用某高校课程标准或某行业资格标准认定后,成果只能在高校或行业内部流动,而不能达到全社会认可和流动的目的;其二是国家资历框架往往包含了被社会广泛认可的标准体系,纵向贯通从基础教育到高等教育,横向连接职业教育、普通教育、继续教育等不同教育类型,是一个立体的综合性的标准体系,连通不同层次和类型的学习成果。国家资历框架体系一般是由资历框架、学习成果认证、学分银行三大部分组成,学习成果认证是资历框架实施的关键,运用国家资历框架对学习成果分层和分类是国际通用的做法。

各国资历框架在 7 至 12 级之间,大多数国家分为 8 级。欧洲资历框架是欧洲国家乃至世界各国建设国家资历框架的参照系,它以评价学习成果为逻辑起点,主要围绕两个维度进行设计与组织,即将垂直维度上的层次结构与水平维度上的分类体系相结合,如表 2-5 所示。水平维度上的分类体系是指从知识、技能、自主与责任意识等方面定义不同层次的要求,其中知识被描述为理论或事实,技能被描述为认知(涉及使用逻辑、直觉和创造性思维)和实践(涉及手的灵活性,以及方法、材料、工具和仪器的使用),自主与责任被描述为学习者自主和负责任地应用知识、技能的能力。垂直维度上的层次结构有 8 个等级,等级层次越高,难度越大,每个等级都由一组描述符从学习结果的复杂性、深度和广度表明与资格证书体系中该等级资格证书相关的学习成果。

表 2-5　欧洲资历框架层次和类别描述①

资格层次	知识	技能	责任与自主性
层级 1	基础常识	执行简单任务所需的基本技能	在有组织的直接监督下工作或学习
层级 2	工作或学习领域的基本事实知识	使用相关信息执行任务,以及使用简单规则、工具解决常规问题所需的基本认知和实践技能	在有一定自主权的监督下工作或学习
层级 3	了解工作或学习领域的事实、原则、过程和一般概念	通过选择和应用基本方法、工具、材料、信息来完成任务及解决问题所需的一系列认知和实践技能	负责完成工作或学习中的任务;解决问题时根据情况调整自己的行为

---

① Description of the eight EQF levels [Z/OL]. [2024-09-18]. https://europass.europa.eu/en/description-eight-eqf-levels.

续表

资格层次	知识	技能	责任与自主性
层级 4	工作或学习领域内广泛背景下的事实和理论知识	为解决工作或学习领域中的具体问题而需要的一系列认知和实践技能	在通常可预测但可能发生变化的工作或学习环境下进行自我管理;监督他人的日常工作,对工作或学习活动的评估和改进承担一定的责任
层级 5	在工作或学习领域掌握全面、专业、事实和理论知识,并意识到这些知识的界限	全面掌握为抽象问题制定创造性解决方案所需的认知和实践技能	在无法预测变化的工作或学习活动中进行管理和监督;审查和发展自己和他人的业绩
层级 6	工作或学习领域的高级知识,包括对理论和原则的批判性理解	在专业工作或学习领域解决复杂和不可预测的问题所需的高级技能,表现出精通和创新能力	管理复杂的技术或专业活动或项目,在不可预测的工作或学习环境中负责决策;负责管理个人和团体的专业发展
层级 7	高度专业化的知识,其中一些知识处于工作或学习领域的前沿,是原创思维和(或)研究的基础;对某一领域和不同领域之间的知识问题具有批判意识	研究和(或)创新所需的专门解决问题的技能,以开发新知识和程序,并整合不同领域的知识	管理和改变复杂、不可预测和需要新战略方法的工作或学习环境;负责为专业知识和实践做出贡献和(或)审查团队的战略绩效
层级 8	工作或研究领域最前沿的知识,以及各领域之间的交叉的知识	解决研究和(或)创新中的关键问题以及扩展和重新定义现有知识或专业实践所需的最先进和最专业的技能、技巧,包括综合与评估	在包括研究在内的工作或学习领域的最前沿,展示实质性的权威、创新、自主性、学术和专业诚信,并持续致力于发展新思想或新工艺

欧洲资历框架跨越了基础教育、中等教育和高等教育三个不同的教育层级,全面覆盖了正规教育、非正规学习和非正式学习所产生的资格证书,对不同类型的学习成果实施有效认证具有参照意义。当然,对先前学习成果概念的理解应随具体情境而定,但仍有其共性。

(1)对学习成果的描述应基于学习者的一段相对完整的经历,或成功实现非正式学习或项目培训。

(2)对学习成果的描述应体现出知识、技能和能力的具体情境化的学习过程。

(3)对学习完成之后学习者应知、应懂、能做的内容进行描述。

(4)知识、技能和能力就是指对学习者能够知道的和能够做到的期望。

可见,学习成果主要涵盖三个领域:知识(学会认知)、技能(学会做事)、能力(学会生存)。[①] 客观上,先前学习成果是非标准化的、多元的和多维度的,对其进行认定比较难,但仍可以按照这个框架去认识和理解。

二、先前学习成果的分类

在不同的情境和不同的视角下,学习成果的分类会有不同。联合国教科文组织提出学习的四大支柱,即学会认知、学会做事、学会生存、学会共处,比较全面地概括了在工作和社会生活中所需要掌握的知识、技术和能力。例如,"学会认知",作为手段,它应使每个人学会了解其周围的世界,至少是使其能够有尊严地生活,能够发展自己的专业能力和进行交往;作为目的,其基础是乐于理解、认识和发现。学习的"四大支柱"实际上是对人们职业关键能力(或职业通用能力)的概括,阐释了个体具备的学会学习的能力、交流能力、社会活动能力、组织和管理能力、问题解决能力。

克努兹·伊列雷斯提出了学习的三个关键维度:一是内容维度,包括知识、技能、理解,产生持久的能力变化;二是社会维度,与学习发生的社会环境的互动有关;三是情感维度,包括情感、动机、意志。[②] 也有学者提出可以从五个领域阐释学习,包括认知领域的知识和技能、情感领域的动机、元认知领域的自我意识、环境领域的相互依赖和管理领域的学习技能。这些似乎是对学习"四大支柱"的另一种注释。

以上关于学习成果的分类,从不同的角度描述了实践领域的学习成果。从中,

---

① 柯维,查克劳.学习成果的分层和认定——21世纪应用探讨[M].孙爱萍,韦欢欢,刘作芬,译.福州:福建教育出版社,2019.

② SOUTO-OTERO.Validation of non-formal and informal learning in formal education:covert and overt[J].European Journal of Education,2021,56(3):365-379.

可以了解包括先前学习成果在内的实践知识的基本特征。[①]

（1）敏感性。敏感性是指对典型工作情境中细微差别的感知和评价能力。

（2）背景性。职业实践共同体具有相似的行动模式和价值观，可以实现无法用言语表达的沟通与理解。

（3）情境性。由经验得出的假设、观点和期望，终将汇入已有情境性行动中，并设计出具有细微差别的行动方案。

（4）范式性。只有那些针对新问题、对原有行动方案和行为方式提出疑问并能产生新方案的工作任务，才是具有"范式"意义的"发展性任务"。

（5）可交流性。在实践共同体中交流的事物，具有高度一致的主观意愿，只有共同体内的成员才能理解与情境相关的语言并进行有效交流。

（6）前瞻性。完成不可预知结果任务的基础是不完整的知识（知识缺陷），并由此发展"元能力"，从而完成没有标准答案的任务。

从学习发生的情境分类，先前学习的成果可分为非正规学习成果和非正式学习成果两类。非正规学习成果主要来源于各类培训活动，非正式学习成果主要来源于生活、社区活动、工作岗位和自我指导学习。由于先前学习成果的隐蔽性和复杂性，各类学习是并存于生活、工作和学习中的。因此，各类学习所产生的成果并不能很清晰地区别开，某一种学习成果也难以清晰地说明究竟来源于哪一个时间段的什么类型的学习。比如，我们难以确定学习者的工匠精神、合作精神究竟来自哪一类学习，是什么时候产生的；再比如，一个学习者的观察能力突然明显地表现出来，我们不能简单地认为是某一天通过一次同事间的交流就形成了，当然同事间的交流可能增强了这种能力，并让这种能力显现出来。但是，可以通过某种方式大致地评估出来一个学习者在某一个时间节点或者在某一个时间段知道什么、理解什么或能做什么以判断其先前学习的成果。

最终，先前学习成果的分类仍然要以国家资历框架为中介，归结到知识、能力和技能的分类上，才使先前学习认定找到可依据的标准和规则，使之具有可操作性、可比性和正规性。毕竟，学习发生的情境是复杂且多变的，而评估学习成果所依据的标准是静态的、稳定的。

国家资历框架总是以学习成果为基础，但学习成果并不停留在框架或资格上，它们也被应用于课程、教学和学习、评估和标准。基于国家资历框架的先前学习认定必然会寻求基于结果的课程，以延续认定后的补充课程或继续学习。

学习成果在资历框架的等级描述中高度概括、抽象，至于资历框架下不同行业、职业、专业对应的学习成果，则需要通过学习成果分级，把学习成果划分为若干个内部知识点关联性强，并且具有连贯而明确的学习成果和评价标准的学习单元

---

① 赵志群 2022 年 10 月 18 日在中德工业 4.0 学习平台项目"工业 4.0 背景下的职业学校专业建设主题培训"上的报告《工业 4.0 背景下的职业教育专业建设：挑战与问题的梳理》。

（或能力模块、课程模块），它是对各级各类教育中的学习成果进行学分换算的基本单位，是进行学习成果认证、积累和转换的参照基准。而学习单元又可以作为"资格"（资格证书）的组成部分，以通俗易懂的语言对知识、技能和能力的要求进行具体描述，以用于评估和认证。

三、我国高职教育的先前学习成果

我国学者对学习成果有不同的分类。例如，分为学历教育学习成果、非学历教育学习成果和无定式学习成果等三种类型，或分为学历教育学习成果、非学历教育学习成果和非正式学习成果三种类型，并将学历教育学习成果又分为普通教育学习成果和职业教育学习成果两种。其中，非学历教育学习成果、无定式学习成果和非正式学习成果可归入先前学习成果。不论学习成果如何分类，我国高职教育的先前学习认定必定要找到一个可以依据的标准和规则。我国目前还没有建立国家资历框架，但已有的研究和职业教育国家教学标准、国家职业技能标准等为理解先前学习成果提供了依据，可以分为以下三类。

1. 高职教育政策文件中规定的先前学习成果

在我国《高等职业学校专业教学标准》中，主要的先前学习成果如下。

（1）素养：精神、意识、思维、习惯。

（2）知识：文化知识、专业知识、方法知识。

（3）能力：学习能力、专业能力、沟通能力、应用能力、操作技能、评价能力、管理能力。

学校可以组织学生实习，使学生了解或掌握行业、企业或岗位的制度、规范、职责、文化、安全等基本知识，操作要点、技术标准和操作规程等技能要领，职业精神、意志品格等职业素养。以上种种学习成果，虽然是在学校有组织的安排下取得的，但从先前学习内涵范畴来看，这些都是通过在工作岗位或社会服务中获得的，无疑是先前学习的核心成果。

2.《国家职业标准》中的先前学习成果

我国的《国家职业标准》将职业岗位等级分为五级/初级工、四级/中级工、三级/高级工、二级/技师、一级/高级技师五个级别，并描述了各工种不同级别职业岗位所需的职业道德、基础知识、技能和能力。例如，仪器仪表维修工（化工仪表维修工）应具有一定的学习、理解、判断、计算及表达能力，空间感强，四肢灵活，动作协调，听觉、嗅觉较灵敏，视力、色觉良好。对从事该职业的人员有统一的职业道德、基础知识规定，并对每个等级不同职业功能有具体的技能要求和相关知识要求。例如，化工仪表维护与检修的仪表检修岗位的职业要求（见表 2-6），不同级别在技能、知识方面有不同的要求，级别越高，知识要求越复杂、技能难度越高。

表 2-6 仪表检修岗位的职业要求

等级	五级/初级工	四级/中级工	三级/高级工	二级/技师	一级/高级技师
技能要求	2.3.1 能拆装压力变送器、差压变送器、弹簧管压力表、测温元件……2.3.6 能连接热电阻电缆导线 2.3.7 能更换按钮	2.3.1 能拆装质量、电磁、涡街等流量计……2.3.6 能清洗拆卸磁致伸缩液位计	2.3.1 能安装音叉、阻旋、浮球式等物位开关……2.3.10 能安装新增仪表回路设备	2.3.1 能选定压力取源点位置……2.3.8 能指导流量计、物位计的安装并验收	2.3.1 能编制生产装置现场仪表检修方案……2.3.5 能完成现场检测仪表、调节阀选型
相关知识要求	2.3.1 压力变送器、差压变送器、弹簧管压力表、测温元件的安装和拆卸方法……2.3.7 按钮更换方法	2.3.1 质量、电磁、涡街等流量计的安装、拆卸方法……2.3.6 磁致伸缩液位计的清洗拆卸方法	2.3.1 音叉、阻旋、浮球式等物位开关的安装方法及注意事项……2.3.10 新增仪表回路设备的安装要求	2.3.1 压力取源点选定标准……2.3.8 流量计、物位计的安装技术标准和验收标准	2.3.1 生产装置现场仪表检修方案的编制方法及要求……2.3.5 现场检测仪表、调节阀的选型标准

3. 非正规学习、非正式学习成果

根据非正规学习、非正式学习的概念内涵和国家相关职业标准,高职教育先前学习成果类型如表 2-7、表 2-8 所示。

表 2-7 非正规学习成果

学习方式	学习成果	成果证明
国家职业资格培训	知识:职业知识、专业知识、管理知识、生活知识	国家职业资格证书
职业技能等级培训		职业技能等级证书
专业技术资格培训	技能:职业技能、操作灵巧度、职业敏锐度、批判性思维	专业技术资格考试证书(职称考试证书)
企业培训	能力:领导能力、解决问题的能力、沟通能力、忍耐力、环境适应能力、应变能力、责任心、计划和实施能力	培训项目证书
行业培训		市场化的职业证书

表 2-8　非正式学习成果

学习场景	学习方式	学习成果
家庭生活	家人交流、家务活动、知识分享、业余爱好、自我反思	隐性成果:知识(职业知识、专业知识、管理知识、生活知识)、经验、能力(领导能力、解决问题的能力、沟通能力、忍耐力、环境适应能力、应变能力、责任心、计划和实施能力)、技能(职业技能、操作灵巧度、职业敏锐度、批判性思维) 显性成果:发表论文、技术成果、表彰奖励、荣誉证书、科研成果、竞赛成绩等
工作场所	岗位训练、模仿、观察、学徒、同事交流	
地方社区	志愿服务、社区培训、社会活动、生态保护	
自我导向学习	MOOC、线上学习、融媒体学习、偶然学习、专题讨论会	
休闲活动	旅游、体育锻炼、同伴游戏、读书、看报、上网、看电视、听广播、看电影或录像	

第六节　高职教育先前学习成果的表达

先前学习认定的主要目的是使非正规学习、非正式学习成果显性化,并获得社会合法性。联合国教科文组织在《非正规与非正式学习认定》中对学习(成果)认定做出了如下解释:它使个人在不同环境下,通过不同方式在其生活的不同阶段所获得的全部能力(知识、技能和态度)得以显现和被重视。[①] 那么,如何显示这些先前学习成果是一个重要的问题。

一些文献称学历、文凭、资格证书、培训证书为学习成果。例如,2022 年新修订的《中华人民共和国职业教育法》提出"建立各级各类学校教育与职业培训学分、资历以及其他学习成果的认证、积累和转换机制"。再如,有学者认为学历教育学习成果的主要形式为学历证书(毕业证书和学位证书),非学历教育学习成果则主要指在各个教育培训机构所进行的培训、进修后所颁发的证书,非正式学习成果主要指在生活、工作中有意或无意进行的学习所取得的成果。[②] 而非正规学习、非正式学习通常没有这些证明,是不是就没有学习成果了? 显然不是。本质上,学分、资格等是学习成果的证明,是形式上的表现,并非学习成果本身。正式学习结束后颁

---

① UNESCO.UNESCO guidelines for the recognition,validation and accreditation of the outcomes of non-formal and informal learning[M].Hamburg:UNESCO Institute for Lifelong Learning,2012.

② 叶正茂.终身教育学分银行:继续教育学习成果的认证及转换[M].成都:电子科技大学出版社,2016:131-132.

授国家认可的成果证明,以表明学习者达到了预期的学习目标;非正规学习可能会有组织者颁发成果证明,在行业、企业或组织内认可,也可能没有相应的成果证明,需要通过某种形式的认定才能获得成果证明;非正式学习通常需要通过认定才能获得成果证明。可以看到,先前学习认定的依据是已经得到认可的正规教育或职业资格的标准,同样也需要用与之匹配的成果证明形式(如学分、文凭、资格证明等)来呈现这些先前学习成果。

一、先前学习成果是学习经历后反思的结果

先前学习成果不是学习经历本身,而是经历(或学习)过后通过反思、自评和总结,明确知道什么、理解什么和能够做什么,即当前国际上普遍使用的表述——知识、技能、能力,以及素质、态度等。先前学习认定的目的是使隐性、潜在的学习成果可见,认定的方式是用证据证明其存在、有价值、可用。那些仅有学习经历,却没有从经历中获得某种知识、技能、能力,或产生一定的态度,不能称之为"学习成果",高校、认定机构、企业或社会组织也不会对没有结果的学习感兴趣。如果一段投入了时间、经历和资源的学习经历,却不能找到证据证明其有所收获,该学习将是无效学习,也不会被认定。

因此,很多国家在政策或认定标准中对此作了明确规定。美国成人和经验学习委员会(CAEL)先前学习评估十项标准和加拿大劳动力发展委员会(CLFDB)国家先前学习认定标准第二条规定:评估必须是对学习(通过学习或经验获得的知识、技能和判断力)而不是对经验的认可。澳大利亚的一些大学规定了应将先前学习认定建立在先前学习的基础上,而不是建立在先前经验的基础上。也就是说,学习者必须展示其所取得的学习成果,而不是因为在特定岗位工作,或者经历过特定的经历。这背后的理由是,大学对经验本身并不感兴趣,而是看重学习者获得的学习,以及这种学习与资格的相关性。而且,不同的学生可以有相似的经历,但导致的学习结果却不同。例如,听课证书不被赋予学分是因为它是经历,而不是学习成果。

其中的原理是:没有反思就没有学习,就没有学习成果。认定的过程是收集证据的过程,也是通过反思学习经历总结学习成果的过程。认定的核心功能是引导反思,这一过程是对先前学习过程认可的核心。先前学习认定最有价值的部分不是授予的学分,而是学习者通过反思自己已经做过的事和学到的东西而获得的自信和自尊。学习者在导师的指导下,反思的过程会更加有力和有效。反思的过程可以超越对先前学习过程的认可,创造一种学习和实践的方法,这有助于学习者在执行学习计划的过程中取得更大的成功,并且在工作中更有效,因为知识和技能可

以在已经经历过的事情中更好地被背景化。① 推行先前学习认定政策的国家几乎都对此采取了积极的措施：一是认定机构或高校派专人帮助学习者反思其学习经历，通过自我评价、学习反思找到学习成果；二是为学习成果找到证据，在寻找证据的过程中，过滤掉无效学习和不符合目标结果的学习；三是提高反思能力，巩固学习成果，并通过规划延伸学习。

总之，先前学习认定是对非正规学习和非正式学习结果的认可，而不是对非正规学习和非正式学习本身作为获取知识、技能和能力的手段的认可。由于学习条件、学习方式等不同，学习成果的类型也存在差异。因此，这一过程以及证据本身，需要与评估的目的相一致。评估需要充足的证据以及满足既定的证据规则：①有效，证据可以有效地用于对正在评估的学习或能力结果做出判断；②实时，证据应表明该学习者目前能够满足学习或能力结果的要求；③充足，证据应足以对正在评估的学习或能力结果做出有效判断；④可靠，在评估过程中使用的方法如果再次实施，能够导致相同或相似的结果；⑤真实，用于做出判断的证据是真实的，所使用的过程能够确定其真实性。

二、先前学习成果的证明

对学习成果进行认定的目的是要获得像正规学习一样的官方认可，以表明其达到了符合规定标准的质量。在通常情况下，先前学习可能会被承认，但不会被授予机构正式认证为已达到与正式学习一样的质量。那么，如果根据相关的质量标准和可核实的证据，经过评估，确定学习者获得了相当于正规学习课程的一个或多个单元的成绩，这意味着可以授予文凭、学历、职业资格或学分等社会认可的证明。因此，能够证明学习成果的物的形式主要有资历证明和学分两大类，资历证明又可以分为正规学习资历证明、非正规学习资历证明和非正式学习成果证明。

非正规学习有可能产生的成果证明或非学历证书，一般是由国家负责经济、产业或行业的部门或社会组织管理的职业资格类证书。我国大部分职业资格考试由人社部主管，或者由人社部会同相关业务行政管理部门统筹管理，颁发国家职业资格证书、职业技能等级证书、专业技术资格考试证书（职称考试证书），以及市场化的职业证书、培训项目证书。这些证书得到国家承认，国家重在对考试结果的管理，学习和培训由市场提供。学习和培训市场中有面向全社会人员的职业资格认定，例如，北京成人按摩职业技能培训学校开设的保健按摩师职业下 4 个职业方向的技能等级认定，以及山东蓝翔技师学院开设的美发师、汽车维修工、中式烹调师

---

① CLAYTON，R SMITH. Recognising non-formal and informal learning：participant insights and perspectives［R］．Adelaide：National Centre for Vocational Education Research，2009.

等 9 个职业方向的技能等级认定。也有用人单位仅限面向本单位职工开展职业技能等级认定。例如,中国核工业集团有限公司开展了 100 多个职业(工种)的职业技能等级认证,其下属的一些公司也开展一系列的职业技能等级认证,如中国原子能科学研究院开展核反应堆核级机械设备检修工(1~5 级)、辐射防护工(1~4 级)等职业技能等级认定。通过认定的职工或学习者将获得相应等级的技能证书。根据"职业技能等级评价机构公示查询系统"的数据,截至 2024 年 8 月 14 日,在我国人社部备案的具备职业技能等级评价职能的用人单位有中国石油天然气集团、中国中车集团、中国兵器工业集团等 39 家,社会培训评价组织(不包括其分支结构)有 29 家,在地方人社部门备案的全国性评价机构有 1452 家,省属评价机构有 41884 家。此外,对于教师、医护人员、党政干部等对继续教育有明确要求的职业和岗位,有针对其继续教育而开发的各类培训项目,其所颁发的证书虽然不具有国家承认的权威和市场承认的价值,但对于内部职级晋升和薪酬待遇提升非常重要,这与上面所述的企业内部培训项目和职业技术等级认定相类似。

非正式学习不产生成果证明,因为非正式学习通常是在学习者无意识或潜意识的状态下发生的,是一些日常活动的"伴生物",以经验、能力、技能和态度等"缄默"状态存在。其中包括大量与行动相伴随的默会知识,很难被对象化,因而无法像明确知识那样接受理性的评价,只能在行动中考量。许多学习者在工作中掌握大量的经验、技术和技巧,正是难以言传的默会知识。只有通过先前学习认定,才有可能使这些默会知识获得以上学习成果证明。认定需要一个中介物,或者标准体系,通过映射的方式确定这些非正式学习成果达到目标成果的数量和程度,赋予相应的学分或资格予以证明。因为通常非正式学习成果很难获得完整的资格证明,学分可积累、兑换、转移,学分是非正式学习(或经验学习)成果最合适的一种证明形式。

在大多情况下,学分是先前学习认定的尺度,又是学习成果现实价值的量化标准。我国高职院校把个人获得的表彰奖励、荣誉证书、专利发明、科研成果等作为学习成果证明,用以替代相应课程学习获得一定学分的做法列入学校的制度,是当前常规的做法。这些成果证明相对于经验、能力、技能来说,它们有具体的物质形态,更易进行操作和鉴别,因此把它们称为显性的非正式学习成果。而经验、能力、技能等非物质形态的算作隐性的非正式学习成果。此外,一些高职院校也给某种学习过程赋予学分,例如,参加学校组织的技能竞赛的赛前集训与参赛、参加创新工程、开展创业活动、参加职业技能培训机构组织的考证培训、参加学校内部社团组织的社团活动、参加义工服务、参加企业实践活动、参军服兵役、协助教师指导教学活动,等等。

在先前学习认定制度下,非正规学习和非正式学习所获得的知识、技能、能力、态度等，以及参加竞赛及获奖和发表作品、考取职业（技能、工种、岗位）证书、专利、成果转化、参加义工和社团活动、企业实习（实践）等都可以通过识别、评估和认证，转换为学历文凭、资格证书，或者是替代教学计划中其他类别课程的学分，甚至继续升学时可以通过学分互认作为后续教育项目中某课程的替代学分。最常见的方式是将被认定的学分存储在学分银行中，学分银行存储的是学分（学习成果的代表形式），兑换的是学历或资格证书。因为学分是各类学习成果测量的尺度，或者可以看作是正规学习、非正规学习和非正式学习成果互通的"通用货币"。学分银行存储的学习成果覆盖了学历教育、非学历教育以及各类非正式学习成果，用各类教育机构都认可的尺度去衡量先前学习成果，可能会得到最大程度的资源支持和社会认可。

第三章　先前学习认定的国际实践

20 世纪 70 年代以来,随着经济全球化的迅速推进,尤其是欧盟、北美自由贸易区、东盟等区域性组织的建立,在促进区域经济合作的同时,也加快了人才流动。几乎与此同时,欧美发达国家为了充分开发技能人才资源,扩大高等教育机会,纷纷推行终身学习制度。在这一背景下,先前学习认定制度作为国家资格制度和终身学习制度的重要支撑而成为各国教育改革,特别是职业教育与培训改革的重要内容。

第一节　国际组织的推动

联合国教科文组织、国际劳工组织、经合组织、欧盟等国际组织作为"政策传播的中心节点",采用了一种开放式"软法律"(如原则、建议、指南、决议等)的协调方法,通过成员国代表会议、政策文件、各国联络点、双年展、监测报告、信息平台、研究机构等既定的网络推动"政策转移",促进成员国在先前学习认定方面进行系统的经验交流和相互学习,关注跨国家边界的可比性、兼容性和透明度,整合相互关联的要素,支持成员国发展先前学习认定。当然,各国并不是严格地按照国际组织的建议制定本国政策,由于各国的政策目的、实施部门的权力与影响力,以及利益相关者参与程度不同,先前学习认定实施的深度和受国际组织影响的程度也各不相同。

一、国际组织对世界先前学习认定政策的推动

联合国教科文组织是国际先前学习认定政策的主要推动者,非正规学习和非正式学习的承认、验证和认证(RVA)是联合国 2030 年可持续发展议程的一部分,也经常出现在其他国际组织的战略和业务规划中。

早在 20 世纪 60 年代,联合国教科文组织所提倡的终身教育理念中就包括了承认非正规学习、非正式学习的思想。2004 年,联合国教科文组织教育研究所(现为联合国教科文组织终身学习研究所,UIL)发起并组织实施了一项"关于非正规和非正式学习和经验的承认、有效性和认定状况"的国际调查,在 2005 年发布了《先前学习的评估和鉴定综合报告》。这项报告对各被调查国先前学习认定实施的法律

框架、原则、方法、社会各方职能分配等重要问题进行了说明。此后,联合国教科文组织通过各种层级和类型成员会议、专家调研、年会展,以联合国教科文组织终身学习研究所(UIL)为政策和能力开发资源中心和跨部门协调组织,坚持不懈地建立先前学习与经验认可工作的合作关系,加强与此问题有关的领导机构间的交流。2009 年,144 个成员国代表通过了《贝伦行动框架》,呼吁各会员国建立或改进先前学习认定工作结构和机制,通过建立同等的框架来承认所有形式的学习。为了推进《贝伦行动框架》,联合国教科文组织终身学习研究所(UIL)与会员国合作,制定了《联合国教科文组织关于非正规和非正式学习成果的认可、验证和认证(RVA)的指南》(2012),阐明了其目的、RVA 的原则和机制、国家层面的关键行动领域、教科文组织的承诺,以协助会员国发展或改进结构和程序,承认所有形式的学习,特别是承认非正规和非正式学习的成果。[①] 2015 年 5 月,联合国多个部门和世界银行共同召集 160 个国家在韩国召开世界教育论坛,会议通过了《教育 2030:仁川宣言与行动框架》,其中"可持续发展目标 4"建议各国提供灵活的学习途径以及对通过非正规和非正式教育获得的知识、技能和能力进行承认、验证和认证,确保教育的公平性和全纳性。[②]

　　此外,经合组织、国际劳工组织等国际组织也在积极推动各国先前学习认定政策的建立和完善。经合组织认为,大量有价值的学习是在日常生活中有意或非正式地发生的,认定使得人力资本存量更具有可视性,对社会整体更有价值。经合组织在世界各国推动"技能战略",并和其他国际和欧洲机构在这些领域委托开展了大量的研究,发布了《正规教育、非正规教育和非正式教育之间的跨界转换》《让学习变得可见》《国家资历框架促进终身学习》《认可非正规和非正式学习:成果、政策与实践》《技能战略》等一系列的研究报告,认为先前学习认定能产生经济效益、教育效益、社会效益、个人效益等四种不同类型的利益,也可以帮助提高社会公平性。该组织所提出的"验证原则"对于实现满足劳动力市场对技能和能力需求的计划目标至关重要。[③] 国际劳工组织以先前学习认定为重点,推动"G20 培训战略",编制了《技能承认系统工具包》,以期在国际范围内改进 RVA 系统和计划的设计与实施。该工具包提供了来自世界各地的国际劳工组织成员的良好实践范例,并为政

---

① UNESCO guidelines for the recognition, validation and accreditation of the outcomes of non-formal and informal learning[Z/OL].[2020-04-20].https://unesdoc.unesco.org/ark:/48223/pf0000216360.

② Education 2030:Incheon Declaration and Framework for Action for the implementation of Sustainable Development Goal 4:ensure inclusive and equitable quality education and promote lifelong learning opportunities for all[Z/OL].[2020-04-20].http://unesdoc.unesco.org/images/0024/002456/245656E.pdf.

③ The relativity of formal, non-formal and informal learning [Z/OL]. [2023-08-29]. https://www.researchgate.net/publication/41083322_The_relativity_of_formal_non_formal_and_informal_learning.

策制定者和从业者提供指导。

二、区域性国际组织对成员国先前学习认定政策的推动

欧洲联盟（欧盟）、东南亚国家联盟（东盟）、非洲国家联盟（非盟）等通过多种方式推动成员国建立先前学习认定政策。欧盟委员会在《欧洲社会支柱》和《新技能议程》中强调，人们应当能够在其职业生涯或进一步学习中使用其全部技能，包括他们在非正规或非正式途径中获得的技能；《非洲国家联盟促进青年就业的非洲大陆职业技术教育与培训战略》也同样强调了先前学习认定的必要性；《亚洲参考资历框架》鼓励各国制定方法，认定在正规教育之外获得的学习成果；《加勒比职业技术教育与培训战略》强调需要建立新的机制，包括先前学习评估和认可机制，以帮助那些被排斥在外的个人。

其中，欧盟是推行先前学习认定最活跃的区域性组织。欧盟认为先前学习是一种巨大的未开发的无形知识和技能资源，对其认定将为个人、社区和国家带来重大的经济和社会效益，建立非正规和非正式学习作为获得资格的正常途径是这些努力成功的关键。从 20 世纪 90 年代末开始，欧盟就通过《里斯本承认公约》《终身学习备忘录》《建构终身学习的欧洲》《能力和资格的终身发展行动框架》《哥本哈根宣言》《马斯特里赫特公报》等一系列的政策文件，向各成员国倡导在职业教育与培训、高等教育区实行先前学习认定的基本功能、程序、透明工具和原则。仅 2009 年，就出台了《欧洲非正规和非正式学习认定指南》《关于建立欧洲职业教育和培训质量保证参考框架的建议》《欧洲教育和培训合作战略框架（ET2020）》等多个先前学习认定相关的重要文件，以推动成员国发展认定系统，使更多社会成员获得学分或资格，提高"就业性和流动性"。欧洲职业培训发展中心（CEDEFOP）分别在 2009 年、2015 年和 2023 年三次发布（或修订）《欧洲非正规和非正式学习认定指南》，指导成员国建立和完善认定制度。欧盟理事会在《布鲁日公报》（2010 年）和《关于验证非正规和非正式学习的建议》（2012）中两次与成员国约定"参与国应在不迟于2015 年开始制定承认和验证非正规和非正式学习的国家程序，并酌情由国家资历框架支持""所有会员国不迟于 2018 年做出非正规和非正式学习认证安排，使个人能够根据经过认定的非正规和非正式学习获得全部或部分资格证书"，以跟踪推进认定制度实施进展。

2002 年，欧洲职业教育与培训部长级会议颁布的《哥本哈根宣言》，提出将职业教育的一体化纳入欧洲高等教育一体化之中，要求为非正规、非正式学习的认定制定统一的原则，使不同国家、不同层次的学习成果融合、渗透。这次会议为欧洲职业教育学分积累与转换制度的研究开辟了新局面。通过这些会议或政策文件，欧盟建立了多个"关键工具"，例如，欧洲共同原则、欧洲资历框架、国民学历认可信息

中心、欧洲通行证、青年通行证、技能和资格护照、欧洲学分积累和转移系统、欧洲职业教育与培训学分系统,等等。这些工具组合在一起,助推了各国改革学分认定体系,对非正规和非正式学习进行认定,旨在帮助欧洲不同国家的人更加方便地完成跨国培训,使他国认可跨国劳动者以前所接受的教育和培训。

三、先前学习认定政策的全球趋同与本土特色

在世界范围内可以观察到先前学习认定政策的显著趋同。国际组织在欧洲和全球认定政策的形成和传播中发挥了关键作用,这些政策是基于类似的标准,并通过其使用的工具促进政策转移。从这个角度来看,国际组织显然促进了先前学习认定政策的全球趋同。例如,德国基本上在欧盟先前学习认定框架下重新规划了现有的方法,波兰和土耳其的认定方法可以被看作是对欧盟理事会建议的直接反应。这些国家都表现出加强基于能力的方法的趋势。然而,它们各自的教育系统在认定方法的制度化方面有所不同。

这说明,这些政策并没有被全盘采用,特别是在地方实践中很明显。国际组织或区域性组织依赖于广泛的磋商和对话,以制定自愿参与和非约束性协议,尊重成员国存在的广泛的认定模式。虽然其领导人主要来自成员国的教育部和劳工部,但其目的是在地方、区域和国家层面开展的许多项目的全面经验的基础上,交流实践和政策学习,并在自愿和合作的基础上确定共同前进的关键里程碑和集体战略。例如,丹麦已经有长期应用的先前学习认定方法,并且在 2012 年欧盟建议之前已经基本实施了它的验证系统,仅在认定政策完善过程中参考欧盟的建议做了相应的微调或补充对接。

尽管国际组织在全球范围内制定了认定议程,但政策变化必须在当地环境中实施,它可以由当地的行动者和背景来调整。这意味着全盘采用认定政策的可能性较小,因为国际组织的建议跨越了当地环境,在实施过程中可以对它们进行重新构建。公认的观点是,在地方环境中实施国际投资组织的政策存在许多挑战,其中各国的国家行为者、文化规范等在政策变革中发挥着重要作用。通过国家政策的比较可以发现,除了让那些没有机会接受教育的低技能、边缘化目标群体的技能得到认可,帮助其获得融入正规经济的机会外,先前学习认定政策在不同国家的实践中还没有被内化。

四、国际先前学习认定的发展水平

在各国实施关于验证、认证和承认先前学习措施中,虽然很难找出一个"最佳实践"模式,但各个国家都会呈现出一系列重要的特征、主题和原则,以及不同认定

过程的成功方面,这些特点反映了各国先前学习认定的发展程度。目前,欧洲国家先前学习认定的发展水平总体较高,但并不均衡,主要有三种分类。

第一种分类是根据认定制度的实施范围,可分为三类:一是已经或正在制定全面实施认定制度的国家;二是选择了部门实施认定制度的国家;三是少数认定制度比较狭隘的国家。

第二种分类是欧洲职业培训发展中心根据认定的功能,可分为三类:一是验证已经成为公民个人权利的国家,如法国、荷兰、芬兰、挪威和英国;二是国家验证正在成为现实,但仍然需要引入一些程序,如奥地利、德国、瑞典;三是认定活动较少或没有认定活动的国家,如保加利亚、希腊、斯洛伐克和土耳其等。

第三种分类是根据先前学习认定发展的水平,可分为四类:一是高水平发展国家制定了相关的法律政策和规定,有比较完整的认定体系和相关工具;二是中高水平发展国家有国家级的体系或框架,但认定具体的实施还很有限,或者某一专业领域的认定发展已相当成熟,但还缺少国家级的统一框架;三是中低水平发展国家只在某些领域有认定项目,但未涵盖所有学习成果;四是低水平发展国家,国家相关政策还未完善。[①]

实际上,这三种分类并没有本质的区别,都是基于国家先前学习制度的完善程度进行划分的。具体到各国先前学习认定的发展水平,大致可分为三类。第一类是认定实践发展程度较高的国家或地区,如丹麦、芬兰、法国、韩国、澳大利亚、新西兰、挪威、葡萄牙、南非、加拿大和美国。第二类是在认定实践方面处于中等发展水平的国家,随着国家政策和学习成果以及以能力为基础的方法的发展,这些国家注重结果的学习评价方法发展势头越来越好,如毛里求斯、纳米比亚、菲律宾、泰国和日本。第三类国家包括孟加拉国、布基纳法索和贝宁,其基于学习成果的教学改革仍在建设中。[②] 从认定发展趋势来看,发展较好的国家的教学评价、教学活动、政策等都以学习成果为基础,中等的国家正在推行基于学习成果的教育改革。

第二节　先前学习认定的国别研究

美国、澳大利亚、德国等100多个国家先后建立了先前学习认定制度,并与国家资历框架、终身学习等制度配套实施,形成了学习成果认定、积累、转换体系,促

---

① MASLO, SURIKOVA, KARTTUNEN, et al. Validation of non-formal and informal learning in Latvia, Estonia and Finland: an analysis of the context[J]. Journal of Educational Sciences, 2012, 13(2): 30-42.

② VPL. The power of VPL: validation of prior learning as a multi-targeted approach for access to learning opportunities for all[M]. Vugth: Inholland University AS & European Centre Valuation Prior Learning, 2014.

进了职业教育与培训的大发展。由于各国国情不同,各国实施先前学习认定没有通用的方法,有许多不同的概念和不同的做法。

一、美国

(一) 背景与发展

为了帮助退伍军人重返工作岗位并接受大学教育,美国教育委员会(ACE)从1945年开始,提供学分认定服务,对服役人员在军队期间的学习成果进行认定,鼓励退役人员通过认定获取学院学分,并获取更高水平的学历文凭。在20世纪70年代,许多为成人服务的机构开始对先前学习进行个性化的档案袋评估。1974年,随着美国成人和经验学习委员会(CAEL)的成立而全面启动先前学习认定。1991年,美国超过一半的高校开展了相关认定工作。此后,经过不断改革,先前学习认定标准、原则、程序和政策日趋成熟,先前学习评价成为美国教育的"新常态"。

(二) 先前学习认定的政策

美国联邦政府没有建立关于先前学习认定的法律和政策,仅通过财政手段鼓励高校完善学生转学及相应的学分转换政策。美国联邦学生资助咨询委员会(ACSFA)在给联邦政府制定政策建议时强调:知道什么比在哪里或如何学习更重要。[①] 因此,先前学习认定得到了美国教育委员会(ACE)和美国成人和经验学习委员会(CAEL)的支持与推动。ACE是负责协调全国高等教育机构的国家机构,CAEL是一个全国性的非营利组织,与教育机构、雇主、劳工组织和其他利益相关者合作,目的是促进包括先前学习认定在内的创造性的、有效的成人学习策略的实施。美国六个地区认证委员会中一些已经发布了关于认定的政策和指导方针,同时允许相关机构灵活地实施该政策,并通过正式的认定程序监督高等教育的质量。

各州自行建立州范围内的先前学习认定支持和评估体系,州政府加强公立高等学校学生的学分流动,先前学习认定在许多学院和大学中进行,高等学校(特别是私立高等学校)对于是否接受学分、在哪类课程接受学分,以及接受哪些先前学习评估方式等方面有较大的自主权,先前学习认定的政策和流程由各教育机构或工作场所自行制定。康涅狄格州、俄勒冈州、宾夕法尼亚州、罗得岛州和佛蒙特州有州一级的政策或倡议。例如,在康涅狄格州,无论是高等教育理事会还是社区技术学校董事会都有先前学习认定政策,要求为先前学习授予学分的机构根据其标

---

　　① 　Promising and practical strategies to increase postsecondary success: prior learning assessment[Z/OL]. [2023-08-20]. https://www2.ed.gov/documents/college-completion/prior-learning-assessment.pdf.

准制定书面政策和程序,该标准包括授予学分方法、标准化测试、国家认可的评估、由董事会接受的学分建议、由合格的教师设计和管理的个性化书面或口头测试,以及档案袋审查,等等。宾夕法尼亚州2006年实施"就业准备宾夕法尼亚"一揽子计划,其中包括先前学习认定,共投入9100万美元。①

(三) 先前学习认定的运行

1. 认定机制

由于美国先前学习认定的具体程序和方式由认定机构或大学自行决定,因此其认定机制也多种多样。值得关注的是,美国发展了社区学院与大学的学分互认机制,使得各大学之间的认定工作通过学习结果联系在一起。例如,北卡罗来纳州的"全面学制衔接协议",制定了完善的学分互认运行规则,从而创建了由社区学院、一般四年制学院和研究型大学构成的三级高等教育结构和副学士到博士组成的完整的四级学位制度。为了解决普通教育课程科目复杂多样、目标变化各异导致学分互认难的问题,美国各州先是从普通课程中通过协商筛选出最基本和最具有代表性的课程作为评价标准,然后详细规定各个领域每门课程的具体学分和等级要求,由此来推动社区学院与普通大学之间课程的对接与学分的认定。

2. 先前学习的评估方法

美国几乎所有的大学都有管理校内学生学习成果的评估机构,它们对高等学校以外的非正规或非正式学习进行评估,对其中达到大学水平的学习成果授予学分。

评估可以通过档案袋评估、个人表现或演示评估,或其他由教师决定的评估方法。评估的工具大致可以分为三类:一是各类考试,包括大型的标准化考试以及高等学校自己设计的挑战考试;二是培训机构的课程或项目,雇主和工会提供的培训项目被评估为与高校提供的课程具有可比性;三是评估申请者与学习相关的个人经历,也称为档案袋评估。这种评估很多都是由美国教育委员会(ACE)的高校学分推荐服务机构实施的,高校依据《国家教育学分培训项目指南》《武装部队教育经验评估指南》的标准和学分推荐授予学术学分。②

美国成人和经验学习委员会(CAEL)研究发现,考试是先前学习评估最常用的方法。90%的受访学校使用大学水平考试项目(CLEP)来授予学分,89%的学校使

---

① PLA Centre. Achieving our potential: an action plan for prior learning assessment and recognition (PLAR)in Canada[R].HALIFAX:PLA CENTRE,2008.

② American Council on Education. Credit for prior learning: charting institutional practice for sustainability[R].Washington:American Council on Education,2015.

用大学先修课程考试,大约一半的受访学校使用国防非传统教育支持活动(DANTES)考试。大约一半的受访者报告说,学生可以通过档案袋评估寻求高级资格。档案袋评估在美国是一个相对较新的现象,在先前学习认定中使用档案袋评估在美国高等教育中正变得越来越普遍,档案袋是为生活经历和学习授予学分的一种可行的方法。档案袋通常是文件、证明信、经验描述和学习文章的集合,必须简明扼要地说明学习内容,且必须提供足够的支持信息和文件,以便教师可以单独使用,或与其他证据结合使用,作为其评价的基础,表明认定是基于学习成果而非学习经历证明。

3. 质量保证

为保证学校开展的先前学习评估具有较高的质量,维护其权威性,美国教育委员会(ACE)会同多部门共同致力于建立先前学习评价质量保障体系。美国成人和经验学习委员会(CAEL)在 1996 年和 2006 年先后出台了《先前学习认定:美国机构实践指导手册》《学习评估:标准、原则和程序》,为先前学习认定确定了指导思想与基本原则,极大地推进了先前学习评价的发展,先前学习评价的质量得到保障。一是地区认定机构建立起来,作为美国高等教育同行审查和质量保障的重要组成部分,开始为所在地教育机构开展先前学习评价设定原则和标准。二是各州政府对于先前学习评价的政策也逐渐明晰,如明尼苏达州、俄克拉荷马州、宾夕法尼亚州、佛蒙特州等建立了州一级先前学习评价系统,大部分州是通过高等教育机构建立先前学习评价的制度规范。三是高等教育管理和协调机构自身也建立州范围的先前学习评价政策。六个地区认证委员会是自愿性的非政府会员协会,通过认证整个机构来定义、维护和提升跨机构的先前学习认定质量,它们规定了通过先前学习认定授予经验学习学分的原则、标准和准则。

在美国,没有利益相关者参加的先前学习认定将不被信任。在认定程序、方法和评估标准制定过程中,来自工作岗位、青年和成人组织以及劳动力市场的代表,包括普通公民、企业及其雇员、教育和培训提供者、志愿协会和劳动力市场的社会伙伴组织在内的当地利益相关者积极参与其中。

为了提高认定管理人员的质量,美国建立了唯一针对认定人员和管理人员的"先前学习认定证书项目",大学顾问、教授、认定项目操作人员、培训经理、企业家、行政人员、职业项目开发人员等各种人员都参加该项目。美国成人和经验学习委员会(CAEL)还开发了基于网络的认定培训项目,它包括 5 个工作坊,每个工作坊 4～6 个模块,为有兴趣提供认定服务的组织提供培训,并为认定从业人员提供了开发评估成人先前学习所需的技能和基本工具。CAEL 还制作了成人学习机构(ALFI)工具包,为高校提供评估工具。此外,还为机构自评调查和学生调查提供关于机构能力和成功评估学生先前学习的各类信息。

4. 成效

美国成人和经验学习委员会(CAEL)在 2010 年对 48 所高校的 62 000 多名成人学生的调查中发现,25 岁及以上的学生有 56％毕业于学位课程,而没有先前学习认定学分的学生则占比 21％。无论规模、水平或机构类型如何,先前学习认定学生的学位完成率都高于非先前学习认定学生的学位完成率。对于副学士学位而言,先前学习认定学生完成学位的可能性是非先前学习认定学生的 2.1 倍;对于学士学位,先前学习认定学生完成学位的可能性是非先前学习认定学生的 2.6 倍。CAEL 的研究还发现:先前学习认定的参与率在坚持率和毕业率方面有显著提高。数据还表明,即使他们没有完成学位,先前学习认定学生也比同龄人坚持的时间更长,获得的学分也更多。例如,第一年后继续学习的先前学习认定学生人数占比 63％,而非先前学习认定学生占比 40％。先前学习认定学生的平均绩点也略高。参加先前学习认定的学生在该机构学习的课程比非先前学习认定学生的多。这意味着学生不仅获得了先前学习的学分,而且继续学习,参加了更多课程的学习,并比非参与学生在更短的时间内完成学位。[①] 密歇根大学个性化学位项目调查发现,成年人更高的保持率和完成率可以归因于通过先前学习认定转入或授予的学分。[②]

先前学习认定提高了学习者的学习收益。调查发现,卡佩拉大学的学生通过参加认定平均节省 4320 美元。参加先前学习认定的学习者在获得学士学位的时间上比没有参加先前学习认定的学习者平均节省 5.3 个月。此外,先前学习认定拓宽和深化了学生的知识,并增强其从经验中继续学习的能力,学生接触先前学习认定后更加了解和重视自己,提高了批判性思维技能和更广泛学习的积极性。[③]

美国先前学习认定已经在几乎所有的高等教育机构展开。2012 年,美国教育委员会(ACE)对先前学习认定开展了一次调查研究,发现有 92％的高等教育机构正在实施先前学习评价。教育委员会成绩用户系统中有 94％的用户尝试使用先前学习评价,并有 88％的学习者成功实施了先前学习认定。[④]

---

① Northeast Resiliency Consortium. Prior learning assessment (PLA) handbook for the Northeast Resiliency Consortium[Z/OL].[2023-05-02]. https://achieving the dream. org/wp-content/uploads/2022/04/plahandbooknrc_oct_2017.pdf.

② American Council on Education. Credit for prior learning: charting institutional practice for sustainability[R].Washington:American Council on Education,2015.

③ CHERRSTROM,BODEN,SHERRON.Decade of prior learning assessment in the United States:a systematic literature review[J].The Journal of Continuing Higher Education,2022,70(2):88-104.

④ 应一也,耿俊华,周晶晶.从过去到未来:美国先前学习评价的发展轨迹[J].中国远程教育,2017(7):60-68.

案例 1

俄克拉荷马州立大学技术学院先前学习认定的质量保障

为了保证授予学分的质量,俄克拉荷马州立大学技术学院(OUSIT)专门制定了先前学习认定授予学分的政策,明确介绍了先前学习认定的规定和流程,切实保障了学分授予的信度与效度。

一、标准程序

学生申请先前学习认定分为四个阶段:①学校组织学生参加先前学习认定的培训,培训的主要内容是了解先前学习认定的内涵、评价方式、评价流程以及相关费用。②学生根据自身的知识、经验和能力的特点选择合适的认定方式。③搜集资料和成果证据,按照格式要求填写并提交申请表。④接受评估。

二、严格流程

学院审核先前学习成果有五个流程:①组织学生参加标准化测试、制度化挑战考试或者组织评估专家评估学生的申请材料。对于标准化测试,如果一个学生经过各种测试或其他评估所证明的能力与某门课程有80%匹配,则评估人员可推荐学生免修这门课程。②评估专家评估通过后,在申请表上签署同意,然后将申请表和相关支撑材料提交至院系负责人。③院系负责人审核评估专家提供的材料并签署意见,然后将复印件提交至注册主任办公室。④注册主任审核院系负责人提交的材料,并评价材料是否符合课程的要求。如果审核通过,通过评估的材料和授予的学分将会作为学生的学术成绩在学院公示(大学水平考试项目除外)。⑤学生成功完成12学时的课程之后,学分才正式授予学生并记录到官方档案中。

三、多级监管

学院通过先前学习认定授予学生学分需要接受多部门的监督和考核。①州政府在政策上要确保通过先前学习认定授予学分的学术标准的统一,同时也要提供在俄克拉荷马州各学院之间转换学分的统一标准,以及保障和监管先前学习认定的规章制度,确保学术学分授予的可靠性与公平性。②学院需要向俄克拉荷马州高等教育委员会上报评估材料,即通过先前学习认定授予学分的所有文件,包括评价时使用的方法,每种方法授予的学分数,总共授予的学分数及其主要信息。③俄克拉荷马州高等教育委员会根据经济社会发展审核并更新包含全部院系的技术评价清单,清单包含州政府同意的用来授予学分的一系列的评价手段和方法。④一份评估申请需要经过评估专家、院系负责人、注册主任三级评估。

四、制度透明

学院建立了学分公示制度,学生申请接受先前学习认定且通过了注册主任审核后需要公示,才能授予学生学分。学生申请免修的学分以及相关审核材料作为学生本学期学术成绩的一部分也需要在学院公示,公示时间为学生成功完成 12 学时课程学习的时间。选择通过大学水平测试项目考试的学生通过考试后即可获得学分,无须公示。

二、加拿大

加拿大的先前学习认定有多个定义,但最普遍的是称为"先前学习评估与识别"(PLAR)。加拿大先前学习协会将 PLAR 定义为"允许个体对其先前学习进行识别、记录、评估并获得认可的过程",学习可以是正式的、非正式的、非正规的、体验式的。定义的差异在于认定除了评估和承认非正式或经验学习之外,是否应该包括转移学分和承认正式教育证书的过程。阿萨巴斯卡大学、格兰特·麦克埃文大学和大草原区学院认为只有在学术机构之外获得的学习才适用于认定。加拿大的先前学习认定的目的包括自我了解、获得学分或学术机构的高级地位、就业执照、职业规划或招聘。

(一)背景与发展

加拿大的先前学习认定是典型的"自下而上"的发展模式。早在 1982 年,魁北克省第一个建立认定制度,在成人教育部门实施。在 20 世纪 80—90 年代,安大略省、曼尼托巴省、不列颠哥伦比亚省、新斯科舍省和萨斯喀彻温省等相继建立了先前学习认定制度。随后,纽芬兰与拉布拉多省、爱德华王子岛省、阿尔伯塔省也陆续建立了先前学习认定制度,一些省还成立了秘书处,建立了先前学习认定省级政策、省级战略、认定标准、指南和网络,以及资金制度。这时期,大学中出现了一些非正式的认定实践,作为向教育系统以外的成熟学习者提供学分的手段。

20 世纪 90 年代,加拿大联邦和省政府对认定的兴趣日益增加,认定的政策制定、培训、监测和报告活动都在这一时期进行,并承诺为学生持续提供认定。加拿大人力资源开发署(HRDC)主办了多次论坛和会议支持先前学习认定。1994 年,加拿大召开了"第一届教育咨询会",旨在采取行动提高高等教育学生的可及性、公平性、流动性。同年,举办了"教育部长理事会",部长们同意在 1995 年年底前,由加拿大学位授予机构为在大学前两年学习阶段的学生提供学分转移认证。至此,加拿大"学分转移协议"达成。① 1994 年,加拿大先前学习评估协会(CAPLA)成立,它为国家伞式组织,认定实践者和倡导者的几个省级网络也应运而生。加拿大人力资源开发署(HRDC)于 1995 年在渥太华主办了第一届全国先前学习评估论坛。1996 年,位于新斯科舍省哈利法克斯市的加拿大第一个独立的、以社区为基础的、协作的先前学习认定中心成立,仅十年时间,作为全省社区协商的结果,有 13 个校区的新斯科舍社区学院成为加拿大第一个将成为"档案袋学院"(portfolio college)作为明确战略目标的大专院校。

21 世纪初,经费问题、政策问题、优先事项与领导变化,以及将学习等同于正规学校教育的传统思维等一些因素,减缓了先前学习认定的发展。在哈利法克斯(2001 年)和温尼伯(2003 年)举行的第四次和第五次认定全国论坛之后,联邦政府对先前学习认定的支持就不复存在。到 2006 年,联邦政府对认定国家会议的资助被永久终止,这对泛加拿大扩大对认定的认识、理解和参与的努力是一个打击。②

(二) 先前学习认定的政策

加拿大没有建立先前学习认定的法律框架和政府政策,但联邦政府通过倡议和项目支持,在推动先前学习认定,促进终身学习、经济发展和激发公民意识方面发挥了重要的作用。联邦政府从 20 世纪 90 年代初开始通过财政支持认定倡议,涉及最多的联邦部门是加拿大人力资源和社会发展部(HRSDC)和加拿大公民与移民部(CIC)。2002 年,HRSDC 主导制定了《加拿大政府创新战略》,发表了《知识事项》,表达了对加拿大先前学习认定能力不足的担心。HRSDC 提供长达 3 年的捐款资助,用于开发和测试认定的基本方法,发布最佳实践,以鼓励承认所有类型的学习,并获得学分、建立利益攸关方承认学习的能力。从 2000 年到 2005 年,HRSDC 资助了 30 多个认定相关项目。CIC 参与促进先前学习认定,主要是在国际证书认定领域的。在实践中,加拿大政府主要支持使用认定来增加进入社区学院的机会,以及给予大学学分、增加教育流动性、劳动力发展和获得受管制职业的政策支持。

加拿大的先前学习认定是一个高度分散的过程,评估和验证的责任分布在各

---

① 季欣.学分银行制度建设:研究与探索论文集[G].北京:中央广播电视大学出版社,2015:178.

② Faculty perceptions of prior learning assessment and recognition:a university case study[Z/OL]. [2023-08-23].https://www.researchgate.net/publication/352694847_Faculty_Perceptions_of_Prior_Learning _Assessment_and_Recognition_A_University_Case_Study.

省或地区政府、教育机构和专业机构,大部分政策制定都发生在省级层面。除了少数明显的例外,加拿大认定非正规和非正式学习的做法是从地方层面的政府资助试点项目发展而来的。没有任何省份或地区立法强制提供认定服务,大多数省级政策集中体现为支持和鼓励的一般性声明。有些政策为认定的实施确立了原则或标准,有的则是直接出台相关的举措。在加拿大的不同地区,政策的制定和认定在实践中的采用方式有所不同,但在政府层面都有支持认定的机制。例如,魁北克省、萨斯喀彻温省和曼尼托巴省等建立了省级认定政策框架,魁北克省政府的成人和继续教育与培训政策强调和促进对先前学习、技能的官方认可。萨斯喀彻温省和曼尼托巴省的框架表达了政府对认定服务在教育、就业和受监管职业方面的支持,具体体现为对组织能力建设和多利益相关方倡议的资金支持。

在加拿大认定的实践中,"第三部门"已经成为主导力量。如加拿大旅游人力资源理事会(CTHRC)、加拿大认证评估服务联盟(ACESC)、加拿大认证机构协会(AAAC)、加拿大学习委员会(CCL)、加拿大先前学习评估协会(CAPLA)、加拿大社区学院协会(ACCC)、加拿大认可学习研究所(CIRL),以及曼尼托巴先前学习评估网络、哈利法克斯先前学习评估中心等。1994年,CAPLA成立,它是致力于推广PLAR的全国性组织,主要为来自不同行业的从业者和学者举办年度会议,开展研究并分享最佳实践,如《先前学习认定从业者发展标准》《先前学习质量保障手册》,后者提供了可供选择的、有质量保证的评估和承认过程,以及在无法采用传统方法评估和承认资格时特别有用的一系列评估工具。加拿大教育部长理事会(CMEC)也发挥了关键的作用,它编制了加拿大中学后教育机构的认定政策、实践和项目清单,负责加拿大国际证书信息中心,提供有关正式证书评估服务。

(三) 先前学习认定的运行

1. 先前学习认定的制度机制

加拿大缺乏一个全国性的政策框架,但在所有政府层面都有支持认定的机制,公共机构主要担负认定实施的责任。事实上,更多的是一种责任分担的模式,所有省份都对认定作出了承诺,一些省份所代表的责任分担模式对此进一步强化。萨斯喀彻温省建立了政策框架,允许中学后教育部门在自主的基础上实行这种类型的认定。在曼尼托巴省,政策一方面要求加强成人学习中心等社区咨询服务;另一方面加强在工业中使用认定的方法。然而,新不伦瑞克省和新斯科舍省一样,采用了由公共机构主导的模式。魁北克省代表了一种混合模式,中学和学院层面的认定活动在法律和监管框架下运作,而大学在这个领域活动是自主的。

在加拿大,认定政策和项目的制定在很大程度上是一个"自下而上"的过程,有各种各样的教育和培训机构、行业机构和志愿部门组织在各自领域采取主动。联邦政府通过投资试点项目和其他形式的研发,重点引导各省政策制定者和"第三部门",以及高等院校针对那些面对新技能水平不足的员工、因变革而流离失所的高技能和有经验的工人、加拿大新来者、未充分就业或边缘依附的工人、资质良好且有资质的群体、受到特定因素制约的劳动力等具体目标人群,在实施认定过程中发挥了关键作用,并在支持网络和新兴的泛加拿大认定社区中与机构、企业和社区领导人、方案开发人员和认定从业人员联系,通过倡导、资助、认定培训、增加学习者对认定的认识和利用、回应职场需求、组织认定研究等推动认定的发展。

由于评估方法和工具的发展带来了巨大的成本,几乎所有的省和地区政府都为认定一次性提供多年或试点项目的启动资金,也有一些省持续提供资金支持。例如,安大略省以支持社区学院的名义提供持续的定向资助;新不伦瑞克省负责社区和家庭服务的部门明确对认定项目承诺提供多年支持,旨在支持社会援助受益人向就业或继续教育和培训的过渡;新斯科舍省在财政上支持成人学习者免费认定评估;曼尼托巴省在资金有限的情况下通过其所有的中学后服务提供者为认定活动提供资金。另外,阿尔伯塔省、不列颠哥伦比亚省、纽芬兰与拉布拉多省、西北地区、努纳武特地区和育空地区的认定和档案袋开发、基础设施的大部分成本由提供者和个人参与者承担。

2. 先前学习的评估方法

许多加拿大社区学院将学习成果作为评估的有效标准,用来评估在学校和之前的学习。评估人员通常是教授课程的教师,其可以使用多种能力评估方法和工具,包括笔试、口试、面试、模拟、技能演示、角色扮演、档案袋评估和自我评价等。入学的评估通常采用标准化测试,也可以采取其他形式的学习示范,包括档案袋评估。档案袋用于支持学习者个人成长和职业发展,因此在加拿大通常也称之为"档案袋学习"。它一般包括指导开发一个档案袋,用于教育和就业规划,展示个体在正规和非正规教育环境中的学习成果。档案袋学习通常是通过便利的档案袋开发项目或课程提供的。在某些情况下,档案袋开发是咨询服务在不同程度上的独立活动。

加拿大的先前学习认定主要有两种类型:证书认定(CR)和先前学习评估与认可(PLAR)。CR涉及一种评估,以确定通过学术课程学分、证书、学位和文凭表达的不同正式学习成果的可比性,学历证书的认定有衔接协议、个人学分转移、等值性评估和证书评估等四种方式。PLAR是对在工作场所、自主学习、志愿服务等非正规和非正式情境中获得的学习成果的评估及认可,认定结果主要应用于项目和课程录取、学分豁免、获得培训、就业、晋升、职业许可(或认证、注册),以及通过档案袋学习的自我承认。

案例 2

<h3 style="text-align:center">乔治布朗学院的先前学习认定</h3>

乔治布朗学院是加拿大规模非常大、学科设置全面的社区学院。先前学习认定是一种基于能力的评估过程,旨在对通过非正式、非正规学习方式获得的大学水平学习进行认可并给予正式学分。学习可能是通过工作和生活经验、工作场所培训或国外获得的未被认可的教育获得的。通过认定,准学生根据课程或项目结果评估先前的学习情况,并酌情授予正式学分。

(1)制度规定。认定适用于有意获得大学文凭的学习者,其通过工作、生活和教育经历,获得相当于一个或多个大学课程学习要求的学习;申请者必须年满 19 周岁,或具有安大略省中学文凭或同等学力;由在该领域具有学科专业知识的学术人员进行评估,如果先前学习被认为达到了相当于大学课程的学习要求,则授予学分;非全日制继续教育学生可获得认定学分,学分最高可达 50%,全日制学生可获得最多 75% 的课程学分;大学课程可供学习者通过认定获得学分,学院可能将一门课程指定为不符合认定的课程;认定程序和流程将尊重现有的、公认的国家认定标准和最佳实践;评估的费用将依据部颁指南,费用不可退也不可转让;申请人不要求是注册大学生,学习者必须经过正规的入学程序才能进入学院学习。

(2)先前学习认定的方式。认定主要有两种方式。一是挑战测试,一般要求由每个项目决定,挑战测试可能要求申请者参加书面、口头或成绩测试、开发产品,或这些评估方法的组合。二是开发档案袋。档案袋由申请者开发,认定办公室提供档案袋指南。一般来说,一个档案袋包含描述一个申请者的相关学习成就(所获得的知识、技能、能力和素质)的信息,并提供这种学习发生的证据。档案袋还必须清楚地将申请者的学习成就与正在寻求认定学分的课程要求联系起来。必要时,申请者可能需要签署一份授权书,允许学科专家联系以前或现在的雇主、同事等,以核实其档案袋中的文件来源。认定办公室每学期提供一次认定支持工作坊,提供关于档案袋开发和挑战测试准备的指导。

(3)先前学习的评估。认定申请者必须在申请后三个月内完成评估要求,残疾申请者可以申请延长时间;评估由项目主席批准并得到认定办公室支持的学科专家承担;学科专家将在收到完成的测试或档案袋后两周内完成其初始评估;当考生评估不通过时,学科专家可以要求考生采用其他的评估方式;认定办公室通过电子邮件或电话告知考生评估结果;注册办公室记录申请者的最终成绩,成功的认定学分以与课程成绩相同的方式转录成绩;完成评估过程和结果的正式记录可供申请者使用,并由认定办公室保留五年;申请者可对失败的课程提出上诉,也可以在一年后申请再认定,但申请者要能证明在该年进行了额外的学习。

三、法国

法国是欧洲先前学习认定非常先进的国家,每个公民都有要求先前学习认定的权利。先前学习认定在法国被称为"经验认定"(VAE),是对非正规和非正式学习,即通过工作、志愿服务和其他生活经验获得的知识和技能的认定。法国的 VAE 可以获得大学学位或文凭,或全部或部分资格证书,而无须经过正式培训。VAE 被纳入劳动和教育法典,与终身学习、培训和就业政策紧密相关,通过 VAE 获得的任何资格都必须在国家职业资格目录(RNCP)中注册,与通过初始或持续的正式培训或学徒制获得的资格证书相同。

(一) 背景与发展

VAE 的实施由政府通过立法推动,而不是民间自发的,是典型的"自上而下"发展模式。早在 1934 年,法国政府通过了《工程师经验认定法令》,通过认定的方式授予一些有经验的工程行业人员以"工程师资格证"。20 世纪 80 年代之后,法国陆续出台了多部法令或规章,开启通过 VAE 进入高等教育的非传统入学途径,既顺应了不同时期社会经济发展的趋势,也有力地促进了法国融入整个欧洲教育一体化发展的进程。[①]

1985 年和 2002 年,法国政府通过了两部基本的法案,推动 VAE 改革。1985年颁布了《先前职业认定法令》,明确提出了"职业认定"这一崭新的理念,是法国有史以来第一次将"职业认定"概念纳入国家的法律。该法令的颁布旨在使所有想要接受高等教育却达不到入学要求的成人获得一条进入高等教育的有效途径。同年,法国还推出了"技能审核"系统。此后,VAE 的法规数量不断增加,政策体系不断完善。2002 年,法国颁布了《社会现代法》,规定每个公民都有权对先前的学习进行评估认定,从而获得相应的职业资格;所有大学都有法律义务实现"博洛尼亚进

---

① 宋孝忠.发达国家先前学习认证的理论与实践[J].教育学术月刊,2012(6):9-12.

程"和"里斯本战略"的关键目标,建立非正规和非正式学习的认定制度,根据对至少 3 年在任何情况下学习的成果的评估,允许授予最高 100％的学位。2002 年立法后开始实施的 VAE 不仅扩展了评估与承认职业经验与技能的范围,而且更加强调证书的颁发。在这几部基本法律的基础上,产生了法国基本的国家 VAE 框架:承认先前学习,可用于授予个人大学课程豁免和资格授予,直至整个学位。它有双重目的:承认大多数没有正式资格的劳动力在工作中获得的技能和学习,并帮助其获得受教育机会。

2007 年法国颁布了《国家先前经验认定发展协议》,标志该国先前学习认定体系已经基本成熟。2014 年,法国颁布《职业教育、就业与社会民主法》,并于同年颁布一项与先前学习认定密切相关的行政法《制定先前经历认定措施法令》,在法律层面进一步推进了 VAE 的发展,包括创建个人培训账户,以供个人出资培训以及注册选择培训途径等。①

(二) 先前学习认定的政策

法国是典型的以法律为手段建立 VAE 政策的国家,其显著特点是制度化程度很高。② VAE 与国家资历框架组成集成系统,其发展以中央法规和政策为依据,在严密的组织结构下按照统一的标准贯彻落实,确保各部门行动的一致性。通过 VAE 授予的资格证书与通过参加正规职业教育与培训授予的资格证书具有完全相同的价值。

1. 国家赋予公民职业教育和能力认定的基本社会权利

法国公民在享有法律政策赋予的职业教育与培训权利的同时,也享有知识、技能、能力和素质被认定的权利。1985 年《先前职业认定法令》规定年龄在 20 岁以上,初级教育毕业 2 年以上,没有获得任何教育资格证书的任何人,都可以凭自己在生活和工作中积累的经验,向学校申请入学机会。2002 年《社会现代法》进一步规定,任何从事有偿的、无偿的或者志愿者工作 3 年以上的人,认为自己在工作中获得的相关领域的知识和能力,与在大学学习该专业获得的知识和能力相当,就有权利要求学校对其所积累的知识和能力进行认定。如果证实这些知识和能力确实与大学教育的要求吻合,无须进入高校学习即可取得高校的相应文凭和学位。在该法律的推动下,VAE 扩展到所有资格,也扩大到了所有人,即法国的所有公民均享有对自己先前的非正规或非正式的学习或经历进行认定的权利,这一过程被称

---

① CASANO.The future of European labour law and the right to employability:Which role for the validation of non-formal and informal learning[J].European Labour Law Journal,2016,7(3):498-519.

② A LIS,LAUDENBACH.Dimensions of validation of prior learning in Europe:empirical insights from Denmark,Poland,Turkey and Germany[M].Bielefeld:WBV Media GmbH & Co.KG,2022.

为"累积"认可。

从这个角度看,VAE政策开启了一条新的、非传统的通向正式资格证书的学习途径。法国是一个非常注重证书的国家,证书意味着一种正式的能力,表明一个人的素质,决定一个人可能担任的职位。法国最早正式在职业资格领域使用先前学习认定,《先前职业认定法令》的颁布为所有想要接受高等教育却达不到入学要求的人开辟了一条进入高等教育的有效途径。依据该法令,进入大学并不一定需要正式的文凭,可以通过VAE获得同等的资格。也就是说,申请者在正规教育系统之外所获得的工作经验、职业训练以至于个人所进行的自我导向学习等,都可以作为进入大学并抵免部分所必须修习课程的依据,向学校申请授予相应的学位。

2. 在企业推行继续教育与VAE

法国的职业教育体系具有双重价值,即劳动市场价值和职业教育价值。法国的继续职业培训成为劳动法的一个独立领域,国家主导的社会伙伴关系法规改革深刻地改变了法国的培训体系。特别是,它确立了个人接受培训的权利,使雇员可以在工作时间以外接受培训,同时赋予了专业部门在这一体系中的重要作用,改革的主要目的是让雇员掌握自己的资格和能力。它不是以雇主为主导,而是将雇员置于有关其自身培训途径和职业发展路线的所有决定的中心。根据2014年法律,企业有义务每两年与员工进行一次面谈,以审查员工的职业发展并告知员工有关VAE的信息。[①]

在法国,VAE得到了教育法和劳动法的双重支撑。VAE的重点是能力认证,既适用于所有已获得专业能力的个人,也适用于专业以外的个人。它既是学校学生的权利,也是企业雇员的权利。随着劳动法对"技能审核"(skills audits)的推动,以及VAE的深入广泛开展,2014年《职业教育、就业与社会民主法》提出创建个人培训账户,出资供个人培训,注册选择培训途径,以及获得相应支持对先前经验认定途径予以统计监测等要求。而且,VAE可以作为授予正式资格证书的基础,它可以是一个完整文凭的单元或"部分",还可以等同于授予正式资格证书的完整评估。[②]

为此,法国成立了国家职业资格认证委员会(CNCP),其任务是建立国家职业认证登记册(RNCP)制度,并监督资格认证。RNCP涵盖所有具有职业和专业导向及目的的高等教育资格证书,通过VAE程序获得的资格证书相当于欧洲资历框架

---

① SINGH, DUVEKOT. Linking recognition practices and national qualifications frameworks [M]. Hamburg：UNESCO Institute for Lifelong Learning, 2013.

② VPL. The power of VPL: validation of prior learning as a multi-targeted approach for access to learning opportunities for all [M]. Vugth: Inholland University AS & European Centre Valuation Prior Learning, 2014.

的 3～8 级。当然,它也记录国家颁发的文凭和资格证书,这些文凭和资格证书是在雇主和雇员代表组织等协商机构的参与下创建的。[①]

(三)先前学习认定的运行

1.认定组织机构

从 2018 年起,法国能力委员会作为领导机构负责 VAE 的实施,2019 成立了由几个部委(例如农业、工业等)共同组成的专业咨询委员会(CPC),委员会的组成由法律决定,负责以国家名义颁发涉及整个行业(部门)、专业的文凭。专业咨询委员会向部长报告,并为大学学位以外的一个行业和该行业的所有专业文凭做出裁决。VAE 的总体体制框架仍由劳动部负责。该部门与地区委员会和其他授予资格的部委合作,在协调和实施这一新系统时发挥了关键作用。

实施 VAE 的具体规则和实践由 RNCP 中包含的每个授予资格的机构负责,包括商会、贸易商会、不同部委的行业代表和私人培训机构。在高等教育部门,根据高等教育机构的自治原则,制定国家 VAE 程序的细节和 VAE 的信息推广及提高认识是各个利益相关者的共同责任。关于国家文凭(即由各部委颁发的文凭),VAE 标准和程序是在全国范围内统一设计的,而该程序的实施取决于教育机构,信息、指导、咨询(针对所有候选人)和支持(针对求职者)的组织工作委托给各地区。在国家层面,各部委之间的合作主要在就业、指导和职业培训管理机构委员会内进行。

2.认定系统

目前,法国有以下三个认定系统[②]:

(1) VAP 是最早的认定系统,主要用于高等教育,目的是进行研究。

(2) VES 主要用于高等教育,帮助获得高等教育文凭,通过验证以前在法国或国外获得的文凭,而不需要遵循学习计划。

(3) VAE 涵盖了教育和培训的所有部门,公共的或私人的,所有级别的资格和关注的所有个人。

一般而言,对所获经验的认可将个人置于评估过程的中心。申请者要接受评估委员会的面试,委员会成员将根据专业标准和参考资料以及申请者以非正式或非正规学习获得的技能和知识,并核实申请者是否能够通过学术考试以外的方式证明这些技能和知识。通过要求申请者分析自己的能力、思维模式、使用的模型和

---

① DUVEKOT,SCHUUR,PAULUSSE.The unfinished story of VPL[M].Utrecht:Foundation EC-VPL & Kenniscentrum EVC,2005.

② DUVEKOT,KARTTUNEN, NOACK, et al. Making policy work: validation of prior learning for education and the labour market[M].Houten:European Centre Valuation Prior Learning,2020.

方法,委员会可以更好地了解申请者所获得的经验。评估的目的不仅在于授予资格证书,还在于引导申请者的学习和职业发展,并为其提供实现这一目标的工具。

3.认定的程序

各大学或认定机构成立专门的 VAE 委员会,成员由大学校长提名,大多数成员必须是学者,并且必须至少有一个外部成员,如雇主。

所有机构的评估遵循相同过程,包括六个阶段:

(1)学校为申请者提供信息服务,主要包括咨询、信息和指导。

(2)指导申请者选择合适的学位(资格)和可能提供最佳解决方案的机构。

(3)学校指定专人对申请者进行针对性的辅导,指导申请者准备档案袋或收集证据。

(4)学校认定委员会指派评估小组,对申请者的档案材料进行评估,做出是否授予学位的决定。

(5)认定委员会对申请者进行面试并宣布结果,授予完全学位或部分学位。

(6)对未来的发展方向提供反馈意见。如果申请者获得完全学位,意味着其已经成为该校的学生;如果申请者仅获得部分学位,学校会针对性地建议其参加相关科目的学习,最后再进行考试,以获得完全学位。

当然,也有机构将这个评估过程分为识别、记录、评估和认证等四个阶段。

4.先前学习的评估方法

法国主要有两种方法记录和认定所获得的技能:第一种方法是陈述式,即档案袋评估方式;第二种方法是比较少见的一种方法,是提供一个真实或模拟的情境,让申请者通过完成专业任务来展示其所获得的经验。

档案袋评估结合访谈是 VAE 的主要方法。强调评估申请者的问题解决和批判性思维技能,而不是申请者达到学术项目所要求的特定结果,旨在发展智力能力。因此,VAE 首先将经验视为一种产品,咨询人员引导申请者回顾自己的过去,从中提炼出自己的经验学习,并将其转化为能力。整个 VAE 过程是为申请建立新学习的过程,也是一个真正的个人发展过程。它涉及对申请者多个方面的发展,如申请者根据自己的技能重新定义和理解自己的能力,增强自信心,更好地定义自己的偏好的能力,在技能和知识方面的需求,新能力和新身份的发展,等等。

四、德国

德国的先前学习认定制度植根于"双元制"职业教育与培训制度,带有典型的"双元制"特点。认定制度的发展和变化过程在国家法律政策或战略框架规定共同遵循的原则或系统的方法和规定下,由协调的集体治理系统决定,社会伙伴和利益相关者作为主导者,共同担负责任。

(一) 背景与发展

自 20 世纪 60 年代末以来,"外部学生考试"一直是《双元制培训法》的一个工具,规定学习者无须事先当学徒就可以参加正规的职业教育和培训考试,包括对非正规和非正式学习获得能力的认定。

对先前学习的认定是教育系统达到更高渗透性的步骤之一。2002 年德国批准了《里斯本条约》,其中包含对先前学习的认定,指出专业合格的人向大学过渡是教育政策的一个重要方面,承认先前的学习是重要的工具。2002 年教育论坛举办之后,德国提出了一些关于职业教育和高等教育模块化的建议,旨在促进学习和资格的获得,并为建立非正规和正式学习之间的联系提供便利。

在德国先前学习认定的发展过程中,欧盟扮演着塑造先前学习认定制度的主要角色。当然,先前学习认定政策和实践也被嵌入与教育和培训系统、劳动力市场要求和经济特点相关的地方背景中。2012 年,欧盟理事会《关于验证非正规和非正式学习的建议》提出开发和测试新的程序,旨在使非正规和非正式学习的能力透明化并使其得到认可。同年,德国《承认法》确立了对外国职业资格与德国资格等效性评估的法律主张,还包含了对非正规和非正式学习的认定条例。2015 年的非正规和非正式获得技能的资格相关验证"Valikom"试点项目就是以《承认法》的资格分析为原型的。[①] 德国国家资历框架的建设工作是在欧洲资历框架的第一份草案之后开始的,其目的是将其与欧洲资历框架结合起来,提高非正规和非正式学习成果的透明度和可见度。[②]

2019 年,德国出台国家继续教育战略,希望通过适应性或持续性资格来保持职业能力,或通过提高技能资格来增强职业能力,以实现职业提升,并满足企业对技术人才的要求。该战略的主要目标是解决上述熟练劳动力短缺问题,通过职业提高公民在劳动力市场和整个社会的参与度,先前学习认定被理解为实现这些目标的一个机会。

(二) 先前学习认定的政策

德国先前学习认定政策主要是在联邦一级推动的,而实施则由强大和完善的利益相关者负责。德联邦宪法将教育和培训的主要责任交给了州,而联邦只在某些领域采取行动。因此,在高度分散化的德国教育体系中,并没有单一的法律或统

---

① A LIS, LAUDENBACH.Dimensions of validation of prior learning in Europe:empirical insights from Denmark, Poland, Turkey and Germany[M].Bielefeld:WBV Media GmbH & Co.KG, 2022.

② WERQUIN.Recognition of non-formal and informal learning:country practices(2010)[R/OL].[2023-08-25].https://www.bollettinoadapt.it/old/files/document/5650OECD_RECOGNITION.pdf.

一的政策来认定非正式和非正规学习的结果,联邦对先前学习的认定是通过倡议、项目、活动推动的,对学校以外的正式继续职业教育和对个人学习者提供货币资助。

先前学习认定的制度安排更多的是由利益相关者主导的,政策决定通常由不同的利益相关者通过共识和谈判达成。多个社会伙伴和利益相关者将实施先前学习认定作为一项共同的责任,根据法律法规和准则协调他们的工作,这确保了在分散的教育中的合法性。在接受高等教育方面,德国校长会议确定了一个认定框架,但具体的规定和程序由各大学自行制定。

在德国,能力和先前学习的认定在融入专业劳动力市场方面发挥着重要作用。《承认法》支持有移民背景的人尽快融入劳动力市场,旨在承认那些在国外获得教育和专业资格人员的能力和学习经验。在许多情况下,基于《承认法》的认定程序决定了进入德国劳动力市场的机会。

(三) 先前学习认定的运行

1. 先前学习认定的管理机制

德国承认先前学习的法律基础是州教育和文化事务部长常设会议的多项决议。在高等教育中,先前学习认定主要在大学层面以个人为单位进行,并由认证系统进行监管和执行,在高等教育之外获得的先前学习认定由州的高等教育法律来管理。

促进先前学习认定的主要利益相关者是联邦职业教育机构和教育与研究机构等,这些利益相关者是认定研发项目的主要资助者。此外,德国成人教育研究所(DIE)等研究机构也资助和管理自己的项目。在实践中,研究项目提供的大多是鉴定、文件和评估工具,而认证仍然由职业教育体系的现有利益相关者负责,特别是负责德国大多数正式职业教育认证的商会和工会组织。[1]

德国企业对人力资源是其核心资源有充分的认识,把技能培训提升到企业生存和发展的高度。因此,企业主导和深度介入校企合作,雇主通过德国工商会等专业机构参与技能认定的政策设计及其认定过程。此外,技能认定体现了德国雇佣关系对雇员利益的保护,当雇佣合同结束时,无论是因为辞职还是被解雇,德国的雇员都有权获得一封书面推荐信(能提供比简历更多的信息,使雇员和未来的雇主受益)。如果不及时提供推荐信,雇员因此而丧失工作,雇主就会被判处金钱赔偿。

---

[1]　MIKULEC,SINGH,SCHILLER,et al. Toward a convergence or divergence of adult learning and education policies? Recognition of prior learning in Germany and India[J].Journal of Education,2022,10(2):37-60.

2. 先前学习认定的类型与程序

德国官方的先前学习认定主要有三类。第一类是面向职教课程的外部学生考试，它是指无须事先进行正式培训，就可以在正式的职业教育和培训系统中获得常规（最终）考试的机会，它是长期存在的，也是唯一受联邦监管的先前学习认定程序。第二类是获得进入不同学习途径的机会。第三类是参照现有教育标准，基于能力的等效性评估的先前学习认定方法。除了这些官方认定的方法外，德国还有一系列由不同当局领导的计划、流程和项目，侧重于正式的资格证书以及基于学校的学习和基于工作的学习之间高度正式的联系。总体来说，德国的先前学习认定系统已经开始对基于能力的认定方法给予更多关注。

基于能力的认定程序可以分为四步：

（1）筛选和咨询。提供必要的认定信息和指导，使之易于获得。例如，提供认定程序规范、认定方法和信息来源等。在先前学习认定程序的层面，动员和预评估的准备步骤是教育咨询的一部分，可以由国家、非政府组织和社会伙伴的不同机构提供，并且是单独提供。

（2）定位或记录。这主要是能力记录，需要对现有能力进行识别、记录。在这方面应引入最低标准，使申请者的能力被合适的和合格的专业人士识别、记录。能力记录分为三个部分：第一，以简历的形式对确认的非正规和非正式学习的证据进行总结；第二，由申请者进行自我评估；第三，由主持人和专家进行外部评估。结果应记录在能力平衡表中，作为申请文件或外部学习者参加考试的证明，它也可以成为受监管认定的合格证明。

（3）基于能力平衡表的能力评估。它决定了是否与正式资格有可比性。《双元制培训法》规定的主管机构可受委托组织实施能力评估，能力评估本身应交由主管机构的考试委员会负责，以普通教育或职业教育和培训的正式教育或资格标准及其学习成果声明作为参照标准，这也促使先前学习认定的"证书或学分交换"模式被用来获得资格。

（4）认证。主管机构对能力评估的结果进行认证。

此外，开展规范的认定必须满足五个基本要求：①为了建立对这些新程序的信任并接受它们，需要职业教育与培训系统和劳动力市场的相关参与者达成广泛共识；②必须确定对非正规和非正式学习获得能力的评估和认定，是否以及在多大程度上与正式的职业教育和培训资格具有可比性；③需要在咨询、文件和规范认定方面有一个具有约束力的法律基础，与《双元制培训法》规定的主管机构（通常是商会）对接；④对认定程序的监管应考虑到学徒进一步能力发展的重要性，最低年龄25岁和至少3年的专业经验是进入认定程序的先决条件；⑤在实施规范的认定之前，必须澄清融资问题，如认定程序和补充培训需要的费用。

3.先前学习认定的创新项目

（1）Myskills项目。2016年,德国联邦就业局与贝塔斯曼基金会合作,建立了试点项目Myskills,以记录和识别与职业相关的能力。项目旨在通过基于技术的程序来识别非正规和非正式学习获得的技能,从而改善难民和低技能工人的咨询和劳动力市场整合。这些测试程序由联邦就业局的用户（求职者）独立完成,通过视频和图片提供支持,测试结果会自动传送给该机构的就业专家,用户在随后的咨询面试中会收到一份测试结果的副本。它是一个改善低资格求职者就业的工具,表明被测试对象在某些职业领域就业的适合程度。随着项目的进展,这个体系虽然表面上是面向职业教育和培训体系,但独立于职业教育和培训的标准,也独立于职业教育和培训的参与者。2019年,国家继续教育战略的协议明确强调,将推动实施Valikom项目,弱化或取消MySkills项目。

（2）Valikom项目。自2016年以来,德国联邦教育和研究部（BMBF）一直在资助非正规和非正式学习获得的技能资格认定试点项目"Valikom",该项目以工商会和手工业会为主导,旨在开发和测试一个认定职业相关能力的标准化程序,用于所有就业部门。对职业相关能力的评估是基于被认定的初始职业教育和培训资格,并且与外国资格的认定程序一样,是以等值的方式确定。它适用于《双元制培训法》的规定,由主管机构负责执行评估和认证程序,所获得的能力证明按照公认的初始职教资格的参考标准来设计。2018—2021年,工商会作为这个项目的权力机构,维持着ValiKom的运行。

（3）技能档案。德国的技能档案（ProfilPASS）是一个非常详细的档案袋认定模式。它不用于正式的学习或就业系统,目的是帮助学习者通过开发其技能档案,了解自己的能力和技能。从这个意义上来说,它除了自我评估这一种形式外,没有其他的评估。ProfilPASS认定的核心内容是学习者自己的知识、技能和能力,以及其团队合作和领导能力等。雇主可以参与其中,甚至在建立技能档案的过程中开展雇主评估。如果个人与社会伙伴和雇主分享其ProfilPASS的内容,ProfilPASS方法就会涉及对非正规和非正式学习成果的认可。但是,这是一种没有被正式认可的模式。对于那些不参加外部考试而选择ProfilPASS的人来说,它是迄今为止设计得最详细和最全面的学习档案。

五、澳大利亚

先前学习认定作为澳大利亚资历框架的一部分,牢牢地扎根于国家职业教育与培训体系中,被纳入澳大利亚质量培训框架（AQTF）和注册培训机构（RTO）提供的职业培训标准。

（一）背景与发展

第二次世界大战后,先前学习认定作为一项鼓励人们重新接受教育的手段在澳大利亚高等教育领域实施,但由于历史条件的限制,先前学习认定并未形成一种制度。直到 20 世纪后半期,在终身教育思想的影响下,澳大利亚社会公众对教育机会均等、教育公平提出强烈的诉求,先前学习认定开始在高等教育领域受到关注。

澳大利亚的先前学习认定起源于 1987 年福特汽车公司和维多利亚州政府、布罗德梅多 TAFE 学院的合作培训项目。为了提高培训效率,减少学员的培训时间和费用,布罗德梅多 TAFE 学院与福特汽车澳洲分公司、Gordon 技术学院联合开发了首个先前学习认定模式,确立了一般性的模式后逐步在澳大利亚各州推广。1990 年,维多利亚州首先采用这一认定模式并在全州的技术与职业教育领域中推广。随后,联邦政府和州政府要求在技术和职业教育领域包括注册培训机构中提供先前学习认定服务。1992 年,先前学习认定成为澳大利亚《国家培训认定框架》五项基本内容之一,并成为评价事项的基本原则,逐步推广到全国的职业技术教育(TAFE)学院,1995 年被纳入澳大利亚资历框架,作为注册培训机构实施认定培训的标准。目前,先前学习认定已经得到了澳大利亚几乎所有 TAFE 学院的认可,成为吸引各类学员到 TAFE 学院继续学习和培训的一个重要因素。

2009 年,政府发布《澳大利亚资历框架学分安排的国家政策和指南》将先前学习认定、学分转换和衔接整合起来,使先前学习认定成为学习成果评估和学分转换的通用工具。在政府、行业、学校和培训机构各方力量的推动下,先前学习认定覆盖澳大利亚资历框架中 10 个等级的所有资格证书,并涉及高中教育、成人社区教育、职业教育与培训、高等教育四个教育部门。

（二）先前学习认定的政策

先前学习认定是把人们带到学习体系强有力的工具,提高人们参与学习的积极性。因此,《澳大利亚质量培训框架标准》规定,注册的培训机构必须有一个先前学习认定程序,企业、成人和社区培训机构、大学都应积极推动实施先前学习认定。

大学在制定先前学习认定有关的政策方面具有相当大的自主权,非自认证机构的高等教育提供者必须向各自的州和地区高等教育认证机构提交认证资格,这些机构在决定是否授予资格时,会综合考量授予机构的学术质量、教学、财务、基础设施和资源能力。

2004 年澳大利亚联邦政府发布的《先前学习认定国家原则和操作指南》规定了先前学习认定政策的基本面貌:

（1）国家资历框架为澳大利亚资格认定的设计、开发和反思提供了一致性框架，它以学习机会、学分和先前学习认定等方式来支持不同资格之间的发展路径。

（2）先前学习认定是建立开放性、可获得性、全纳性、整合性、关联性的后义务教育和培训体系的关键，是终身学习政策的基础。

（3）没有一种先前学习认定模式适合所有的资格和情境，不同部门可以有不同的模式，但必须与资格的结果、目的和具体目标保持一致。

（4）如果学习和某一学科、单元模块、课程或资格中的学习和能力结果有联系，先前学习认定就应该认同这种学习，而不必考虑这种学习是何时何地以何方式发生的。

（5）不同部门之间先前学习认定定义的连贯一致将方便个人使用先前学习认定。

（6）先前学习认定有两种应用情景：一种是因缺乏学习某一课程所要求的基本正规教育和培训而没有机会进入学习；另一种是获得某一资格的部分或全部学分。

（7）先前学习认定的过程应该是及时、公正和透明的。

（8）先前学习认定的评价是基于证据的，评价应该是平等的、融合多文化的、公正的、灵活的、有效的和可信的。

（9）先前学习认定的评价过程与资格的评价和实现标准应有可比性；评价过程是基于证据的、透明的，可解释的；应该明确地服从质量保障过程，以保证不同部门之间评价过程的标准化和整合性，且应该和其他评价过程一样是可证实的，可接受监督的。

此外，操作指南还对教育和培训机构如何发展先前学习认定政策及开发具体的先前学习认定操作模式、先前学习认定的整个程序及具体的评价过程、学分形式、质量保障，对学习者的支持、建议与信息、费用与资助、申诉机制等进行了说明和解释。

（三）先前学习认定的运行

澳大利亚先前学习认定在成人与社区教育及中学、本科、研究生阶段等都有应用，最广泛和最深入的运用是在职业教育与培训阶段。同时，在政府、工会、企业等跨部门之间运行。

1. 实施范围

《澳大利亚质量培训框架标准》与《先前学习认定国家原则和操作指南》明确了澳大利亚的先前学习认定不包括在另一所机构同一学习学分的认定，也不包括相互认定。这意味着澳大利亚的先前学习认定主要面向非正规学习和非正式学习，发生在工作、社会实践、体育活动、社区生活等情况下。它在很大程度上与澳大利亚资历框架内正式资历的学习或能力结果相关,具有入学评价功能以及学分减免功能。

澳大利亚至少存在三种先前学习认定模式:第一种是先前学习认定(RPL),是狭义上的评估过程,对个人的非正规和非正式学习进行评估;第二种是当前能力认可(RCC),是广义上的对一个人目前的执行能力的评估和认可,是行业和雇主使用的一个术语;第三种是在大学使用的先前学习认定,但大多数情况下是学分转换。澳大利亚高等教育将在大学和 TAFE 学院所获得的学习模块、能力单元、课程、科目、资格的学分认定称为"学分转换",而将个人工作和生活中能力和知识的认定称为"先前学习认定"。

2. 运行机制

在先前学习认定的政策制定上,联邦政府对各州的影响相对有限,各州对其所属范围内的各项事务有很大的自主权,其培训管理机构在国家政策的指导下,结合本地区的实际情况制定符合自己需要的,适用于本地区所有的注册培训机构的先前学习认定政策。在具体的认定实施上,各 TAFE 学院和私立的注册培训机构没有统一的认定标准、方法和手段,而是在《国家先前学习认定实施条例和操作指南》的指导下,依托澳大利亚资历框架和培训包,制定了机构自己的认定程序、标准、评价方法和原则等。

澳大利亚各大学在先前学习认定实践中具有自行决定权,主要体现在有权决定是否实施、制定与先前学习认定有关的政策,多数大学是在澳大利亚大学副校长委员会(AVCC)颁布的指导政策的基础上,根据自身的需要制定政策,这决定了各大学提供先前学习认定的范围和程度各有不同。

澳大利亚几乎所有的企业都建立了实施先前学习认定的基本设施,那些越是有财力的企业,先前学习认定的支持条件和策略越广泛。但是每个企业开展先前学习认定的情况有所差异,会因企业需要而发展,根本目的是提高企业生产力和改进工作实践。

成人社区教育(ACE)部门实施先前学习认定主要为来自弱势背景的年轻人等提供重新学习的机会,为他们提供具有补偿或发展性质的教育和学习服务。这里的学习者如果没有义务教育和培训后的经验,往往比其他部门的学习者需要更多的支持。

不论是哪种类型的先前学习认定,有效实施应满足六个基本的要求:①加强宣传,使用清晰、简明和无术语的语言;②认识到先前学习认定本身就是一种有价值的经验学习;③改进支持和方法,帮助学生收集证据;④有专业评估员;⑤努力实现有成本效益的先前学习认定;⑥促进现有的大量实际案例研究和战略。

从功能上,先前学习认定可以分为认证模式和发展模式。发展模式是先前学习认定作为学习过程的一个重要的机制。一些大学将先前学习认定建立在先前学习的基础上,而不是建立在先前经验的基础上,注重培养学习者的反思技能,这些技能包括自我评价、批判性反思、学习评估、职业规划及确定实现个人目标和愿望的策略。

3. 学分转换

澳大利亚的学分转换(credit transfer)通常被认为是先前学习认定的一种方式,是对学习者所学课程或学科进行评估,并根据最终课程所需的学习成果、能力要求或认定标准等转换成课程学分的过程。但是,学分转换是基于正规学分要求或者机构间学分转换协议的行政过程,不涉及对学习者个人知识和能力的评估。学分转换可以为职业教育和培训中类似或同等的能力单位提供学分转换,也可以为在义务教育和培训后的其他部门取得的类似或同等的学习成果提供学分转换。

学习者根据自身完成学业的类型及课程数目获得一定量的学分,这些学分转换与衔接被分为三种类型:

(1)指定学分(specified credit),是指学习者完成与申请院校教学标准相当、教学内容相同的课程后获得的学分。

(2)非指定学分(unspecified credit),是指学习者完成具有一定学习课时数和质量的课程获得的学分,且这些学分不能直接同目标院校课程互认。

(3)模块学分(block credit),是指学习者取得某一资格证书的过程或全程中获得的学分,这些学分的获得不依赖于某一固定的教育教学机构,一般情况下这类学分的互认需要特定协议进行规定。

职业教育向普通高等教育的学分转换路径被划分为:指定与非指定学分组合型、仅指定学分型、仅非指定学分型。对于申请 TAFE 学分转换与衔接的学习者,无论是 TAFE 学院的学生还是大学生,可以凭借资历框架下任意级别证书或文凭,参加学分转换与衔接,申请更高层次课程的学习。大学的学分转换与衔接申请者被分为准第三级教育学习者和在读学生,准第三级教育学习者凭借高等教育阶段前学习过相关课程,申请该校学分转换与衔接。在读学生一般为跨机构学分申请转换与衔接。学习者除了 TAFE 课程或资格申请学分转换外,还可以通过先前学习认定将以往的学习或工作经验转换为一定额度的学分。

4. 认定方式

对于 TAFE 学院、注册培训机构、大学和企业等不同的认定机构,认定的方式和评估的程序可能会有不同,但基本要求通常是一致的。

TAFE 学院和注册培训机构的先前学习认定程序主要有五个环节:①创设评估环境,确立评估内容与标准;②申请人准备材料;③现场评估认定;④提供评估反馈记录评估结果;⑤反思并完善评估程序。

评估过程主要有五个步骤:一是学习者自我评价;二是学习者明确评估目标,了解目标资格所要求的知识和能力水平,以及所需的学习证据;三是学习者准备学习证据,一般是建立档案袋;四是学习者参加评估面试,提供学习证据;五是评估组做出先前学习认定决定,记录先前学习认定结果,报告相关方。

大学的先前学习认定有一系列评估方法,例如访谈、挑战性测试、口头陈述、观察和提问、技能演示、工作样本、项目评估,最常见的是档案袋评估。档案袋可以让学生提供真实、充分、有效和可靠的证据,并使学生收集学习证据不断进行自我评价和学习反思,加深学生学习和经验的深度和广度。因为搜集的证据要求是有效的、当前的、充足的、可靠的、真实的,符合这些标准的证据必须是经过深思熟虑而又能反映学习成果的。

5. 质量保证

澳大利亚为先前学习认定质量建立了严密的"保护网"。先前学习认定政策被纳入国家资历框架,为先前学习认定搭建了一个国家级的政策平台。根据国家资历框架建立的"培训包",是认定质量具有统一标准的制度,它详细规定了取得某一资格证书所必需的能力模块和标准。澳大利亚质量培训框架(AQTF)规定各培训认定机构所要遵循的质量标准,并形成了全国统一的办学质量保障体系。《先前学习认定国家原则》为先前学习认定规定了真实、可靠、灵活、公正的评价原则。

在澳大利亚的职业教育和培训领域,政府与行业共同承担责任,后者负责制订和修订培训计划,并确定学习成果、能力标准和可用资格。政府负责筹集资金,并通过澳大利亚质量培训框架(AQTF)负责质量保障。在高等教育领域,各机构被授权对自己的课程进行认证并维持学术标准。大学几乎四分之三的政策包含质量保证程序的准则,对外部咨询、定期审查、人员培训、嵌入核心教学功能、限制最大学分、学分与具体的学习成果等方面都作了具体的要求。

案例3

维多利亚乡村消防局的先前学习认定

澳大利亚的企业普遍会提供先前学习认定,它们在澳大利亚质量培训框架(AQTF)下注册,选择成为注册培训机构,这样就能够定制和进行支持其核心业务的认证培训,将先前学习认定应用于自己的工作实践和培训。

维多利亚乡村消防局是一个企业注册培训机构,其培训和发展由总部协调,有10名全职区域经理,每位经理负责监督另外5名讲师。

维多利亚乡村消防局将"二级证书"到"高级文凭"四个资格级别的能力

进行了分组,并为每个级别引入了技能认定程序。培训和技能认定以对维多利亚乡村消防局有意义、符合国家要求,最重要的是对申请者有意义的方式认定现有技能。

在开发技能认可流程时,维多利亚乡村消防局摆脱了先前学习认定(RPL)或当前能力认可(RCC)的话语,设计了一个简单、透明和易于理解的流程,开发了一个技能认定模板,使申请者能够在提交申请之前进行自我评估。申请者需要提供的证据性质被清楚地描述,证据主要根据档案袋和直接观察来搜集,申请者不必事后猜测它们是否符合标准所需的证据。主管在监控绩效方面发挥积极作用,明确将问责制纳入技能认定程序。

技能认定过程很严格,有很高的可见性和透明度。该过程的结果是申请者的技能得到认可,或者申请者重返培训,并就他们需要的培训提供建议和支持,有时可能会导致两者的组合。

六、中国

我国先前学习认定多体现在高职教育的学分替代和学分银行、开放大学的资历框架和学分银行、自学考试的自我导向学习,以及国家资格证书系统的职业技能鉴定等方面。目前,先前学习认定制度还处于萌芽期,停留在制度上的弘扬、建议阶段,没有形成真正意义上的先前学习认定制度。

(一) 背景与发展

中华人民共和国成立以来,我国教育始终遵循"理论与实践相结合"的原则,尊重从工作、生活中得来学习成果,并通过一定的方式赋予其社会价值和流通性质。

1950 年,《政务院关于开展职工业余教育的指示》要求工厂、企业及附近的学校组织开展职工识字运动;并按不同的要求与条件,采用技术训练班、技术研究班或订立师徒合同等形式提高职工技术水平。开启了我国教育与生产劳动相结合培育技术技能人才的新局面。1964 年,《中共中央关于发展半工(耕)半读教育制度问题的批示》提出建立半工半读、半农半读的中等和高等学校制度,培养又能体力劳动又能脑力劳动的新人。

改革开放以后,我国逐渐恢复了正规教育体系,通过规模培养技术技能人才的学校教育,服务社会主义建设。但大量在劳动教育、社会教育中的学习成果却没有得到足够的重视,在学生学业成绩中没有得到很好的体现。

20 世纪末,随着我国高等教育和职业教育的规模发展,国家开始通过政策指导、项目引导、财税与土地激励等多种手段,推动学校(主要是职业教育与培训机构)与行业、企业开展各种形式的产教融合、合作育人,重视学生在学校外的经验学习和自我学习。同时,积极构建各类型、各层次教育机构之间的学习通道,促进各类学习成果在不同类型教育之间的互认和转换。2013 年,《中共中央关于全面深化改革若干重大问题的决定》提出"试行普通高校、高职院校、成人高校之间学分转换,拓宽终身学习通道"。之后,国家出台了一系列有关学习成果认定、积累、互认的政策,逐步搭建起了同层次或不同层次学校之间,学校与行业、企业、培训机构之间,区域之间实现学习成果互认的基本框架。

2022 年,新修订的《中华人民共和国职业教育法》提出"国家建立健全各级各类学校教育与职业培训学分、资历以及其他学习成果的认证、积累和转换机制,推进职业教育国家学分银行建设,促进职业教育与普通教育的学习成果融通、互认"。接受职业培训取得的职业技能等级证书、培训证书等学习成果,经职业学校认定,可以转化为相应的学历教育学分;达到相应职业学校学业要求的,可以取得相应的学业证书。至此,我国以法的形式确立了先前学习认定的社会地位。

(二)政策

教育和劳动生产相结合是我国教育政策的指导思想,也是我国发展职业教育、培养技术技能人才的实践理念,这一指导思想将贯彻我国先前学习认定制度建设的始终。

1985 年,《中共中央关于教育体制改革的决定》提出要逐步建立起一个从初级到高级、行业配套、结构合理又能与普通教育相互沟通的职业技术教育体系,为先前学习认定的建立确定了立体的制度框架。2010 年,我国通过《国家中长期教育改革和发展规划纲要(2010—2020 年)》首次在国家层面明确提出"建立学习成果认定体系"。据不完全统计,从 1985 年到 2022 年间,我国发布先前学习认定相关的国家制度 35 项(其中 2014 年有 5 项,2019 年达到 6 项),主要提出了八个方面的规定。

(1)建立中国特色学习成果认定和转换体系,形成各级各类学校教育与职业培训学分、资历以及其他学习成果的认证、积累和转换机制,实现各类学习成果的认定、积累和转换;推动我国同其他国家学历学位互认、标准互通、经验互鉴。

(2)建立职业教育国家学分银行和职业教育个人学习账号及学分累计制度,实现学习成果可追溯、可查询、可转换,支持开展多种形式的职业教育学习成果互认,构建服务全民终身学习的教育体系。

(3)职业学校教育和职业培训并重,职业院校和职业培训机构开展的非学历职业教育可以通过质量认证体系、学分积累和转换制度、学分银行和职业资格考试进行学历认证,积极推进学历证书和职业资格证书"双证书"制度。普通高校、高职院校、成人高校之间通过学分转换,拓宽终身学习通道。

(4)接受职业培训取得的职业技能等级证书、培训证书等学习成果,经职业学校认定,可以转化为相应的学历教育学分,达到相应职业学校学业要求,可以取得相应的学业证书。

（5）制定国家资历框架,建立健全职业教育学历、学位和职业资格衔接制度,推进非学历教育学习成果、职业技能等级学分转换互认。

（6）高职教育实行"文化素质＋职业技能"评价方式、单独招生、综合评价招生和技能拔尖人才免试等考试招生办法。

（7）构建职业教育国家标准、职业教育专业教学标准、职业能力标准体系,完善教育教学相关标准体系。

（8）建设智慧课堂和虚拟工厂,广泛应用线上线下混合教学,促进自主、泛在、个性化学习。

目前,我国先前学习认定的制度环境已经基本建立,但是先前学习认定的制度还没有建立起来,教育与培训机构的相关实践还需要进一步规范化、标准化、制度化。

（三）实践探索

1."双证书"和"1＋X"证书制度

1999年,我国政府在全社会范围内推行学历证书与职业资格证书并重的制度。在职业学校教学活动中通过调整教学内容和课程设置,使得学生在完成学历教育规定的学习任务并取得学历文凭的同时,也能够达到与所学专业相关联的某种国家职业资格考核要求。"双证书"制度和"1＋X"证书制度是国家教育行政主管部门针对职业学校教育作出的政策规定和教学要求。因此,职业教育进行了一系列旨在提高学生技能的教育改革,其中包括专业设置对接区域产业布局、课程内容反映真实工作任务和工作过程、"岗课赛证"融通,推行项目教学、案例教学、情境教学、模块化教学,专业课程广泛采用"学中做、做中学",等等。同时,高职院校、技师学院和应用技术大学开展职业技能等级培训与鉴定工作,对学生在校内外的技能学习进行鉴定,并颁发职业资格证书或职业技能等级证书。

2.探索建立现代职业教育体系

根据我国职业教育政策的定义和要求,我国现代职业教育体系建设是以区域职业教育资源整合为手段,建立中等职业学校为基础、高职专科为主体、职业本科为牵引,服务需求、开放融合、纵向流动、双向沟通的现代职业教育的体系框架和总体布局。教育体系基本框架示意图如图3-1所示。

现代职教体系是由点到面的整体性质量体系,打通了各类、各层教育,及其与周围社会系统之间的信息通道。2014年《国务院关于加快发展现代职业教育的决定》明确提出,建立适应发展需求、产教深度融合、中职高职衔接、职业教育与普通教育相互沟通,体现终身教育理念,具有中国特色、世界水平的现代职业教育体系。同年,教育部等六部门印发《现代职业教育体系建设规划(2014—2020 年)》,提出建设的具体目标是现代职业教育理念深入人心,行业企业和职业院校共同推进的技术技能积累创新机制基本形成,职业教育体系的层次、结构更加科学,院校布局和专业设置适应经济社会需求,现代职业教育的基本制度、运行机制、重大政策更加完善,社会力量广泛参与。2022 年,中共中央办公厅、国务院印发《关于深化现代职业教育体系建设改革的意见》,提出了新阶段职业教育改革的"一体、两翼、五重点",进一步从国家经济社会发展的高度,推进职业教育与产业融合发展,力图构筑产教融合校企合作新生态。

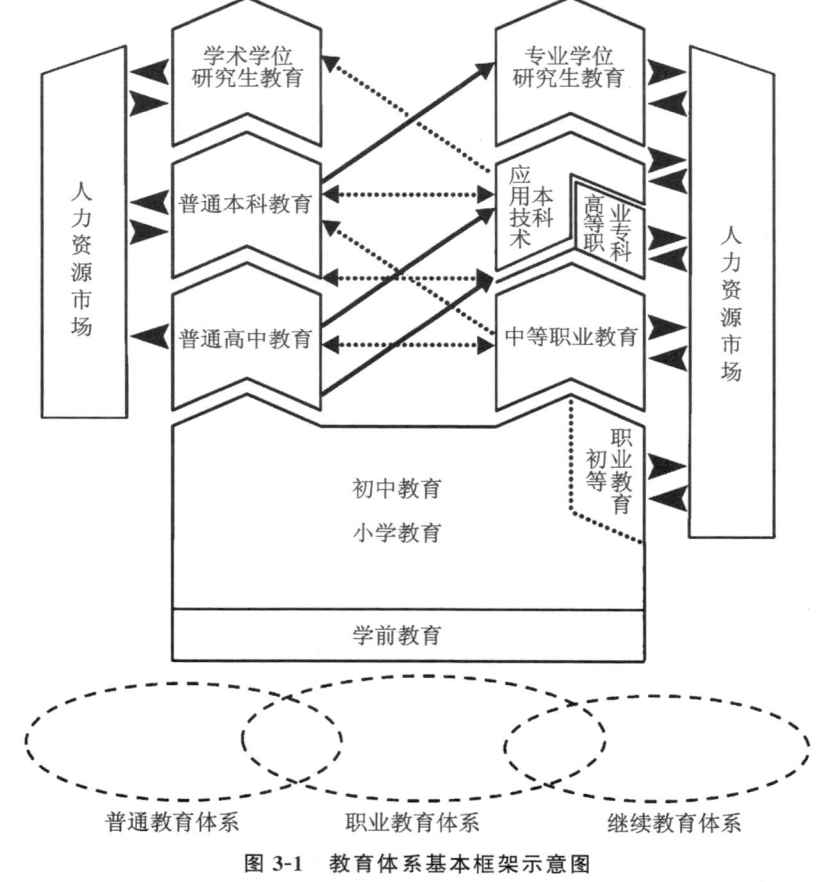

图 3-1 教育体系基本框架示意图

来源:《现代职业教育体系建设规划(2014—2020 年)》(教发〔2014〕6 号)。

在这个制度体系下,一方面,职业院校同时开展学历职业教育和非学历职业教育,满足行业、企业和社区的多样化需求,职业院校和职业培训机构开展的非学历职业教育可以通过质量认证体系、学分积累和转换制度、学分银行和职业资格考试进行学历认证,为建立和推行先前学习认定制度提出了强烈的需求,并建立了制度环境;另一方面,先前学习认定必定要成为现代职业教育体系的支撑性制度,在产教融合和职普融通之间通过各类学习成果认定、积累和转换,推进技术技能人才的横向和纵向流动,加深各社会组织之间的理解和支持。

3.探索建立地区职业资历框架

在建设终身教育体系政策的指导下,国家开放大学、广东开放大学、重庆开放大学等尝试建立各种类型的资历框架。例如,国家开放大学建立的资历框架中包括普通教育、职业教育、继续教育和非正式学习 4 类学习成果,共分为 6 个等级,分属于 20 个行业领域。2017 年广东省颁布《广东终身教育资历框架等级标准》,将终身教育资历分为普通教育、职业教育、培训及业绩 3 类,资历等级分为 7 级,第 1 级为最低级,第 7 级为最高级,每个资历等级均采用知识、技能、能力 3 个维度进行具体描述。北京市职业教育分级制度提出了建立以初中后教育分流为起点,以 5 级架构为基础,纵向上可以发展的职业教育"5+X"分级基本框架。与欧盟成员国的国家资历框架相比,我国的资历框架缺少严格的质量保证机制和相应的基础制度支撑,因而这些省市或区域性单位所建立的资历框架社会认可度不高,学习成果流动性不强。

4.探索建立职业教育学分银行

我国目前正在探索实施的学分银行制度,主要是"继续教育学习成果认证、积累与转换"制度,是对学习者的各类学习成果进行统一核算的新型学习制度,可以为学习者提供获取学历证书、职业资历、能力证书的新渠道。学分银行是模拟银行的"储存—提取—转换"系统的概念,基于资历框架的等级和标准,对各类学习成果以学分为计量单位进行认证、积累和转换。我国的学分银行通常由政府主导、教育职能部门主管,依托开放大学组织实施,主要有五种类型:一是以上海为代表的各省(市)学分银行;二是以广东为代表的地方资历框架;三是受教育部委托建立的国家开放大学学分银行;四是依据《国家职业教育改革实施方案》开展的职业教育国家学分银行建设试点;五是职业院校建立的学分银行。

在各地、各高职院校建立的学分银行,大多是与职业培训结合在一起的,主要用于内部培训课程与合作机构资格证书的学分认定与存储、转换,很少有针对社会成员的学分认定与存储,也很少有针对先前学习的认定与转换。建立学习成果认定和转换的高职院校中,大多数是针对学历教育课程、高等教育自学考试课程、在线课程学习、职业技能等级证书、国家职业资格证书等已有证书进行认定和学分转换;也有一些高职院校主要针对竞赛获奖、社会实践、科研成果、专利发明等,给予一定的学分,替代某门课程,这种是最接近先前学习认定的形式,但认定和转换标准的随意性较大。

5.先前学习认定的类似实践

我国目前除了香港地区和台湾地区建立了先前学习认定制度,其他地区尚未建立统一的先前学习认定制度。但实际上,在我国高等教育、成人教育以及职业教育领域均采用了类似的方式。

(1)职教高考制度下,"分类考试""百万扩招""文化素质+职业技能"举措的实施,为各地以及高职院校探索"技能认定"提供了宽松的政策空间。

(2)高职教育和成人教育实施"免修免考"制度,山东、福建、浙江、广东、新疆等地都推行竞赛获奖选手免试升学的新举措,把技能大赛获奖成绩与升学资格和职业资格证书相挂钩,实质上是把一种非正式学习成果转换为升学资格,这种做法其实类似于学历教育领域保送生制度。成人教育中的"免修免考"通常都发生在公共基础课和部分专业课,既有证书替换也有课程替换。

(3)我国高等教育自学考试的"课程替代",国家承认学历的各类高等学校的研究生、本科、专科毕业生参加高等教育自学考试第二专业考试的,均可按照规定免考已学过并成绩合格的部分课程。

(4)学分替代制度。高职院校通常将竞赛成绩、科研论文、创新项目、创业业绩、志愿服务、专利发明、成果转化等折算成一定的学分,替代某必修或选修课程的学分。港澳台学生政治课和军训课学分也可以由其他国情类课程学分替代。

(5)职业技能鉴定,一些高等职业院校和技师学院建立职业技能鉴定机构,开展职业技能鉴定,一些达到一定职业技能的学习者可以通过鉴定获得职业资格证书或职业技能等级证书。

(6)职业教育的学徒制和实习鉴定。各职业院校学生按要求参加一定时间(通常在半年以上)的企业岗位实习,或以学徒的形式到企业参加技能训练,其在工作期间所获得的技能、职业态度、专业知识被鉴定,赋予一定学分。

以上开展的先前学习认定或学分转换是先前学习认定的雏形,大多是对被证书所代表的正规学习成果的认定,其所涉及的只是先前学习认定的一小部分。

第三节　先前学习认定的国际比较

先前学习认定政策正在被有效地用于克服教育和培训系统、劳动力市场和社区之间长期存在的矛盾,反映了每个国家独特的文化、人口、政治和经济状况,其做法必然是为了满足特定的目的而设计的,尽管在总体目标上可能有很大的共同性,但做法各不相同,不容易从一个国家转移到另一个国家。一些国家建立了国家资历框架,作为应对劳动力发展问题的手段,一直是先前学习认定发展的推动力。

一、先前学习认定的国家政策和法律框架

1. 国家建立先前学习认定的专门法律政策

一些国家通过制定法律和政策来保障先前学习认定的质量。欧盟多数成员国如挪威、芬兰和丹麦等国家通过颁布法律法规,为各个教育部门的先前学习认定提供总体框架。其中,挪威《能力改革法 1999》就提出建立记录和认定成人非正规和非正式学习成果的国家系统。法国最早正式在先前职业资格认定领域使用先前学习认定,于 1985 年颁布了《先前职业认定法令》。依据该法令,任何 20 岁以上的成人均可以通过对先前在劳动过程中所取得的经验和知识、技能进行评估,以获得接受高等教育的机会。2007 年,法国签署的《国家先前经验认定发展协议》标志该国已经逐步形成了非正规学习与非正式学习认定的成熟体系。[1] 捷克于 2007 年颁布的法律规定,任何有兴趣的人都有权让他或她的非正规学习成果得到认可,并获得相应的认证资格。这尤其适用于那些可能拥有知识、技能和能力但不一定拥有相应资格的移民。

2. 将先前学习认定的法律政策纳入现有的教育体系

一些国家并没有专门的先前学习认定法律政策,而是在该国教育与培训政策和立法系统中确立先前学习认定的地位,例如德国、奥地利、法国、韩国等国家。奥地利的正规教育系统内包含关于先前学习认定的法律规定,能够支持各部委和机构建立一系列的先前学习认定机制和规划。在德国,先前学习认定是教育体系尤其是双元制职业教育和培训制度的组成部分。澳大利亚、新西兰、英国和南非等国家则制定了国家资历框架,将先前学习认定归入国家资历框架的规范立法及其监管机构中。很多发展中国家的政府也正在努力使先前学习认定成为国家资历框架的一部分,旨在通过将先前学习认定与国家资历框架联系起来,使先前学习认定成为学习者获得继续学习机会和正规资格证书需要的学分的主流方式之一。[2]

许多国家为制定先前学习认定的国家和国际原则及指导方针付出了大量的努力,并拨出了大量资金来提高能力。它们还采取了国家和跨国举措,以增加正在发展中的许多先前学习认定机制之间的一致性。尽管认定制度有很大不同,但这些国家都有一个共同的理念,即认定各种类型的非正规和非正式学习将极大推动它

---

① 李沙沙.先前学习认证制度的国际比较研究及启示[J].当代职业教育,2017(4):104-108.
② 董衍美.先前学习成果认证的政策和法律环境[J].职业技术教育,2016,37(4):1.

们的经济和社会发展。在这种情况下,为了保证认定的实践,需要建立一套包括协作和更集中的运行机制,作为公共政策层面先前学习认定实施的基础。

3.先前学习认定的基层自主管理制度

有些国家没有出台先前学习认定相关的法律政策或制度框架,这些国家要么是自上而下的制度模式,要么是认定制度的新发展国家。例如,美国的先前学习认定活动达到了较高水平,但是美国政府没有出台相关政策和法律,先前学习认定的政策和流程由教育机构或工作场所自行制定。此外,美国也没有建立高等教育机构都必须遵守的联邦层面的课程标准,而是由各州自行建立州范围内的先前学习认定支持和评估体系。

加拿大也没有建立一个全国性的政策框架,但在地方政府层面都有支持认定的机制,在一些省份还实施一些试点项目。萨斯喀彻温省和曼尼托巴省都有一个政策框架,例如,萨斯喀彻温省的教育政策允许中学后教育部门在自主的基础上负责各自的先前学习认定。大多数发达国家的先前学习认定政策和项目的演变,都体现了加拿大先前学习认定发展中的许多相同的特征。

二、先前学习认定的制度模式

政治制度会成为先前学习认定的催化剂或抑制因素。联邦、地区、省、州、县或市各级的不同作用,会影响决策在何处发生以及如何发生,特别是在关于是否引入非正规和非正式学习成果认可制度的决策上。从理论上讲,政治分权体制下的地方决策有利于基层管理关注具体的地方,得来的信息会更加可靠。然而,这样的系统也可能导致显著的不平等,因为更活跃的地区可能提供更多和更有吸引力的培训和识别机会。因此,各国的政治制度、社会文化、教育制度、经济制度等不同,先前学习认定会有不同的制度模式,大致可分为三种,如表3-1所示。

表3-1 先前学习认定的制度模式

模式	"自上而下"模式	"央地合作"模式	"自下而上"模式
基本原则	一致原则	协调原则	市场原则
主要特点	国家主导	合作伙伴主导	市场主导
国家角色	国家法律政策提供总体框架和规范系统,将认定归入国家资历框架的立法及其监管中	国家法律政策或战略框架规定共同原则或系统方法,将认定嵌入国家资历框架	国家层面没有相应的法律政策,也没有国家资历框架或不相关联

模式	"自上而下"模式	"央地合作"模式	"自下而上"模式
地方政府角色	地方政府设立各级管理机构,承担本地区先前学习认定的组织实施和监督协调职责	地方政府作为主要合作伙伴,参与制度设计,提供各类资源支持	地方政府与社会伙伴合作制定政策和认定流程
社会角色	行业组织、工会和雇主参与认定的实施,在政策制定和实施方面影响有限	社会伙伴和利益相关者将先前学习认定作为共同责任,发挥主导作用	认定几乎完全由高校和企业等实践者驱动
教育与培训机构角色	先前学习认定实践的基本单位	与企业等利益相关者协作开展先前学习认定	自主制定和实施认定的制度、程序、标准
个人权利	获得先前学习认定是个人的社会权利	先前学习认定是个人职业发展的一部分	先前学习认定是市场上的商品,需要个人购买

1. "自上而下"模式

以法国、丹麦、芬兰、荷兰等国家为代表,先前学习认定是通过国家出台政策或法律,由国家行政权力推动其自上而下发展,认定的制度化程度高。先前学习认定被概念化为公民的权利,至少表现为公民的福利和国家的责任。市场和社会伙伴的影响有限,而国家支付所有主要费用并监测政策实施。首先在国家层面设立了相关法律或政策,然后由中央或地区政府及教育部门负责本区域先前学习认定的开发和实施,并予以监督。例如,法国的教育提供者、工会和雇主在先前学习认定政策制定和实施方面影响有限,获得经验的认证(或先前学习认定)是公民的权利和国家的责任。

2. "央地合作"模式

以德国、奥地利和瑞士等国家为代表,先前学习认定融入现有的"双元制"职业教育和培训制度中,国家有法律政策或战略框架规定共同遵循的原则或系统的方法和规定,但认定制度的发展和变化过程由协调的集体治理系统决定。

国家和社会伙伴之间关于谁得到什么、何时以及如何支付的三方谈判构成了合作伙伴引导的核心。利益相关者直接或间接支付成本,并从先前学习认定中受益。政策设计可以随时间改变,因为它们是利益相关者之间的妥协。德语国家和北欧国家基于三方谈判建立了伙伴引导的政策设计。例如,德国的先前学习认定可以说是由地方、地区、部门和国家的方法和举措组合而成的,而实施更多由利益相关者主导。

3."自下而上"模式

以美国和加拿大为代表,市场主导自下而上"百花齐放"。地方政府、高校、社会组织、非营利组织、行业机构和志愿部门等在先前学习认定的制度建设和项目开发等方面起主导作用,非营利性协会制定并实施先前学习认定政策。国家层面没有相关的法律政策,即使国家提供基本的政策指导,通常也不会提供公共补贴或公共监督。先前学习认定是市场上的一种产品,个人可以从提供者那里购买。因此,先前学习认定不是国家特权。例如,美国形成的先前学习认定政策设计是市场主导的,美国全国性的非营利组织"成人和经验学习委员会"(CAEL)自 1974 年以来一直积极与各利益相关者合作,推动和监管先前学习认定。高校和雇主发挥着主体作用,各高校有自己的认定指南和标准规范,以及在免试、免考、颁证和学分转移上配套建立各具特色的认定方式和规范。在英国,政府政策指导方针是先前学习认定政策设计的基础,先前学习认定被定义为颁证机构对学习者的任何学习及所取得的成绩的认定,也就是说,自治的提供者制定并实施先前学习认定政策。

先前学习认定最初起源于职业领域或传统教育的自身需要,认定具体的开发程序是在某一职业领域开启试点,随着认定影响的扩大,逐步建立起国家范围的框架。如先前学习认定机构是高等教育领域组织的,或建立先前学习认定中心,这完全是自发的行为,而非国家推动,其发展轨迹是自下而上,由市场决定先前学习认定的最佳发展方式。因此,认定的方法和模式是多样化的。当然,自下而上的发展并非完全脱离了国家政策的约束,先前学习认定的发展需要国家政策的指导和支持。

三、先前学习认定与国家资历框架的结合

在所有建立先前学习认定制度的国家中,并非所有国家都将先前学习认定活动与政府政策和立法联系起来,大多数国家将先前学习认定与国家资历框架相联系,作为认定制度设计和实施的关键驱动因素。如澳大利亚、新西兰、英国和南非等国家,特别是第一代国家资历框架的开发者,已经将先前学习认定制度化,并作为国家资历框架内任何认证培训的标准和要求,以有针对性地提升各自国家资历框架的有效性。同时,国家利用其资历框架授予独立于学历证书的职业资格证书,或者将职业能力转化为学分或资历证明等学术等价物。

先前学习认定与国家资格框架的结合方法可以分为六类:

第一类,先前学习认定是获得资格的公认途径,如澳大利亚、新西兰、法国、葡

萄牙、芬兰、南非等国家。将非正规和非正式学习的认定嵌入到更广泛的国家资历框架之中,具有直接的合法性。因此,国家资历框架提高了先前学习认定的透明度,人们在学习、认定和申请资格等方面知道自己要做什么,雇主也知道自己需要招聘谁。非正规和非正式学习成果的认定与国家资历框架具有内在关联的另一个原因是,两者都是基于学习成果而非学习投入。

第二类,主要是欧洲国家,这些国家正在参照欧洲资历框架,将非正规和非正式学习纳入其国家资历框架。德国国家资历框架正在发展之中,其目的是将其与欧洲资历框架结合起来,奥地利也是如此。德国国家资历框架的建设工作是在欧洲资历框架的第一份草案出台之后开始的,其目的是提高非正规和非正式学习成果的透明度、可见度。

第三类,主要是那些基于教育、培训课程的个人学习成果和能力的认定,直接与国家建立的高等教育资格相联系,如马来西亚。

第四类,认定与特定经济部门的技能和职业标准相关的学习成果。

第五类,国家资历框架转向以能力为基础的方法,使得相关技能和知识的认定更加容易实现。

第六类,国家资历框架不是先前学习认定的必要条件。如美国和加拿大,没有基于学习成果的国家资历框架,但在教育机构内建立了先前学习认定程序,学位完成机构提供了先前学习认定的机会,学生可以从不同州(省)的各种认证机构转入学分,包括先前学习认定学分。然而,也有一些院校围绕学生的学习成果或能力而非大学学分来设计学位课程。

四、先前学习认定融入教育与培训体系

先前学习认定被视为一种政策工具,与其他措施相结合,更广泛地应用到教育和培训系统。

1. 先前学习认定与职业教育与培训结合

先前学习认定是职业教育与培训制度体系的核心,与职业院校基于能力的课程标准、职业资格、就业能力等培养技术技能人才的教育教学制度相融合。在职业教育领域实施以入学为目的的先前学习认定,提高职业和基于职业的资格证书的获得机会,解决许多发展中国家所困扰的技能危机。在这方面,许多国家正在努力建立国家资历框架,以加强学术、技术和职业教育与培训以及经济部门之间的协同作用。澳大利亚在这方面表现得最为明显,澳大利亚质量培训框架、培训包等都明确地规定先前学习认定、学习成果方法和基于能力的教育与培训之间的关系。在南非,先前学习认定与种族隔离后的教育和培训改革密切相关。先前学习认定的

具体目标之一是使先前学习认定成为一种有效的教学手段,在工作相关知识和学术知识之间架起桥梁,将黑人雇员从目前的初级职业提升到更高水平。

2. 先前学习认定与工作结合

企业在先前学习认定的应用和发展中发挥了重要的作用,很多企业建立了自己的先前学习认定体系。荷兰在多个部门开展"学习与工作"项目,建设区域基础设施,在高等职业教育中推广认定制度。在法国,为确保在各级教育和培训中实施先前学习认定,进一步加强教育机构与工作场所之间的联系,使目前与培训机构无缘的工人也能参与进来,积极推行被称为"经验认定"(VAE)的认证体系的改革,在教育和培训中引入更多的教育模块,这些模块可根据与求职者和劳动力市场相关的能力领域进行评估,以使教育和培训更加贴近工作领域,并满足越来越多的文凭不完整、需要补充培训的学习者的期望。

3. 先前学习认定与高等教育结合

多数国家实施先前学习认定的目的是提高学习者的学历水平,通过先前学习认定所获得的资格、学分等获得入学免考、课程豁免,实际上是为社会成员提供进入高等教育的替代路径。同时,高等学校也是很多国家先前学习认定的主要承办机构,以及学习者补充课程学习的主要设计者和组织者。例如,南非的高等教育对非正规和非正式学习成果的认定被用于本科学位课程以及证书和文凭课程的录取,为那些不满足入学条件的考生开放了课程。然而,为了防止学习者通过先前学习认定走捷径,一些国家规定,根据认定的非正规和非正式学习成果进入大学,在工作经验、年龄、职业资格、住校条件等方面有一定的限制条件。例如,挪威要求学习者必须超过25岁。这些资格条件实际上应该被看作是一种预选,选择性因国家而异。不少国家的大学对有先前学习成果参与的学位文凭也设置了限制条件,通常对先前学习认定获得学分的人数和学分数作出一定的限制。例如,美国多数高校将先前学习认定学分总数限定在32学分内,加拿大汤姆森河大学规定每位学生通过先前学习认定和学分转换获得的学分不能超过总学分的50%。[①] 澳大利亚的大学在大多数情况下,规定学生必须在大学参加至少三分之一的课程,研究生课程的这一上限增加到二分之一。

五、利益相关者的参与和协调

在政府、教育机构、雇主、个人和非正规培训机构之间建立有效的合作伙伴关

---

① 国兆亮,于洪波,范梦.先前学习认定的理论价值及实践向度——以美国纽约州立大学帝国州立学院为例[J].开放教育研究,2018,24(5):46-53.

系,是先前学习认定成功的最重要因素。在先前学习认定的制度建设和实施中,无论如何强调利益相关者的共同管理责任都不为过。当先前学习认定与就业能力和技能发展联系在一起时,这些合作伙伴关系是至关重要的。例如,苏格兰终身技能战略的重点是促进雇主、学习提供者、授予机构和其他机构之间的有效合作。在新西兰,行业培训机构、注册培训组织、政府学习机构之间的合作有效地推进了先前学习认定的发展,在由雇主、工人、教育工作者和政府官员组成的相关知名领导者之间达成共识,成为因劳动力发展目的而实施先前学习认定的关键因素。在澳大利亚的职业教育和培训领域,政府与行业共同承担责任,行业负责制定和修订培训计划,并确定学习成果、能力标准和可用资格;政府负责筹集资金,并通过澳大利亚质量培训框架负责质量保障;在高等教育领域,各机构被授权对自己的课程进行认证并维持学术标准;澳大利亚大学质量管理局负责对大学的认定行为进行审核。

　　在众多的利益相关者中,行业企业的地位和作用尤为显著。澳大利亚技能认证是行业技能委员会实施的工具或措施之一,各行各业都积极参与了技能认证目标和优先事项的确定工作,行业技能委员会在其中直接与培训机构和雇主密切合作。德国雇主积极参与了工人技能认证方法和设计优先事项的确定,雇主的意见对于改进该方法流程和支持服务非常重要。比利时的先前学习认定体系覆盖的优先职业也是根据雇主对各自行业的了解来选择的。南非的技能认可由行业机构驱动,这些机构制订行业技能计划,确定各自行业技能短缺的职业和关键技能。荷兰的先前学习认定由社会合作伙伴(行业分支机构、工会和雇主组织)设立的培训与发展基金参与评估方法的设计。在先前学习成果的确认、评估和认定的整个链条中,每个环节都必须有雇主参与。雇主代表在技能认定的营销中也至关重要,其甚至可能为评估本身提供服务,而对雇主的担心和不信任会导致认可制度的失败。①

六、先前学习的评估方法

　　先前学习的评估方法通常分为学分交换模式和发展模式两种。前者是一种终结性的方法,通常是通过表现测试、考试或认定学习者提供的学习证据,以确定学习者的知识、技能和能力,赋予学分或资格,用于大学入学或课程学分豁免;而后者是一种形成性的方法,涉及先前学习的证据和反思性个人陈述,如档案袋评估或面试,以判断学习者现有的能力水平,为规划进一步学习或职业发展提供基本信息。评估的具体方法多种多样,主要有标准化考试、挑战考试、档案袋评估、360°评估、产品评估、模拟、基于情境的观察、同伴评价、访谈和问卷调查等,不同国家或认定机

---

①　BRAŇKA. Strengthening skills recognition systems: recommendations for key stakeholders[M]. Geneva: International Labour Organization, 2016.

构采用的具体方法不同。例如,法国采用档案袋评估和陪审团面试的方式,澳大利亚采用自我评估、纸质评估和演示,荷兰采用档案袋评估和其他有文件证据支持的小组评估和演示方法,新西兰采用示范、案例研究和书证等多种方法,挪威普遍重视非传统评估方法。

各国不存在适合所有机构的先前学习认定方式和路径。一些国家有基本统一的政策规定,其具体实施机构会有基本的认定程序。例如,澳大利亚的认定通常有六个基本的步骤:自我判断、整理资料、递交资料、能力鉴定、学习评定、赋予学分或资格证明。而另一些没有统一政策规定的国家,因其教育管理权下放或认定发展阶段等,不同的认定机构有不同的程序安排。例如,美国的高校都有自己的认定程序和具体的学分规定。虽然各国的具体认定程序不同,但认定关键环节是一致的,包括认定前学习结果描述、结果分类(单元化)、分值分配、开发评价标准和认定方式、设计流程、公开信息;认定中要识别、记录、评价、证明其学习成果;认定后结果公布、复核(接受申诉),等等。

其中各国最广泛使用的方法是档案袋评估,几乎所有国家都认为,建立个人学习档案、作品集或电子成就档案对学习者是有利的,因为它可以进一步确定个人在社会和职业领域获得的技能。它是一种使人们能够在个人和职业发展中巩固和发展自身成就的重要手段。在荷兰,档案袋是唯一可见的认可标志。挪威的学习档案相当于能力护照,它描述了持有者在其工作中的表现,并要求雇主签字。在比利时(弗拉芒语社区),档案袋被认为是必不可少的。在墨西哥的专业能力评估中,所有的申请者都必须建立一个学习档案袋。英国还利用学习档案帮助学习者选择参加一个适当级别的课程。澳大利亚、德国、韩国等都使用档案袋评估,德国也设计详细而全面的学习档案。在加拿大,最普遍的方法是挑战考试,但也使用学习档案袋。但是,档案袋评估在捷克、瑞士、爱尔兰等国家并不常见。

最值得注意的是,在档案袋评估前,认定机构会要求学习者进行自我评估,即学习者对自己的学习目标、活动和结果进行评估。在先前学习认定中,自我评估通常被视为学习者反思自己学习的重要方式,因为这个过程促使学习者反省,帮助学习者想象其有意义的成就、技能、知识以及发展的可能性和障碍,从而促进个人教育和职业规划。因此,自我评估被视为与独立学习有内在的联系,也被称为自主的、自我指导的或自我调节的学习,因此该原则反映了终身学习的原则,也鼓励元认知能力,如自我反省和自我评价。

七、先前学习成果的积累

学习成果的积累主要是以学分为单位的积累,学分积累是指完成一项资格证书或部分资格证书所需学分的总和。各国使用各种评估方法和工具组合,对种类繁多的成果通过学分转换和计算,存储在学分银行或学习成果平台。一方面可供学习者或相关机构追溯、查询和转换;另一方面可以根据这些成果以"零存整取"等方式兑换为课程豁免、学术学分、完全学位、能力认证、职业认证、就业认证等可见的和可流通的成果形式。

1. 学分计算

学分是指(部分)资格证书中包含的学习量,各国不同的教育机构或认定机构会有不同的计算方法。一般来说,各国对学分的计算有统一的制度规定,1 个学分与一定学时相对应。大多数国家根据投入的学习时间 10 个名义学时相当于 1 个学分。学时既包括课堂教学的"课时",也包括学生预习、复习、实践等其他与该课有关的自主性学习活动所用时间。所以,严格地说,学分对应课时而不是学时。如果 1 个学分对应 10 个课时的话,学生要想获得这一学分,在课外还必须投入一定的学习时间。例如,英国教育部所制定的《学分和高等教育资格:英格兰、威尔士和北爱尔兰的学分指南》规定了评估、测量、描述和比较学习者通过学校内或学校外各种途径所获得的学习成就学分积累的标准,规定 1 个学分等于 10 个概念学习时间。所谓概念学习时间指的是正常智力水平的学生为了获得某个具体的学习成果所花费的平均时间,其既包括上课时间,又包括实践、实验、实习、工作以及自学等课外时间。为了显示学习所达到的深度及复杂的程度,框架还引入了 9 个等级表示学习层次上的差异。[①] 中国三年制高职总学时数不低于 2500,以 16~18 学时计为 1 个学分;同时规定实践性教学学时原则上占总学时数 50% 以上,学生顶岗实习时间一般为 6 个月。[②] 在美国,不少学校还对每学期的学分上限有规定,一般在 15~18 个学分之间。在加拿大的新斯科舍省和新不伦瑞克省的大学里,60~80 小时学习计 1 个学分。

当然,先前学习认定的学分标准通常采用学习成果映射正规学习相关课程的方式,根据课程学分授予相应学习成果一定的学分,但实际投入的学习时间要远大于校内学习该课程的学时或课时。例如,韩国的学分与学习时间有关,但不正规学习的学分会翻倍。

2. 学分银行

学分银行是模拟银行的"存储—提取—转换"系统,通过对学习者的学习成果进行认证,转换为统一的学分存储起来,学习者可以根据一定的规则,将存储的学分兑付为资历证书。学分银行制度是基于资历框架的等级和标准,对各类学习成

[①] 孙冬喆.通向终身学习的路径与机制——中国学分银行制度建设研究[M].上海:华东师范大学出版社,2015:73.

[②] 关于职业院校专业人才培养方案制订与实施工作的指导意见.

果以学分为计量单位进行认证、积累和转换的管理制度。国外的学分银行有多种模式。例如,英国为代表的"框架＋标准"模式、欧盟国家为代表的"框架＋协议"模式、美国为代表的"协议式"模式、韩国的"学分银行"模式。

一些国家的学分银行并不独立设置评价依据与累计规则,而是与本国的学分与转换系统、国家资历框架、职业课程标准等政策相联系,如美国学分衔接和转移政策、加拿大学分转移政策、欧洲资历框架和学分积累与转移系统、英国资格认证与学分框架、澳大利亚质量培训框架等,按照分级分类规则、职业资格、合作伙伴协议等,对不同课程、项目、文凭、学位及其等级赋予对应的学分。一般来说,学分银行系统由课程标准子系统、学分互认子系统、学分积累子系统、学分兑换子系统、学分诚信子系统等构成,各子系统又进一步细分为若干部分。如学分互认子系统应包括认证级别、认证类型、认证方式、认证单位、认证主体、认证内容、认证过程、认证结果等。

韩国学分银行制度是当前世界上比较成熟的学分积累制度,着眼于高等教育领域,目的在于实现高等普通教育、高等成人教育、高等职业教育以及各种非正式教育的互联互通,构成全国范围内的学分银行体系。它主要包括管理体系(管理机构、管理制度、管理流程、管理方式)、认证体系(认证标准、认证级别、认证类型、认证单位、认证主体、认证内容、认证流程、认证结果)、转换体系(转换规则、转换主体、转换流程、转换结果)、诚信体系(诚信标准、失信行为、处理流程、处理结果)等。

3. 学习成果信息平台

这是一种类似于学分银行的学习成果累计方式,记录学习者的学习和培训经历以及各类学习成果。例如,丹麦教育部为不同类型组织量身开发了"我的技能包",以证明个人在闲暇时间、自由成人教育以及公民社会活动中获得的能力。

澳大利亚政府从2014年开始在"我的技能"网站上为每一位接受职业教育和培训的学生提供"独特学生鉴定"。"独特学生鉴定"是记录学生自身培训经历的唯一官方凭证,它相当于培训的电子档案,跟踪记录学生一生中在不同教育和培训机构接受职业教育和培训的情况。"独特学生鉴定"全面实施之后,学生在不同时期、不同场所接受的职业教育和培训都可以得到详细记录和相应认可。因此,学生选择、转换职业培训课程或培训机构的过程将更加便捷,此项举措惠及职业教育和培训的各利益相关者尤其是学生。通过"独特学生鉴定",学生可以展示自己所有的培训记录和学习成就,企业可以招聘到合适的雇员,政府也可以更好地掌握整个培训市场的信息,从而对职业教育和培训进行有效管理和质量监控。

此外,加拿大的多个省份开始建立全省范围的电子档案袋储存库,该储存库将使学生能够保存其毕业档案并随着时间的推移而扩展。学生从中学到中学后及进入职场,都可以维持、扩充其档案袋。英属哥伦比亚理工学院、不列颠哥伦比亚大学、弗雷泽谷大学等都在积极开展全校性电子档案袋项目,帮助专业人员开发以职业为导向的电子档案袋。

八、先前学习成果的转换

先前学习认定的目的是使学习成果可见、可用、可流通,在一个机构被认定的学习成果能够以一种或多种形式被其他教育机构、企业使用。具体而言,先前学习成果转换通常以学分的形式在不同的课程、系部或机构之间,为获得同一或不同等级的资格证书或部分资格证书而进行的纵向、横向或对角线学分转移。学分转移与衔接作为教育交流的一种工具,在教育全球化进程中的作用日益显著,世界各国逐渐把学分转移与衔接作为国际教育资源共享的重要工具,以推动本国高等教育的发展。于是,就产生了多种学习成果转换体系、机制、平台或工具。

加拿大和澳大利亚是国内学分转换的典型国家。加拿大大多数机构都有授予学分的政策和程序,大学并不区分在高等教育机构中获得的学分,也不区分通过非正规和非正式学习成果获得的学分。加拿大大学和学院协会(AUCC)主导制定加拿大所有公立大学都签署了《泛加拿大流动性和可转移性议定书》,大家同意最大限度地承认和转移通过正规教育、工作场所培训、工作和生活经验获得的学习。澳大利亚建立了学分转移与衔接的制度体系,各州及地区不同学校间的就学分转移与衔接签订的具体协议或规则可能有所不同,但具体关于学分、申请者的范围及实施的流程基本相近。学习者根据自身完成学业的类型及课程数目获得一定量的学分,这些学分的转移与衔接主要有两种模式:一种是学分转移与衔接职业教育嵌套模式,普通高等教育机构与注册培训机构合作,最终实现学生在毕业的同时获得本科学位和职业教育资格证书;另一种是学分转移与衔接同步学习模式,是指学习者在职业教育与普通高等教育两部门间存在交叉重合的学习时间,学生可以只用四年时间,完成总共需要五年时间才能获得的本科学位和职业技术教育文凭。

一些国家的学分转换并没有形成全国统一的制度体系。例如,美国没有全国性的学分与资格认证框架,但发展了社区学院与大学的学分互认机制。英国也没有全国性的学分转移系统,但存在区域性或地方性系统,大多数高校间相互承认学分,学生转入另一所高校后,学生以前所修的学分可以被计入其毕业总学分中,一所大学内部各专业间也相互承认学分。如果学生利用课余时间,在别的高校选课学习,所修的学分同样也被学校承认。奥地利没有一般的学分转换系统,但在职业教育领域存在一些特殊的学分制度,便于缩短培训时间。丹麦学分转换系统是按教育部门组织的,但实践相对有限。在德国,学分转换并非常态,除非是在欧洲学分转换系统(ECTS)等倡议下,但这只涉及短学制高等教育机构和一些应用科学大学。日本大学建立了自由选课和学分互换机制,学分计算方法比较灵活,不受科目限制,不同类型学科的课程之间的学分可以进行相互代替,可以用专业课的学分代替普通教育科目的学分,可以用选学第二外语的学分来代替专业课的学分。①

　　欧洲学分转换系统(ECTS)被认为是学分互认最成功的案例,它与欧洲职业教育学分转换体系、欧洲共同原则等欧盟职业教育一体化的"关键工具"一起,本着"把学生带到欧洲,把欧洲带给学生"的精神,推动各国开展学分认证体系改革。系统通过更新"信息包裹",记录学生出国学习前后的成绩、课程、学位、申请、学校管理程序、教学日历、评估模式等,并利用对非正规和非正式学习进行认证,帮助欧洲不同国家的学习者更加方便地完成跨国培训,使他国认可跨国劳动者以前所接受的教育和培训。同时,开发欧洲通行证,提供欧共体和欧洲自由贸易联盟范围内各种学历认证的信息服务。通过提高资格透明度和学习结果的可携带性,增强人才的辨识度和可流动性,打通职业教育与培训和高等教育之间的壁垒。

---

　　①　张继华,赵正,漆明龙.大学学分制新论[M].成都:四川人民出版社,2008:147.

第四章　国家资历框架对先前学习认定的规定性

学习是一个产生知识、技能、能力的过程,先前学习成果需要通过不同类型的资格进行评估和正式化。国家资历框架作为一个立体的资格网络体系,对先前学习认定起着制度、标准、桥梁和质量保证的作用,促进先前学习成果获得正式社会身份,得以在社会流通使用。

第一节　国家资历框架与先前学习认定的关系

国家资历框架作为一项将所有教育、培训领域资格纳入统一框架体系之中,并对资格进行表征、分级、认定与转换的国家制度工具,能够使先前学习成果获得正式社会身份,得以在社会流通使用。

一、资格与国家资历框架

资格是对学习者的某些知识、技能和能力成功映射到一定规则和标准后获得的认可或颁证,代表了学习者的专业能力和职业技能获得社会认可。在教育体系中,资格表明了学习者经过学习之后所发生的素质变化。

资格具体包括以下几个方面:

(1)学习者完成某个教育计划后取得学习成果,或按照某种标准拥有某些特定领域的知识、技能和能力,能适应相应的工作,并可以证明。

(2)权威机构根据特定标准评价、判断个人是否获得知识、技能和更广义的能力,对个人职业或专业的正式认可。

(3)官方授予个人书面文件形式的"凭证",证明其成功,表彰其获得某项知识、技能或能力。证明资料包括证书、文凭、学位或者是其他相关权威部门颁发的某种证明文件。

国家资历框架是学历资格、职业资格和技能等级资格等效结合的资格体系,是衔接不同类型、不同等级、不同领域和不同形式学习成果的资格的制度平台,以保障不同资格的等值性、融通性、透明度和可比性,构成一个层次分明、结构完整的框架体系。它运用知识、能力与技能等学习成果指标对资格进行认定和分类,是学习成果认定和学分转换的基础性工具。

国家资历框架建立后,国家、学校和企业对学习者的评价不再单纯以学历或者文凭"论英雄",社会认可的知识、技能、能力等学习成果将会成为重要的依据。换句话说,在国家资历框架的理念下,学习者通过正规学习获得的成果能够得到承认,通过非正规和非正式学习获得的知识、技能和能力等学习成果如果达到国家资历框架中相应资格的标准,学习者也能够获得官方认可的文件证明,如学历、学位、文凭、职业资格证书等。达到相应资格的学习者可以此进行下一个学习目标,从而形成终身学习的体系。例如,达到了中职层级所需要的知识、技能和能力,可以通过学分转换或先前学习认定,申请进入高职阶段的学习。以国家资历框架为依据,认可学习者在工作、生活、社会等情境下先前学习获得的成果,通过不同社会组织间的相互认可和多维转换,既打破了普通教育、继续教育、职业培训等各类教育形式之间的制度限制,也沟通了职业教育与产业之间的连接通道。国家资历框架和先前学习认定共同支撑终身学习的发展。

二、国家资历框架是学习成果的"转译器"

建立国家资历框架的意义在于通过建立资格证书体系的内部关联,将不同阶段、类型和方式途径的教育、培训和学习联系起来。欧洲议会认为"资格"是相关部门根据共同的标准对个人的学习成果予以评价与确认的正式结论。因此,学习成果是欧洲资历框架的重要基础,表示一个人应该知道什么、理解什么和能够做什么。[①]

从结构功能的角度看,国家资历框架是一种基于资格的分类制度,通过学习成果的等级、水平、类型与领域等进行描述与比较,衡量学习者所获得的资格及其在社会中的地位。国家资历框架集合正规学习、非正规学习、非正式学习的成果,其中非正规学习、非正式学习成果占资格的大部分,在正规教育遮蔽的"冰山"下的部分,对职业及其发展起着基础性的作用,在很多时候起着关键的作用,大量的关键能力、一般能力是通过非正式、非正规学习产生的,在正规学习中很难获得。正因如此,国家资历框架具有可比性、透明性与可转换性的特点,成为学习成果四通八达的"转译器"。个性、灵活、开放、弹性,以及对先前学习的认可等成为当前各国资历框架建设的共同标签。

国家资历框架将重点放在学习成果上,通过强调知识、技能和能力,成功地将社会的关注点转移到先前学习认定和终身学习上。这项制度支持了资格证书应该反映学习成果而不是学习途径和教育方案的观点。国家资历框架之所以被看成一

---

① 10 years of the European qualifications framework(EQF)[Z/OL].[2019-07-05].https://ec.europa.eu/social/BlobServlet? docId=19191&langId=en.

种"转译"工具,在于它能够使不同类型的资格具有可比性,提高了整个劳动力市场流动性。同时,要求包括教育与培训在内的各行业发展和调整它们的资格制度,适应国家资历框架对每个等级规定的学习成果有关的具体知识、技能和能力的要求。

三、国家资历框架明确了先前学习认定的发展定位

先前学习成果是对学习者现时所具有的知识、能力、技能的评价,而不以学习的时间、方式、投入和程序作为判断的标准,从而将获得资格的途径从正规学习成果扩展到非正规和非正式学习成果。因此,"资格"就可以理解为所有不同形式学习成果的综合,表现为学习者的综合素质。国家资历框架也就能更好地反映劳动力市场对知识、技能和能力的需求,实现跨空间、跨时间、跨社会单元的整合与贯通,而不论学习成果从何而来。

因此,资历框架为先前学习认定提供了实现的可能性和规定性。

（1）作为国家教育政策的重要工具,资格和资历框架被国家用来促进终身学习,并表明求职者的知识、技能和能力,从而降低雇主的招聘成本,更普遍地提高人们的就业能力。先前学习认定以国家资历框架为载体,利用其纵向连通不同教育层次、横向联结不同职业资格和学历文凭的作用,提高了人才筛选的效率并使人力资源配置最优化,从而提高先前学习认定的有效性和公信力。

（2）学习成果是连接不同资格、不同框架的工具,以学习成果为基础的资历框架还可以提高先前学习认定的透明度,方便不同类型或层次的资格进行比较和学分转换。促进正式学习与非正式学习之间的联系,提高人们利用非正式学习获得资格认可,并由此进入更高等级的学校或教育项目学习。

（3）先前学习认定的有效实施,必须要有国家资历框架提供支撑。可以说,资历框架中几乎每一种类型或层次的资格,都可以为先前学习认定作为学习者的另一条发展路径提供重要依据。鼓励人们将资格认定看成是一个终身学习的过程,促进人们在不同类型的资格之间以及不同职业部门的资格之间流动和晋升。

（4）学习情境的变化增强了学习者对先前学习认定的需求。教育培训从精英模式向大众模式的转变,意味着学习者的范围更加多元,学习者的学习水平、目标和愿望、家庭责任感以及其他影响参与教育培训方式的因素都更加多元,人们期望在工作和生活中能够参与非正规和非正式的学习。鉴于此,政府教育改革的政策重点是建立能够在任何地方和任何时候的学习都能获得资格证书的框架,以开发部门之间和部门内部的学习途径。

（5）先前学习认定及随后的课程衔接与学分转换是国家资历框架的特定功能,

旨在为准入创造机会。这些特征并不围绕实现效率和效果而展开,并不是正式承认资格的机械表达,也不是必要的先前学习经验。它也是一个学习的概念,意味着能力的互补、增强或发展,以及成就和进步。沿着一条有个人意义的、具有社会认可和地位的途径,逐渐发展完善的资格系统,为先前学习认定在推动个人持续发展的过程中提供制度保障。

荷兰著名的先前学习认定研究者 Duvekot 将先前学习认定和国家资历框架之间的联系概念化为终身学习策略的"学习三角"。"学习三角"的概念介绍了先前学习认定的三种可能模式中的学习过程:总结模式、形成模式和通用模式。总结模式提供了一个直接和正式的程序,用于将个人的所有学习经验认证为国家资历框架中的资格和特定证明,它的重点是个人寻求认定或资格;形成模式旨在促进个性发展和职业发展,形成性评估是一种更非正式的程序,用于认证与专业和志愿工作以及进一步学习中的特定积极目标相关的学习经验;通用模式侧重于将国家标准中嵌入的学习成果与组织中的学习成果联系起来。[①]

第二节 作为先前学习认定制度的国家资历框架

国家资历框架规定了先前学习认定的组织规则和各种具体的行为规范、办事程序和运作机制,体现在评价标准、沟通衔接、质量保证、认定规范等多个方面。

一、国家资历框架规定先前学习认定的运行规则

国家资历框架是一套全国统一的标准、准则的资格分类制度。将国家资历框架作为认定非正规和非正式学习的标准和工具,评审个人达到的资历头衔,通常包括证书、文凭和学位等,具有较强的权威性和社会合法性。

从国家资历框架的内部构成来看,完整的国家资历框架一般包括政策立法、管理机构安排、等级级别、能力标准、学分体系、质量保证体系等,并将先前学习认定规定为国家资历框架的核心部件。一些国家资格认证系统还包括学分互认、学分转换、学分累积等一系列制度。学分转换与积累制度总是与国家资历框架密不可分,英国等一些国家的国家资历框架制度本身就是学分转换和积累制度。当然有一些国家的资历框架与学分转换和积累制度是分离的,但两者也有密切的关系。国家资历框架承认所有学习形式的学习成果,包括非正规和非正式学习,制订或完善了承认、鉴定和核准一切形式学习的架构和机制。在一些国家,先前学习认定的

---

① SINGH, DUVEKOT. Linking recognition practices and national qualifications frameworks[M]. Hamburg:UNESCO Institute for Lifelong Learning,2013.

立法和政策直接归入国家资历框架的规范立法及其监管机构。很多发展中国家的政府也正在努力使先前学习认定成为国家资历框架的一部分,旨在通过先前学习认定与国家资历框架的联系,使先前学习认定成为学习者获得继续学习的机会及正规资格证书的主流方式之一。

国家资历框架的制定和实施是先前学习认定发展的关键驱动因素。澳大利亚、英国、挪威和新西兰等都制定了先前学习认定政策和项目,有针对性地提升各自国家资历框架的有效性。新西兰利用国家资历框架授予独立于学历证书的职业资格证书,而其他国家则将职业能力转化为学分或资格证明等学术等价物。① 而且,国家资格体系的变化特征,特别是通过建立国家资历框架,与制定先前学习认定方法高度相关。例如,国家资历框架的功能是促进学习成果国家标准的制定,资格相互关联,促进学习的获得、学习的迁移和学习的进步,提高教育和培训提供的质量,先前学习认定亦是如此。

国家资历框架作为一种政策调控的工具,通常以学习成果的形式明确规定和描述学习者获得某一层次资格所必须掌握的知识、技能和能力,用以规范和认可一个国家范围内存在的不同层次和类型的资格。它并不考虑这些知识、技能和能力是在何处获得的,但是国家资历框架为先前学习认定从程序、内容、方式等方面提出了要求,而且这些要求对学习者来说都是明确和透明的。

二、国家资历框架的开放性成就先前学习的正规性

国家资历框架是各类学习成果相互沟通连接的桥梁,连接职业教育与普通教育、教育资格与职业资格、正规学习与非正规学习和非正式学习,形成纵横交错的立体网络。在这个网络的各个节点,是通过国家权威机构承认的标准和规则连接起来的一个个资格,也就是说,能够进入国家资历框架的学习成果可以被转换为某种具有正规教育成果等价的资格证明。

国家资历框架将先前学习认定纳入其中,将资格网络向先前学习成果开放,使原本不被承认的非正规学习和非正式学习成果也可以通过认定获得国家权威机构的认可,获得学历、学分、职业证书等正式的"身份",或通过学分积累和成果转换,进入更高一级的高校教育项目学习。在大多数情况下,认定与正式系统相联系并保持一致。为了保证先前学习与正规学习成果之间建立稳固的联系,国家资历框架与其他国家相关文件、标准建立连接,确立了正规、非正规和非正式学习结果间的等值性。等值是指一种具有同等价值的状态,指赋予学习者从正规教育和培训

---

① PLA Centre. Achieving our potential: an action plan for prior learning assessment and recognition (PLAR)in Canada[R].HALIFAX:PLA CENTRE,2008.

系统之外获得的能力水平与在正规教育和培训系统中获得的能力水平以同等价值。

从这个意义上来说,先前学习认定被看成是不同形式的学习成果之间的桥梁,是加强资格系统的渗透性和个人学习途径多样性的工具。值得注意的是,很少有国家明确否认正规学习与非正规学习和非正式学习的相关性,更多的是通过国家资历框架的正规性赋予先前学习成果以更高的社会性和流通性,使个人终身学习成为可能。这意味着个人有更多的学习机会和成功路径,能够通过转换学习成果,并在资格系统内纵向和横向进步。

三、国家资历框架加快先前学习认定的功能拓展

目前,许多国家正在制定的国家资历框架致力于整合其国家不同教育和培训子系统(整合框架),认定的方法和资格系统可以相互支撑并直接促进这一目标,以实现教育、培训和学习系统的渗透。进而,通过与外部世界,特别是与企业和其他社会组织建立更紧密的联系。从这个意义上来说,系统化的认定方法可以被看成是对正式系统的反馈,使我们有可能明确并利用通过不同途径获得相同资格的优劣势。

从系统性的角度来看,作为整个资格认证体系的一部分,先前学习认定将会使更多的学习者获得资格认证的机会,如对工作经验和志愿工作进行认证。因此,先前学习认定也可以看成是向弱势群体开放资格系统的重要工具,并使仅有低水平正式资格的个人有可能进入教育和培训项目,甚至进入高等教育。然而,成功的关键是将认定纳入主流,社会广泛接受非正规和非正式学习作为获得资格的正常途径。可见,先前学习认定和国家资历框架的目标是一致的,都是为了使个人有可能根据实际的学习成果和能力在学习生涯中取得进步,而不是根据特定学习过程的时间和地点。

同时,国家资历框架满足了先前学习认定的发展性要求。国家资历框架是根据知识、技能和能力的要求,构建成的一个连续的、可以被认可的资格阶梯,它表明的是资格的不同级别和不同资格的可比性,通过先前学习成果的评估和认定,无论是获得学分还是获得部分资格、完整资格,都是下一个学习计划或更高阶资格的起点或基础。

第三节　作为先前学习认定标准的国家资历框架

很多国家都在试图建立一种终身学习下的大资历框架,包括国家资历框架在内的,与学分积累和转换、先前学习认定、学分银行、互认协议等制度相互关联,"打包"成一个规则与标准体系,实现各类学习成果在一个平台上互认、转换、积累、升

级。先前学习认定也是依据这样一套标准才能可靠地运行。

一、先前学习认定以国家资历框架的资格标准为依据

国家资历框架在相当大程度上为各类学习成果制定统一的质量准则和标准，促进各类学习成果的渗透、转换和认可。

先前学习认定是一种评价方式，它需要通过评价学习者在非正规和非正式学习所获得的学习成果、能力水平或入学条件达到了何种程度。[①] 在不同的国家，这种评价方式所依据的标准和评价的内容不尽相同。当前普遍采用的标准是国家资历框架中资格等级标准，此外还有行业标准和学校的课程标准。2012 年，联合国教科文组织终身学习研究所发布《关于承认、验证和认定非正规与非正式学习结果的指导意见》，呼吁各成员国将国家资历框架作为认定非正规和非正式学习的标准和工具，制定包含非正规和非正式学习结果认定在内的国家文件或标准。[②] 不过，也有少数国家的高校以课程标准认定先前学习成果并赋予相应的学分。

先前学习认定在澳大利亚、法国、新西兰、南非、英国和美国等国家得到广泛的认可，在很大程度上是因为它是在国家资历框架或是在资格体系的基础上建立起来的。许多国家先前学习认定制度的建立过程也是国家资历框架的改革完善过程，因为国家资历框架是唯一具备连通不同层次和类型教育与培训功能的制度体系，使学习者能够通过先前学习认定获得正式资格。其中的关键是先前学习认定"共享"了资历框架中的标准和规则，作为评估知识、技能和能力的基础。虽然国家资历框架的结构和标准在不同国家，甚至在一个国家不同机构之间存在具体应用上的差异，但其至少提供了一组参数，使各利益相关者可以理解先前学习认定的复杂术语和过程的含义。

因此，先前学习认定常常被看成国家资历框架的一个组成部分，是依据资格标准确定先前学习成果达到何种水平的一个过程。一般来说，这一过程包括五个组成部分：①把这些知识和技能与某一具体的标准或资格要求进行比较；②根据这些标准或要求对个体进行评价；③确定学习者已经知道什么、理解什么或能做什么；④对个体的先前学习结果进行正式认可；⑤以这些认定的结果映射到未来需要进一步学习的课程，或获取完整资格需要补充的学习内容，制定下一步的学习或职业发展规划。

为了保证通过先前学习认定获得的资格与正规学习获得资格的等值性，大多数国家对非正规和非正式学习成果认定采用了与正式资格相通或相当的标准。例

---

① PITMAN.Recognition of prior learning：the accelerated rate of change in Australian universities[J]. Higher Education Research and Development，2009(2)：227-240.

② 李建忠.通向终身学习的桥梁——资格框架国际比较研究[M].重庆：西南师范大学出版社，2017：9.

如,新西兰评估先前学习的结果,一般根据指定的当前学习结果或标准进行评估,这些通过认定的学习结果构成了资格。在澳大利亚,工作场所的学习评估包括对正规、非正规和非正式学习的评估,甚至对工作场所学习也有学分转换制度。换句话说,非正规学习是为了满足正规的目标和结果而在学分和资格上进行的,属于正规质量保证过程的管辖范围。①

二、先前学习认定使用国家资历框架的资格标准的维度

图 4-1 所示为国家资历框架关系结构图。国家资历框架中对不同维度、不同等级的资格提出的学习成果标准,通常称为"描述符"。每一等级对应若干个描述维度,即每个具体的资格都有若干个"描述符","描述符"是资历架构每个级别对资历的目标成果标准。例如,国家资历框架从知识、技能和能力 3 个维度描述资格等级,将资格分为 5~13 级,一项专业资格或职业资格又被划分为若干知识单元、技能单元、能力单元,每个单元明确描述其在资格中对应的学习成果,从而构成了从资历框架到资格再到学习单元的定性描述的指标体系。其中的成果可以通过不同形式的学习来实现,学习可以是正规的(通过学习计划中的学习课程)、非正规的(通过没有正式课程的结构化学习环境,例如参加会议)或非正式的(根据经验),并可能获得学术、职业和专业资格。

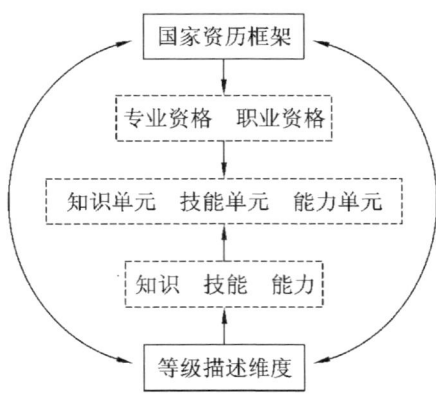

图 4-1 国家资历框架关系结构图

从成效上说,只要是能够达到同种资格目标的教育培训,就可以认为它们是等效的。例如,我国香港地区许多行业都采用针对同一资历的不同的教育培训。如果核心的知识和技能单元基本相同,就可以认为能够形成基本等效的资格,相同的学习成

---

① DUVEKOT, COUGHLAN, AAGAARD. The learner at the centre: validation of prior learning strengthens lifelong learning for all[M]. Houten: European Centre Valuation Prior Learning, 2017.

果就可以相互替换,从而形成了一种新的学习成果互换的评判标尺。因此,先前学习认定的学习成果以不同资格的"描述符"为依据,经认定可以获得相应的资格。

在资格等级的描述维度中,知识是指理论或实践的知识,技能是指认知技能和实用技能,能力则泛指责任与自主性。不同国家或地区或组织的资历框架等级和资格描述维度不尽相同。例如,英国分为知识和理解、应用与行动、自主性和问责;澳大利亚和新西兰分为知识、技能、知识与技能的应用;东盟分为知识、技能、应用和责任;我国国家开放大学资历框架和广东终身教育资历框架分为知识、技能、能力三个描述维度。资历框架也在不断变化,例如,欧洲资历框架原来是知识、技能和能力,后来将"能力"修改为"责任和自主性",丹麦在"技能"中列入"沟通、创造性和解决问题的能力",挪威称为"一般能力",罗马尼亚称为"横向能力"。虽然各国(地区或组织)在对能力的解释中包括"自主权"和"责任",但它们也倾向于扩大其定义,如将批判性思维、创造力和合作等纳入其中。

从以上可以看出,国家资历框架中的标准体系主要有两部分:其一是资格等级标准;其二是资格水平描述。二者实质上是用学习成果的水平维度描述的标准划分资格等级,用以表征学习者达到某一等级水平或是获取某一类型资格必须要具备的学习成果要求。其中,需要解决资格标准统一的问题,统一资格标准不是标准相同,而是标准相通的问题。

在我国,很多部门和机构都可以组织和实施职业资格的认定工作,它们所设立的资格认定标准各异,不仅导致"证出多门"现象普遍,还出现重复认定和无效认定等问题。2013—2017年,国务院已经分批取消了434项职业资格许可[①],但各种资格考试仍然存在并被作为一些职业的入门资格。同时,我国现行的教育系统内部包含了两大资格体系,分别是由教育主管部门负责的学历资格体系和由人社部门主要负责的职业资格体系。由于缺乏统一相同的资格与能力标准体系,多种教育质量标准共同存在,各类教育质量参差不齐,学习成果互认存在一定难度,迫切需要建立国家资历框架来统一规范学习认定行为。国家资历框架将各类学习成果都包含在一个统一的框架内,必然需要建立一个通用的标准体系来评价各类学习成果,判定学习成果所在的资格等级以及可以兑换的学分。这就需要将学历资格体系和职业资格体系进行对接,基于行业企业的人才需要建立统一的人才质量基准,以便实现各类学习成果之间的互认。

我国目前建设国家资历框架存在大量无法突破的问题,其中最关键的是以标准建设为目标的学习认定体系,需要面对行业的快速迭代所导致的实施困难,容易陷入周而复始的认证标准建设之中,导致资历框架短期内无法覆盖国内所有行业,

---

① 2013年以来国务院已公布取消的国务院部门职业资格许可和认定事项[EB/ON].(2017-02-20)[2023-05-18]http://www.gov.cn/xinwen/2017-02/20/content_5169264.htm.

也很难为先前学习认定提供通用的标准与认定规则。如果从实践探索的角度,我国资历框架可以从知识、能力和技能三个维度来进行描述。知识维度可以描述学习成果所获得的事实性、技术性和理论性知识;技能维度描述学习成果所能达到的认知、技术、沟通和表达等各类技能;能力维度则描述学习成果在知识、技能应用方面所表现出来的自主性、判断力和责任感。据此,建立覆盖各个行业的、具有公信力的庞大认定单元标准库。认定单元是资历框架的核心构件,是资历框架通用能力标准在各行业领域的进一步细化,资历框架通过认定单元发挥基准标准的作用,支持不同类型学习成果的转换。在国际上,认定单元通常称为学习单元、能力单元或能力标准等,为各行各业制定职业标准、教学标准、课程标准等提供依据,也为先前学习认定及其获得相应资格提供标准。

第四节　作为先前学习认定桥梁的国家资历框架

国家资历框架本身并不生成先前学习认定,但提供了一个有利的环境。它通过将资格、学习成果、学习单元、学分、认定规则和课程嫁接到先前学习认定的程序上,建立了能力需求与学习需求的关系,努力在多个层面将学习和工作联系起来。在先前学习认定发展的过程中,国家资历框架的核心功能在于建通道、促融通、推共治。

一、国家资历框架促进学习成果转换

对先前学习成果的认定,最为重要的就是要建立与正规教育间交流的桥梁,使二者得以互认与衔接。因此,二者的评价标准应该是相当对等的。例如,对非正式学习成果的认定,一定要与课程的内容有较大程度上的相同。即经先前学习认定的学习成果必须与学校要求取得的成果相匹配。只有这样,才能保证教学质量,否则非正式学习成果将不为正规学校所认可。当然,非正式学习成果不可能与正规教育的内容和水平达到100%的匹配,但国际实践经验表明,二者的匹配程度至少要达到50%以上。匹配程度的高低一般取决于申请者的学习成果是不是鉴定要求的核心部分或核心内容。

国家资历框架为先前学习认定打通了获得正式认可的资格,以及进一步学习的通道。国家资历框架以学习成果为依据、学习单元为单位来计量学习者的学习数量,用资格来计量学习者的学习水平,当学习的数量与水平符合一定的"组合规则"时,就可以授予资格证书。每个资格都有各自的组合规则,一般来说,组合规则由行业组织和颁证组织共同开发,并详细规定了获得该资格所需要的学习单元。组合规则是学习者积累的学分换取资格证书(兑换)时的标准,由其颁证机构以自已定义的资格与构成资格的学习单元之间的逻辑组合成一种契约的关系。[①]

　　资格之间需要学分转换、积累,或资格之间的直接转换,或资格分解兑换成学习单元学分,通过积累转换为新的资格或更高一级资格。学分是按照学习单元授予的,所有学习单元使用相同的模板进行标识,包括学习结果、评估标准和学分数量与级别。学分在资历框架中"无处不在"的事实意味着学习成果将具备更加广泛的可转移性,从而对学习者和社会更具吸引力。那些在长期工作、生活中积累和领悟的非正规、非正式的学习成果,运用资历架构法和"映射"的方法,可以通过学分作为价值计量单位,解析折算出其成果的知识技能价值含量与社会水平,从而找到对应类别等级的资格。利益相关者通过国家资历框架就互认、豁免等达成一致,引入学分可以使先前学习认定和课程豁免更快、更方便、更少主观性和更有效率。[②]例如,英国对职业资格制度改革的最新举措就是用资格与学分框架取代国家资历框架,其独特之处在于基于学分的标准体系,保证标准体系规范、高效运行的组织机构运行机制,以及质量评价与保障体系。英国建立了学分与资格认证框架,主要是职业资格,是基于学习单元和学分的资格与认证框架,能识别任何水平、学科、部门的学习成果。

　　当前,我国的资格认定方式较为单一,主要通过纸笔测验和实操测试来评价学习者的各项能力,资格认定的过程中忽视了对于学习者日常学习表现和学习课时数量的考核,更不用说以学习成果对学习者的知识、技能、能力进行考核。因此,非正式学习成果的认定转换较为困难。具体表现在以下几个方面:

　　(1)学习者的先前学习经历难以得到认证。我国尚未建立完善的学分银行和先前学习认定,学习者如果没有获得相关的证书和结业证明,很难证实自己之前接受的培训和课程经历,更不用说通过非正式学习获得的学习成果,相关的资历学分也就难以得到认可。

　　(2)我国的国家资历框架缺乏相应的认定标准,没有明确规定哪些学习成果可以纳入资历框架认证体系。

　　(3)由于评价标准不一致,学历教育成果与非学历教育成果之间的互认难度很大。很多高等教育机构的评价标准较为严格,学习者通过非学历教育取得的学习成果很难得到普通高校的认可,甚至在高等教育机构内部的不同学校之间进行学分累计和互换也存在一定的困难。这样,即便是有认定机构或教育与培训机构开

　　①　孙冬喆.通向终身学习的路径与机制——中国学分银行制度建设研究[M].上海:华东师范大学出版社,2015:102.

　　②　LILLIS,STOTT.The feasibility of employing the accreditation of prior learning(APL)to identify distance travelled towards the achievement of full Level 1,2 and 3 qualifications[R].Coventry:Learning and Skills Council,2006.

展先前学习认定,也无法保证获得等值的资格,而导致国家资历框架的通用性和公信力较差。

因此,我国在建设国家资历框架时至少需要关注四个方面:①制定明确的基于学习成果的国家资历框架,从知识、技能和能力三维构建资格等级标准,为学历教育与非学历教育学习成果认定提供共同的参照点,以容纳非正规和非正式的学习;②对非正规和非正式学习的认可,向来自工作、成人教育和志愿部门的学习者等更广泛的群体开放资格证书;③国家资历框架和认定制度可以使学习者在其能力的基础上而不是在具体学习的基础上取得纵向和横向的进步;④制定透明的质量保证程序,使非正规和非正式学习获得与正规学习相同的质量要求。

二、国家资历框架促进制度融通

在国际上国家资历框架从第一代到第三代的建设的过程中,同一个教育体系内形成了数量众多、功能各异的资格证书与资历框架。这些证书相互独立地表明了学习者在某段时间内学习成果已经达到了某种水平,它们彼此之间一般不存在任何联系,从而无法比较、无法沟通。因此,各种教育形式的资历框架往往都只能纵向比较而无法横向衡量,而且越是高水平的资格或越是专业的资格越是无法进行横向比较。换言之,资历框架的可比性是有局限性的、有条件的。第四代所要建立的资历框架试图引入学分银行的功能打破这种局限,以尽可能地实现多种资历框架的统一,以及实现教育体系内各种资格的可比性,进而扩大透明性,并实现最大程度的关联。

资历框架是教育机构制定自身专业课程体系和教学大纲、资格证书标准的原始依据。因此,根据资历框架设计学历教育项目,关键就是要参照资历框架确定专业教学的目标和关键的专业学习成果。一旦完成关键专业学习成果标准的制定,就可以将学习成果分布到组成学历教育计划的各个学习单元中,并对每个学习单元的学习成果给出具体规定。同样,职业院校大量实施"双证书""1+X"证书,"学徒制"课程也被对接到资历框架中,根据行业细分资格的学习成果标准设计能力单元,涵盖的能力所需要学习的内容包括知识、技能和能力,每个能力单元代表一组最少的不可分割的任务要求,通过能力单元的学习,能完成完整而独立的工作。而将不同能力单元进行组建,就形成了课程层面的结构。

而对于先前学习成果而言,资历框架提供了另一条连接课程的路径。虽然正规教育的学习计划中对先前学习进行积极认证也逐渐成为高校课程改革的重要内容,但对于更多在劳动力市场的学习者来说,工作和生活中积累起来的学习成果仍需获得认可,并最终成为获取更高层次教育正规学习的入学或课程豁免的条件。尤其是在先前学习认定接入资历框架的情况下,为这些成果"变现"为正式资格提供了更可信赖的制度保障。当然,这些学习成果都需要从业人员通过记录所学内容的方式被组织起来,以提供事后的成绩证明,并授予学分。对先前学习的认可和认证是学习计划的组成部分,而不是全部。[①]

即使在美国、加拿大这样没有国家资历框架的国家,一些机构已经出现了围绕学生的学习成果或能力,而不是大学学分来设计课程的趋势。越来越多的评估框架被开发出来,用于基于能力的先前学习评估项目,以便将其有效性等同于高等教育机构的其他项目评估过程。例如,我国高职院校基于"工作过程"的课程开发、"OBE"课程标准、MOOC等广泛开展,并与"双证书""1+X"紧密连接。在教育和培训课程的基础上承认个人的学习成果和能力,这些课程可以与国家确立的资格直接挂钩,根据工作特有的职业标准承认个人的学习成果和能力,纳入与正规教育相一致的资历框架。

国家资历框架这座"立交桥"主要在四个方面促进融通:

(1)所有的教育与培训及相应的证书资格都纳入同一评价框架,高等职业教育和普通高等教育、正规学习与先前学习就实质性地连接起来并具有了等值的意义。

(2)开发个人能力档案袋,在不同环境或情境中都有效,实现了证书之间的互换与转换。

(3)将能力要求和学习需求与量身定制的教育(非正规)成果联系起来。

(4)将工作、生活和志愿活动的能力要求与继续教育和培训的内容联系起来。

我国存在不同的资历框架及其等级标准,由于缺乏统一的管理机构对各类证书进行整合管理,资格的可比性不强,不同评价体系下的各类证书难以比较和转换。这既损害了学习者的利益,也降低了证书的统一性、通用性及权威性。在这样的背景条件下,认证权力的交叉、认证内容的重复、认证流程的冗余更是造成了社会资源的极大浪费。

因此,在国家资历框架还没有建立起来的情况下,可以先完善不同教育领域的资历框架,再基于国际资历框架对接的标准和经验,通过资格等级标准的关键指标分析进行对接,进行各类教育融通渗透等值性的改革,尤其是加强职业教育与高等教育的衔接力度,推动两种不同类型教育相互融合渗透,实现普通教育与职业教育等值、继续教育与高等教育的等值。在此基础上,整合制定出基于终身学习理念的国家资历框架,并保持资历框架的动态更新,及时加入新资格,淘汰旧资格。加强非正规、非正式学习领域获得能力的有效性认证,逐步把非正规、非正式学习成果纳入国家资历框架,使之沟通融合的功能不断加强。

---

① FINBAR LILLIS,CAROLE STOTT.The feasibility of employing the accreditation of prior learning (APL)to identify distance travelled towards the achievement of full Level 1,2 and 3 qualifications[R].Learning and Skills Council,2006:6.

三、国家资历框架促进共同治理

国家资历框架发展是发达国家、转型期国家和发展中国家教育和培训改革的一个重大创新,是支持教育和培训、技能发展和终身学习非常重要的工具,也是先前学习认定标准化和质量保证的一个里程碑。国家资历框架有助于促进非正规和非正式学习认可体系的形成。对于一个国家来说,如果对非正规和非正式学习的承认可以导致资格的授予,这些资格应被纳入国家资格目录,以确保社会认可和合法性。

国家资历框架为先前学习认定的共同治理提供了制度保障。既然要赋予先前学习成果以正规的社会地位和合法的形式,必然需要多方形成合力,共同提供资源供应和质量保证。先前学习不同于学校学习,涉及工作、生活、教育等各个领域,认证的结果通常以学分或资格的形式成为学习者升学、就业或获取更高资格的条件。可见,认证制度的设计、标准的开发,以及认证程序的设定不可能由教育机构或其他机构一力承担,必须动员利益相关者合力完成。美国、澳大利亚及欧盟各成员国等先前学习成果认证制度成熟的国家不论是以学校为认定主体、还是以行业企业为主体,抑或是设立专门的认证机构,无一例外地组织各利益相关方共同参与,以保证认证结果的合理性和公正性。并且,这些国家还将先前学习认定同国家资历框架、终身学习、职业教育培训国际化、人才跨国流动等一揽子制度相互融通渗透,形成相互促进、互为依赖的关系。国家资历框架本身就是各方合力构建起来的,同时也是各方都认可的制度体系,其中的资格被许可通过先前学习认定获得,必然要将资格制度的约束性让渡给先前学习认定,形成调动所有利益相关者共同服务于先前学习认定发展的推动力,包括制度设计、资源供给、组织保障、认定实施、成果互认、颁证授权,等等。

从先前学习认定的基本功能来看,认定的目的是让非正规、非正式成果从非正式到正式、从隐匿到可见,实质上是先前学习认定借助结构化的规则体系实现渗透,获得社会流通的功能。很多国家通常就以国家资历框架建立联系和路径,通过国家赋予资历框架的权威性、资格本身的合法性带给先前学习认定以流通的特性。换句话说,通过认定的先前学习成果,一旦被授予某种资格,就注定会得到国家、行业、学校和企业的认可,就可以成为入学、课程豁免、就业、晋升的合法条件,也可以学分的形式在学分银行存储,为终身学习提供无缝衔接。

先前学习成果能够流通的根本原因是国家资历框架赋予了相比正规学习成果的等值性。等值性不是凭空而来的,也不是权威机构强制性给予的,而是在学习成果"等效原则"基础上各利益相关者对成果质量的信任。不同教育类型、层次之间对学分、资格的互认和转换都建立在相互信任的基础上,而信任的基础则是学习成果的质量,没有质量的学分和资格则不具有等值性。事实上,等值不是等同,而是政府机构、行业组织、工会、学校、企业、非营利性组织、国际组织等利益方的制度协同,是教育链、人才链与产业链、创新链有机衔接。国家资历框架发展的历史表明,当先前学习认定被纳入国家资历框架的时候,社会的反对声音很大,特别是大学的质疑非常强烈,认为先前学习认定会毁掉高校学位、文凭等资格的学术声誉。但非正规和非正式学习成果同样是社会发展不可或缺的实践智慧,尤其还肩负维护社会公正的道德责任。

很明显,为了使先前学习认定和课程豁免发挥作用,利益相关者需要信任彼此在豁免以及承认和认证先前学习方面的完整性,监管机构需要确认这些程序与授予机构在各级资格评估和质量保证方面的实践和运作是一致的。当然,授予机构也可以设计或采用一套关于先前学习认定和豁免的原则,以帮助建立相互信任,并帮助向监管机构、专业机构、部门机构和理事会保证其做法的完整性。利益相关者之间的相互信任是随着时间的推移而建立的。如果利益相关者之间对彼此的系统和制度缺乏相互信任和信心,可能会阻碍先前学习认定或课程豁免的快速扩展。特别是课程豁免,往往建立在长期的相互信任之上。

第五节　作为先前学习认定质量保证的国家资历框架

在世界各国资历框架的改革升级过程中,越来越多国家正朝着建设综合性国家资历框架的方向努力,将资格分类、等级描述、质量保证、标准指标、规则基准、学分积累与转换等功能集合统一在资历框架中。虽然还没有国家完全建成这样一个"大集合",但路径比较清晰。目前,普遍采用的模式是将国家资历框架与其他的制度建立相互支撑关联的制度体系,以实现质量保证。

一、国家资历框架形成组织合力

多数国家是在国家资历框架下实施先前学习认定的,参与国家资历框架的机构也是保证认定程序和过程质量的关键角色。国家资历框架是认定的主要协调制度,参与促进各部门认定模式和举措的实施,并负责保证认定的质量。

各国为了避免市场失灵和社会对各类资格的不认同,国家资历框架的建设将所有利益相关者纳入政策制定者群体。要求加强所有利益相关者之间的伙伴关系,必须强调从设计到实施和评估的共同责任。例如,《欧洲非正规、非正式学习认证指南》第一、二、三版都建议各国加强所有利益相关者和服务机构之间的合作和协调,使个人能够方便地获得可靠和可信的认定安排。加拿大曼尼托巴省的工作场所先前学习评估和认可委员会就是由企业、劳工组织和政府等合作建立的,为工作场所实施先前学习认定提供全面协调的组织。因此,所有利益相关者的参与及其所有权和问责制导致了先前学习认定短期内的有效性和长期的政策演变,特别是政府机构、高等学校、行业组织、企业等利益主体的积极参与更是重中之重。例如,行业对于人才各方面的能力要求是各类教育和培训的依据与指南,对职业资格制定的导向作用尤为明显。澳大利亚、中国香港等地区的行业协会备受政府重视,在资格改革中一直充当着桥梁的角色,既连接政府、企业和学校,又联系育人制度与用人制度。在职业资格设计方面,行业协会作为同行业内企业群体的组织代表,积极参与能力目标的制定、认定过程的设计、学习成果标准的研制等,同时,对于行业细分领域人才的需求、人才规格的确定、技能水平的分级与分类,以及学习者实习场所各项指标的设置等起着主导作用。

从资历框架的内部结构来看,完整的资历框架一般包括政策立法、组织管理机构、资格等级级别、能力标准、能力单元、学分积累与转换规则体系、质量保证体系、先前学习成果认证、基于学习成果的课程体系等,每一部分内容都具有复杂性。例如,能力单元是以能力为本,以职业为导向,由行业主导,按照工作任务要求开发,是行业通用标准的核心因素,通常主要包括 10 个基本项目:名称、编号、应用范围、等级、学分、能力、考核说明、开发机构、开发日期以及备注。这些都是学校、企业、政府、行业组织等多个利益相关者合作或博弈的结果,其中包括普通教育、成人与社区教育、职业教育与培训。

同样,先前学习认定的结果无论以什么方式呈现,是部分资格,还是完整资格,抑或以学分的形式,一旦被纳入了资历框架的认定体系,都应具合法性、权威性、专业性和教育性,才能被普遍认可与应用。因此,先前学习认定制度建设需要政府、行业组织、企业、学校和社会团体等多方共同参与,协同推进在制度环境营造、认定标准研发、认定程序设计、成果考核评价、认定结果互认、档案管理以及其他服务等各方面的制度建设。反之,如果由单一机构或代表性不足的机构制定,就丧失了国家资历框架的权威性,先前学习成果也就失去了社会流通性。

二、国家资历框架提高认定透明度

国家资历框架是国家权威机构主导制定的一套国家统一标准的质量保证系统,承认所有形式的学习成果和能力等值。奥地利、比利时、德国、冰岛、波兰等国家认为国家资历框架是进行先前学习认定的条件,而质量保证是实施各级各类教育和培训之间衔接和沟通的国家资历框架的关键,缺乏质量保证的资历框架只能是毫无价值的空架子。基于学习成果的资历框架使认定更容易作为教育和培训系统的一个集成和可见的质量保证方法,能提高认定的可信度。只有在共同遵循的质量保证制度下,学习成果的认证才具有透明性。

在国家资历框架和先前学习认定的实践中，"透明性"是二者共同的质量原则，要求所有认定制度、成果和程序都必须公开、明确、易得。

1. 制度信息透明

政府、高校、企业和社会机构等需要通过专门机构或网站不断向社会解释说明国家资格类型和等级、成果要求与标准、学分积累与转换、先前学习认定的内容与程序等方面的政策、程序、范围、界限和术语。例如，加拿大劳动力发展委员会的14项标准、美国成人和经验学习委员会的国家在线门户网站和英国的《先前学习认定指南》等都要求认定的决策、过程和结果透明，并证明是严格和公正的，同时还要提供咨询服务、档案袋辅导课程和教师评价。同时，各专业和行业协会也制定了各自的质量规范，旨在促进资格认定的可及性、程序的透明度、一致性和高质量。

2. 学习成果透明

学习成果既是资格的基本单位，也为资格的水平等级认定提供了标准。而先前学习认定的重要价值是使先前学习成果从隐匿、不可见变成显性、可见，以提高成果的可用性和辨识度。同时，将其与国家资历框架和终身学习相关联，使非正规、非正式学习成果在教育、劳动力市场等社会组织内部和社会组织之间可流通、可延续、可拓展。例如，德国国家资历框架明确其目的是提高非正规、非正式学习成果的透明度和可见度。此外，欧洲层面的"欧洲护照""青年通行证"，以及一些行业层面的"技能和资格护照"等，形成了一个内容和形式基本标准的、版式基本统一的能力和资格证明，清晰全面地展现个人能力和资格的基本信息。

3. 学习成果正规化

学习成果正规化是先前学习认定透明性的具体表现。实现正规化也是学习成果能够在社会组织和教育层次与类型间流通，实现教育机会扩大、技能提升和人才流动的前提条件。在各国的实践中，非正规、非正式学习情境下获得的知识、技能和能力以学分或（部分）资格的形式进入高校课程或教育项目，经补充课程学习后获得文凭、学位；或经国家资历框架或学分积累与转换系统进入学分银行存储或直接兑换成职业资格，完成其正规化和一次流通，并为新一轮流通创造条件，循环往复，形成终身学习的一个个"里程碑"。例如，在加拿大和美国的一些高校，在不同学校认定的学分可以互认流通。美国蒙大拿大学系统规定，先前学习认定的学分一旦记录在大学的成绩单上，就可以转移，与在授予机构正常学习获得的学分一样。同样，企业内部也可以通过认定而实现学习成果转移。例如，比利时炼钢企业科克里尔与列日大学合作开发将"隐性"知识转化为"显性"知识的识别项目，将有经验的老工人所掌握的隐性知识转化为明确的能力和技术，然后传授给其他人。

4. 认定标准和认定方式透明

清晰明确地表述各类、各等级资格所对应的知识、技能和能力,及其需要的学习量。同时,规定学习量的计算方法和最低限制,达到不同学习量所能获得的资格类型和等级,等等。对于学习者来说,只有清楚其学习经历及经验与评价标准相匹配的情况才能申请先前学习认定。先前学习认定一般采用档案袋评价、能力测试、模拟、陈述和观测等方法。要为参与认定的各方提供所有关于先前学习认定清晰明确且便于获取的政策、程序和规则,以及每一种认定方式所需的时间、流程、材料、要求和认定机构。认定机构根据认定方式和内容的不同既可以是高校、企业,也可以是国家授权的专门认定机构。

5. 质量监管透明

先前学习认定的全过程要接受内部和外部的审查和监控,以确保认定的标准是公开、确定、一致的,认定过程有质量保证机制,认定的结果可解释、申诉和验证,通过先前学习认定所获得的资格和通过其他途径获得的资格是等质、等值的。因此,认定的监管机构、流程,申诉材料的要求、方式、程序,验证资质等信息要便于社会公众获取和理解。例如,荷兰随着国家资历框架的实施,国家资格认证中心将所有受政府监管的资格证书和经评估定级后的其他资格证书记录在资格证书登记册中,而且将相关领域或行业内认可的认定提供者在国家认定登记册中登记以便监管。

三、国家资历框架提供评估规则

各国在国家资历框架运行过程中,制定了不同的资格评审及质量保证体系,其质量保证的实施集中在资格认证、机构的认证与审计和学习者评估三个方面。资格认证指所有资历框架体系内登记注册的资格必须符合相应标准;机构的认证与审计是考虑到资历主要由相关教育与培训机构负责审核和颁发,要保证资格质量就必须从源头上对这些机构进行认证和审计;学习者评估是指在对学习者进行评估时,应该秉持有效、可靠、可行以及成本效益相关的原则,并在这些原则中找平衡。[①]

为了推行先前学习认定,大多数国家对资历框架提出了基本的质量要求:

(1) 对有关学习、先前学习、非正式学习等资历框架的术语进行了界定;

(2) 以学习成果作为评估的主要对象,无论其采用何种学习方式;

(3) 将资格分为不同的等级,每一等级都有相应的学习成果标准对应,资历框

---

① TUCK. An introductory guide to national qualifications frameworks:conceptual and practical issues for policy makers[R].Geneva:International Labour Organization,2007.

架以学习成果为主要指标,不考虑学习的具体时间和过程;

（4）通常从技能、知识、能力等三个维度对资格进行具体描述。[①]

我国当前开展资历框架建设的主体有三类:一是开放大学系统,主要是在远程教育和成人教育基础上发展起来的,以提高非正规教育的社会合法性和认可度为目标;二是负责对我国学历、学位认证的国家部门,如学位中心、教育部就业指导中心、留学服务中心等;三是广东、上海等省市,在学习型城市建设背景下进行城市终身教育体系建设中的资历框架和学分银行建设。这三类主体所建立的资历框架在标准体系建设上的社会参与度不高,容易造成单方面认定的问题,不能解决资历框架所需要的沟通各级各类教育的基本功能,难以很好地吸引学习者参加。特别是,这些资历框架中很少有针对非正式学习成果的认定,而且对非正规学习成果认定也仅仅限于平台上注册的培训课程,覆盖面比较狭窄,适用性不高。

因此,我国资历框架下开展先前学习认定需要注意六个方面:

（1）要坚持"成效为本"的理念,关注的是学习者实际习得行为,学习后会干什么、理解什么和能做什么。

（2）建立专门机构以构建质量保证体系,主要包括组织机构、质量标准、运行机制和标准化的执行程序。

（3）促进内外质量保证体系之间的互动运作,邀请第三方监督机制,通过问责、控制、指导,可以有效地保证质量。

（4）建立相关主体参与质量保证的渠道,在先前学习认定制度建设中设计充足的话语表达通道,通过协商的方式,充分表达对标准和运行方式的意见和立场。

（5）利用信息手段充分研判学习成果的质量和认定程序的适切性。

（6）建立一揽子支撑性制度,关键是教育部门和人社部门在技能人才的教育与培训、技能鉴定与职业资格颁发、聘任与奖励,以及学习成果的积累、转换与互认等方面建立系列先前学习认定的配套制度。同时,在制度设计时要充分考虑与我国正在建设的国家资历框架和先前学习认定相互依托、兼容互补的内在联系。

---

① 叶正茂.终身教育学分银行:继续教育学习成果的认证及转换[M].成都:电子科技大学出版社,2016:125.

第五章　高职教育先前学习成果的认定

高职教育先前学习认定有三种目标取向：一是获得进入高职教育和普通高等教育等正规学习系统的替代条件；二是获得职业资格证书或职业技能等级证书等职业资格；三是获得职位晋升、转岗或培训等职业发展或专业发展。由于学历教育的成果认定和转换通道已经形成，并获得了较高的认同度，本书中先前学习认定的范畴主要是指对非正规和非正式学习成果的认定。

第一节　先前学习成果认定的原则

先前学习认定是终身学习和宽生学习的重要支撑性制度，先前学习成果的认定、利用涉及几乎所有人的职业发展及社会的人才开发和技术积累。特别是对于就业人口来说，先前学习认定不仅能够挖掘学习者当前所具有的缄默状态的能力，还为其未来职业发展和个性学习拓宽道路。因此，先前学习认定需要遵循多重原则，以保证各方的利益诉求。

一、机会均等，人人参与

高职教育以就业为宗旨，以培养生产、建设、服务、管理第一线的高素质技术技能型专门人才为根本目的。高职教育先前学习认定的服务对象除了高职院校的学生，还应进一步扩大到社会更广泛的需要赋予其先前学习可见性、透明性和流通性，并为此获得正式资格的人群。因此，高职教育应该维护每个人获得和参加其所需要的任何形式学习的权利，通过先前学习认定使其学习成果能得到识别和认可，确保他们学习机会的均等性和广泛性。

先前学习认定旨在平等对待学习者，不因其学习来源而受到歧视。为了公平起见，认定过程应将学习者与没有从事认定的个人采用相同的能力或资格标准，认定不应涉及比通过传统的手段评估知识和技能更严格的评估过程。为了使学习者最大限度地展示自己的知识、技能和能力，认定过程应反映出对相关职业教育和培训对接一线工作岗位高度的敏感性，这一原则也是其他原则的基础。

高职院校以及参与学习型社会和技能社会建设的政府机构、行业组织、社会团体、企业、教育与培训机构等，都有责任确保学习者先前学习成果被识别、认定和互认的权利，并应在法律架构和国家政策体系下建立配套的法律政策，以及适用于评估的规范、程序和标准,包括学习者通过正式程序对其先前学习的不成功评估提出上诉的规定,指引先前学习认定不断改革完善,并使先前学习认定在不同部门之间连通一致,方便个人了解、使用和受益。

二、结果等值,同等对待

先前学习认定是基于学习结果的评价制度,它的重要理念是"学分只授予学习成果,而不是经历本身",只有学习取得了对应的可与相关标准适合的成果,才能被承认。尽管先前学习成果一般与工作经历和生活经验有关,但评价与认定的对象并不是工作经历,而是工作经历后的知识、技能和能力。经历本身是一个过程,并不说明在这个过程中就一定取得了好的成果。学分授予的依据是学习,而不是经验本身,仅仅有工作经历并不一定就能够获得学分,还需要考核学生的知识与能力是否能够达到给予学分的标准。在评估先前学习的过程中,一个常见的错误是将学习量化为经验所花费的时间,而不是对所发生的学习进行评估。这就又回到了正式学习的评价规则。很多国家都在先前学习认定制度中明确了这一规定,例如,美国权威的先前学习认定非政府组织美国成人和经验学习委员会在《十项评估学习标准规定》中提出"学分或其等价物只应授予学习,而不应授予经验"。

学分的授予是依据对支撑学习成果证据的评价,也只考虑显著的、相关的和有证据的学习。具有学术价值的经验学习可以通过先前学习认定的方法转化为课程学分。如果从学校教育的角度看,先前学习认定的评价方式是从输出的视角审视教育系统的一种方式,使用能够让学生达到成果目标的术语进行陈述,然后设计课程让他们知道如何去做。学习者完成课程并取得相应资格后,知道什么、理解什么以及运用所学知识和技能做什么,其实质是认知变化、技能变化、情感变化和个体行为变化,表明通过学习已经达到了预期的效果和质量。而这些变化(或学习成果)正是学生就业、升学、职业发展所真正需要的。因为,无论是学历教育还是非学历教育,都对质量控制缺乏行之有效的办法,而通过评价学习者学习后所获得的知识、技能和能力能够很好地解决这一问题。

基于学习结果的质量评价是稳定、可验证和可转换的,这正反映了先前学习认定"实质等效"的观点。它要求在认定的过程中,需要按照相同的标准进行认定。无论先前学习成果表现为哪种类型,都要确保对知识、技能和能力的要求是一致的。比如,高职教育文凭有学分要求、学时要求、考核要求等,要认定为相应的学历,必须按照相应的规则进行评价,能达到学历教育要求的才能被认定为相应的资格。而以获取职业资格为目标的先前学习认定,则要按照国家或获得授权的行业组织规定的资格标准进行认定,以确保每个学习者申请认定的学习成果等值、等效。要使先前学习认定成为资格认定体系和框架中不可分割的正常部分,资格证书与正规教育和培训课程之间的联系必须被弱化甚至消除，以使认定主流化和正常化。重点必须是个人在学习过程结束后知道什么、理解什么或能够做什么，而不是对教学过程的投入或持续时间。虽然正规学习、非正规学习和非正式学习的结果可能是相同的，但导致这些结果的过程必然是不同的，如果认定必须与基于教学投入的标准有关，那么认定将是非常困难的，且很难进行横向比较。

因此，先前学习认定的程序和标准的公平性、评估标准的一致性是整个制度落实的关键因素。这样，每个人通过非正规和非正式学习形成的能力，才能够与从正规学习中获得的能力受到同等对待。如果学习和某一学科、单元模块、课程或资格中的学习和能力结果有联系，先前学习认定就应该认同这种学习，而不必考虑这种学习是何时何地以何方式发生的。对于学习者，只有当其先前学习成果与所申请的资格相对应时，认定所获得学分才有效。先前学习认定的政策、程序和过程应该在机构的质量保障程序中清晰地表达，同时评价手段应该是平等的、公正的、融合多文化的、灵活的、有效的和可信的。

三、以人为本，尊重选择

认定过程应尊重并反映个体的需要，是否参加认定凭个人自愿。建立服务学习者的运行体系，服务、支持和引导学习者是先前学习认定体系建设的基本方向。先前学习认定不是每个人都必须义务参加的，自始至终都需要学习者全程参与、自觉参与，只有以人为本，才能确保认定过程中的证据、评价和结果的真实性和高质量。

学习者有权知道认定过程的细节，包括认定目的、标准和步骤，以及影响认定决策的因素，因为认定的过程和决定对其今后的生活、学习及发展有很大的影响。先前学习认定始终坚持以学习者为中心，以促进学习者提升能力、转换社会地位、扩宽学习通道为根本目标，需要在各个环节调动学习者的内驱力。在选择学习目标、协商评估标准、确定启动时间、搜集成果证据、选择评估方案、制订后期学习计划等关键环节都需要学习者的积极参与和主动配合，特别是对学习成果的反思的过程中，更需要学习者发挥主体意识。认定不能建立在不平衡的师生关系的基础上，而必须让学习者积极参与识别和评估过程的不同阶段。由于非正规和非正式学习结果的缄默性，让考生参与一个结合对话、自我评估、系统反思和档案袋的主动过程来捕获问题中的经验是必要的，也是可能的。

显然，先前学习认定还必须考虑到伦理问题。在某些情况下，认定可能与保护隐私相冲突。因为在有些时候，认定会涉及工作岗位的活动，或者涉及个人生活领域，有可能会给学习者造成伤害。因此，非常有必要重视认定的界限范围和个人控制过程与使用认定结果的权利。

四、开放多元,个性灵活

先前学习认定是终身学习的基础性制度,是建立开放性、可获得性、全纳性、整合性、关联性的后义务教育和培训体系的关键。由于所面对的学习群体、学习目标、学习类型和学习结果类型众多、层次多样,而且每一个学习者都是不一样的个体,因此没有一种先前学习认定模式适合所有的资格和情境。

在这种情况下,教育和培训制度要考虑学习形式的多样性,考虑到人们的不同需求和经验,提高正规教育培训系统的灵活性与开放性,以对接不同类型的先前学习认定模式。对于学习结果的评估应该基于对学习过程的理解,作为学习的一个组成部分,而不是与学习割裂开来,应允许不同学习过程产生的学习成果的多样性。不管学习成果来自哪里,只要达到了资格的要求即可认定。不同部门开展的先前学习认定在与资格的结果、目的和具体目标保持一致的前提下,可以采取不同的模式,对不同的被评估者采取不同的评估方法。如果实际需要,评估双方应有所协商。

同时,针对学习者的多样性和认定需求的个性化,积极提供先前学习认定的信息和支持服务非常必要。不仅要为学习者提供便利、及时可获取的信息,包括评估程序、标准、方法、时间、结果反馈以及申诉机制,还要在各个环节为他们提供必要的指导帮助,特别是在反思学习成果及其证据搜集的时候,更要如此,因为这是最能体现学习者个性需求的阶段。

五、保证质量,公开透明

先前学习认定的质量是学习成果能否得到正式承认、获得资格证明并在社会流通的基本条件。先前学习认定的质量在很大程度上表现在先前学习认定系统的可信度和合法性、评估人员的专业性、认定指导和信息咨询的可靠性,以及评价与认定非正规和非正式学习成果的标准和过程适切度、可信度和透明度。

大多数时候,先前学习发生在正规教育中,但大多是隐蔽的,没有被注意到。正规教育中的先前学习认定与其说是以拒绝或无视为特征,不如说是以选择性和工具性为特征。[1] 选择取决于认定是否有效、可靠,认定的学习成果是否与预期的成果标准一致,或者认定是否有助于正规教育机构的绩效指标,被认定的非正规和非正式学习是否与既定的课程相一致。唯有如此,先前学习认定才能被接纳为正规教育中的基本制度。也就是说,候选知识和技能必须根据预设的标准进行识别

---

① SOUTO-OTERO.Validation of non-formal and informal learning in formal education:covert and overt[J].European Journal of Education,2021,56(3):365-379.

和测量。即使评估方法和工具不同,标准也能确保结果的一致性。简言之,先前学习认定能否实施和被接受取决于认定的质量。

因此,建立质量保证机制非常重要。例如,将先前学习认定纳入制度层面、建立认定评估中心、明确认定程序的指导方针和说明,持续改进对其利益相关者的认定服务,开发有关先前学习认定的信息,定期监测、审查、评估和修订评估方案,鼓励使用先前学习认定,等等。

六、多方合作,共同治理

先前学习认定是一个教育、经济、社会、人才各个领域共同行动的综合性制度,需要加强各利益相关方的合作关系,在先前学习认定制度设计、实施和成果评价过程中,强调各方面要共同承担责任。例如,认定标准的制定涉及具体行业、教育部门、企业、证书颁发机构等多方利益,制定过程实际上是各方利益博弈的过程,而不单单是标准研制部门的技术行为,也不仅仅是教育部门的人才培养方案。标准的制定必须在各方协调一致的基础上进行,否则将得不到各方的认可,从而使认定制度形同虚设。

从认定的目的看,可转移性是一个必需的目标,认定必须促进学习成果从一个环境转移到另一个环境,以学分或资格的形式被不同的部门承认或互认。如果认定的方法过于局限,可能无法实现这一目标。虽然地方性的解决方案对于形成性的目的可能是有价值的,例如确定在一个企业中获得的能力,但其更广泛的相关性将受到限制。如果认定工作要应对日益增长的变化和流动性带来的挑战,必须注意可转移性,并以利益相关者的广泛参与和承诺为基础,并保证认定的结果是可信的。

第二节　先前学习成果认定的标准

人类的知识有两种:能够被人类以一定符码系统(最典型的是语言,也包括数学公式、各类图表等符号形式)加以完整表述的知识是显性知识;而那种我们知道却难以描述的知识,如我们在做某事的行为中所拥有的知识称为隐性知识。标准是衡量事物的准则,是经协商一致制定并由公认机构批准,共同适用和重复使用的一种规范性文件。在先前学习认定中,标准存在的意义是将缄默知识转变为显性知识,使先前学习成果由不可见转变为可见。

一、认定标准的开发与管理机构

先前学习认定标准的开发、管理、选用等在不同的国家会有不同的制度。最常见的是由教育部门与国家资格管理部门、劳动部门和社会事务部门以及相关授权机构合作制定资历框架,在资历框架下,由行业组织与职业组织、雇主组织、专业协会、高等教育机构和法律实体组织代表进行合作,制定"能力单元"或"学习单元"形式的具体资格标准,通过国家权威机构审定的资格标准在国家资格登记册中公布,如南非、澳大利亚等国家的先前学习认定制度。

也有国家建立一个庞大的标准体系,其中既有国家资格标准,也有认定提供者制定的先前学习认定标准,还有行业标准、职业教育标准和高等教育标准。例如,荷兰在 2006 年规定将国家承认的资格标准作为认定的标准,2012 年扩大了标准的范围:一是所有职业教育和高等教育的标准都可以为认定提供者所用;二是将行业标准和资格标准纳入使用范围;三是非正规标准在得到认定管理机构批准后也可使用。值得注意的是,认定提供者使用的标准得到外部组织的认定后,也可以得到官方授权使用。登记在册的资格都可以作为个人先前学习的认定标准。

各认定机构在实践中可以根据认定的目标选用不同的标准,如入学或课程豁免为目标的认定,通常要依据目标高校的课程标准;以职业资格为目标的认定依据国家资格认定标准;以职业发展或专业发展为目标需要明确技能差距或能力差距的认定,通常以行业标准或企业标准为依据。当然,其中大多数的标准是获得国家权威机构授权的,认定结果的流通性、社会认可度会很高,适用范围更广泛;而没有得到国家授权的部分行业标准、企业标准或认定提供者的认定标准代表性较低,通常在行业、企业内部使用,常用于内部员工培训、转岗、升职等人力资源开发与管理。

二、认定标准的类型

先前学习认定遵循教育逻辑和就业逻辑,需要一个社会认可的标准。资格的获得一般基于两大类标准:教育标准和职业标准。这两类标准遵循不同的逻辑方向,反映了不同的学习动机和目标。

1. 教育标准

教育标准遵循教育逻辑,关注人们需要学习什么、如何学习,以及如何评估学习的质量和内容,目的是获得教育资格。

教育标准通常被写成教学规范和资格规范,以"课程标准"的形式对学习者提出要达到的学习目标及其规则要求。例如,要成为一名社区护士,针对未来工作任务和需要的职业能力,需要在高职院校的护理专业学习多少门课程、学习多长时间、积累多少学分,以及使用哪些教科书或学习手册。目前,越来越多国家或教育机构开展基于能力(成果)的课程改革,写成能力的职业标准正在促使教育标准的编写方式发生变化。特别是很多国家探索综合的国家资历框架,以学习成果为基本单位,将普通教育资格(学历、文凭等)与职业资格纳入同一个框架中。事实上,欧美很多国家根据职业标准来制定教育标准,继而制定课程、考核标准和学习计划。

正规教育系统中的认定与先前学习认定之间并非如人们想象的那样是截然分开的,两者其实是可以基于同样标准、并存和并行的。在我国当前的高职教育、普通高等教育和继续教育领域,可以在课程标准和职业标准中选用。普通高等教育的先前学习认定主要是作为进入学习项目的一种途径,所有关于教学过程质量保证的规定都适用于认定,会优先选择课程标准。在先前学习认定的识别阶段,高校会将学习者申请认定的学习成果"映射"到相应课程标准所预设的学习成果,据此选择认定的标准、方式、程序和评估人员。而高职教育或继续教育通常要根据学习者的认定目标选择课程标准或职业技能标准,授予课程学分、入学资格或职业资格(或部分资格)。它们可能以不同的方式写成,但在所有情况下,它们都包括应遵守的行为、实施这种行为的条件以及实施行为必须符合的标准或准则。

对于认定标准的选择,还要根据认定结果的适用范围确定。如果仅限于学校层面的行为,认定所依据的标准应该是学校的人才培养方案和教学规范中规定的课程标准。如果需要在高校之间、校企之间、国家之间以学分、资格等形式流通互认,认定的标准则需要在国家政策规定下选择兼容性较强的资历框架以及基于框架的认定标准体系。如美国、加拿大的高校通常依据学校或学院的教学标准,或者依据类似的教育项目的认定标准。欧盟国家和我国香港地区等依据资历框架及其认定标准体系来开展先前学习认定。

2. 职业标准

职业标准遵循就业逻辑,是在职业分类的基础上,根据职业活动内容,对从业人员的理论知识和技能要求提出的综合性水平规定,目的是获得职业资格。它是开展职业教育和人才技能鉴定评价的基本依据。这些标准关注的重点是人们需要做什么、如何做,以及做得如何。因此,职业标准必须被写成"能力",并以结果的方式制定。所有欧洲国家都有职业标准,但每个国家都有自己的标准表述风格。职业标准在劳动力市场和教育之间形成了一座桥梁,因为教育标准(课程标准和教学法)可以根据它们来制定。①

如果要成为资格认定系统(和框架)的组成部分,就需要按照与正式系统相同的标准来运作。大多数非正规和非正式学习的认定方法都与那些专门为教育和培训系统设计的标准有关。关键的问题是,这些标准是通过规定学习结果来界定的,

---

① CEDEFOP. Validation of non-formal and informal learning in Europe: a snapshot 2007 [R]. Luxembourg: Office for Official Publications of the European Communities, 2008.

反映了能力导向。基于能力的方法事实上与职业标准的联系通常会更强,在很大程度上被用于职业教育和培训,因为普通教育和高等教育的现有课程标准并不总是很适合认定非正规和非正式获得的学习成果。因此,我国的高职院校、技师院校、培训机构、认定机构通过先前学习认定途径获得职业资格可能会优先选择国家权威的职业标准。

我国人社部门组织高校、行业、企业等专业人员以《中华人民共和国职业分类大典》为依据开发了各类《国家职业技能标准》。《国家职业技能标准》以"职业活动为导向、职业技能为核心"为指导思想,对一些职业的从业人员的职业活动内容进行细致描述,对各等级从业者的技能水平和理论知识水平进行了明确规定,职业从低到高为 5 级至 1 级,包括职业概况、基本要求、工作要求和权重表等四个方面的内容。这些标准将会是我国评估先前学习成果的重要依据。

3. 岗位标准

岗位标准遵循工作逻辑,是在分析工作过程的基础上,根据实践活动内容,对从业人员工作岗位所需的知识、技能、职责等提出的综合性水平规定,目的是为个人规划职业发展。它是社会培训评价组织和用人单位(主要是企业)开展先前学习认定的基本依据。在目前已经建立先前学习认定制度的国家中,大多数国家的企业都在积极组织内部员工开展先前学习认定。例如,澳大利亚几乎所有的企业都组织先前学习认定,加拿大的一些企业还组织联盟共同开展先前学习认定。

企业或用人单位将先前学习认定作为人力资源开发的重要组成部分,企业内部培训和人员岗位技能标准或行业标准成为认定的主要依据,其关注的重点是企业需要员工掌握哪些知识和技能、员工如何做,以及员工做得如何,明确如何使员工的能力与组织目标相匹配。这些标准和国家职业资格标准也有必然的联系,因为企业和员工都希望在培训后能够获得权威机构颁发的职业资格证书或职业技能等级证书。因此,企业开展的认定同样可用于高职院校的学徒制和顶岗实习过程中所获得的非正规和非正式学习。

值得注意的是,先前学习认定依据基于学习成果的标准,对传统基于教学投入的评估标准而言,能够为学习成果认定提供更好纵横对比的参照。因此,将学习成果认定标准作为整个资格制度中的一个重要、内在的组成部分,认定活动与国家资历框架标准体系联系起来十分重要。这样,各机构依照这一共同的参考点,定义和解释各自的认定标准,向更广泛的学习过程和背景开放资格,这也成为越来越多的国家改革的趋向。欧盟国家基本建立了综合性的国家资历框架,多采用综合认定的方式,职业资格和教育资格能够联通互认,很多国家的评价标准直接采用国家资历框架的中的资格标准,这是建立学习成果认定、积累与转换制度标准体系的基础。

三、认定标准体系的基本结构

如图 5-1 所示,认定标准体系主要包括基础标准和工作标准。基础标准主要是先前学习成果评估依据的资格标准、认定单元标准、学分标准,是学习成果在知识、技能和能力等方面应达到的水平;工作标准主要是认定过程所要遵循的认定规则和认定程序,包括认定机构、从业人员、认定程序、评估方式等方面的规范性要求。

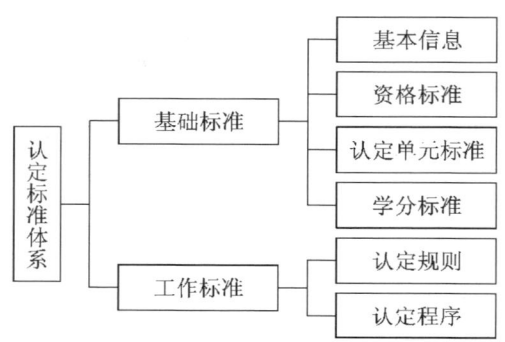

图 5-1　认定标准体系结构

在先前学习认定中,认定机构所选用的资格标准主要包括教育标准、职业标准和岗位标准。资格标准的内容通常包括资格的名称、等级、类别、所属领域、颁证机构、学分、学时、资格认定起止日期、认定标识、评价方式、组合规则等。资格是有明确目的和计划的认定单元的组合,不同的单元按照教育、职业或岗位的具体要求构成资格。在我国,资格包括学历文凭、职业(执业)资格证书和其他证书。按照国际上通行的做法,这些证书都可以通过先前学习认定的方式获得,但往往只能获得部分资格(学分),可以通过补充课程"搭桥"的方式完成整个资格。而且,各种资格可以通过国家资历框架实现各种教育形式之间、机构之间等值互认。

在资格标准的框架下,按照预期所需达到学习成果的层级和类别又可细分为若干个"认定单元"(或"学习单元""能力单元""培训包")。认定单元标准是标准体系建设的重点和核心,是具有明确目标和评价要求的一组连贯标准的组合。每一个认定单元都有通俗易懂的术语描述其对知识、技能和能力的基本要求。一个资格通常由若干个认定单元组成,一个认定单元既可以用于一个资格,也可以共同用于若干个资格。例如,英国高等教育系统先前学习认定的核心目标在于"为成功的未来而开发技能",其突出特点是形成了基于资格与学分框架(QCF)的"学习单元—资格"二级标准体系。该标准体系主要以单元作为基本单位,单元可以被独立评估并进行学分赋值,不同等级、不同领域的单元可以通过规则组合形成各种资格。同时,以单元为最小的学习模块,这样方便学习者进行学习、组合。资格与单元标准的审查、维护与发布由统一的规范管理部门负责。

认定单元的引入可以把先前学习成果与相应的课程和资格对接起来,成为不同类别教育机构的课程和资格之间互认互换的基础。通过认定单元将各类学习成果转化成相应的资历和学分,保证学习成果认定的有效性、公平性和透明度。同时,认定单元的可选择性以及组合的灵活性决定了资格的多样性,确保了不同类型资格间的互认互通。认定单元标准一般包括单元名称、单元编码、应用范围、等级、学分、单元描述、考核标准、开发机构和开发日期等。

学分标准是学习成果认定、积累与转换的基础,统一的学分标准为学分的互认、转换和积累提供了尺度。认定机构通过向认定单元赋予学分来认定和记录学习成果。认定单元明确规定学习时长和对应的学分分值,是一个资格中可以获得相应学分的最小单位。学分是用于衡量学习者学习成果水平、学习量和价值的计量单位,可以携带和累积。学校的学分计算通常与学时联系在一起,各学校 1 个学分相当于 10～18 个学时不等。在先前学习认定中,1 个学分对应的名义学时数往往会比正规学习所要求的学时更多一些,通常还要包括课程学习以外的但与课程相关的实习、实训、实验、社会实践等花费的时间。

工作标准是对认定的适用范围、认定条件、认定方法、评估人员、管理机构、质量保证、运行模式等认定规则以及认定程序的表述和说明,对先前学习认定的实施和运作有着重要的保障作用。

四、认定标准的特点

先前学习认定一般适用于呈缄默状态的强调操作性、实践性的能力或技能,认定的标准往往是能力标准。能力标准是明确了的技术文本,也就是波兰尼所说的"显性知识",能力标准是隐性知识所对应的显性知识。

1. 具有与正规教育相当的学习内容和水平

这样能够确保认定标准得到各利益主体的认可,使其理解并接受在先前学习认定基础上颁发的资格证书符合与正规系统学习相同的严格的质量标准,不会因为资格向非正规和非正式学习开放而降低。经先前学习认定的学习成果,如果与学校对应课程的学习成果相匹配,则先前学习成果才能被赋予学分或授予资格,否则先前学习成果将不为正规学校所认可,也不会得到入学许可或课程豁免。

2. 平衡学科理论与实务操作的要求

根据认定的目的,认定标准在配置权重时衡量理论与实务操作之间的比例。对于技能和能力的评估主要以实际操作为主,对比较偏重理论的学科则以考核理论知识为主。

3.符合学术规范的要求

认定标准不但在时间、内容、质量、名称上要符合学术规范的要求,而且在情境设置上也应做出相应的要求。因为先前学习认定在大多数时候是学习者进入教育机构的"前置学习",是确定学分的完整性以及学分与课程的匹配程度的学术过程。

4.在一定范围内具有广泛性与多元性

学习成果获取的渠道是多元化的,包括经验学习、自我学习、课堂学习、远程学习、数字化学习等。如果一个标准过于局部,可能会对学习成果的可转移性产生负面影响;如果一个标准过于笼统和不灵活,可能会使认定无法捕捉到个人学习经验的本质。

5.各级指标有显著的区分度

认定标准既面向课程标准,又面向职业标准,层级之间具有明显的区分度,层级描述要清晰,并对不同层级的学习结果进行描述,具体到学习结果所覆盖的知识点及其认知水平、可胜任学习任务。

第三节　先前学习成果认定的模式与程序

先前学习认定根据学习者达到目标的方式可选用总结模式、发展模式和组合模式(以组合模式最为常见),并通过承认、识别、评估、授证、发展等程序实现对学习成果的正式化过程。

一、认定的模式

根据认定的目标和成果评估方式,先前学习认定的模式分为以下三种。

1.总结模式

总结模式为学习者提供了一个直接和正式的程序,将个人的先前学习认定为学分、资格、入学许可或课程豁免,并最终获得学历证书或职业证书,因此也被称为证书模式或教育模式。实质上,先前学习认定在与资格相关的背景下使用各种标准,实现目标群体获得(高等)资格的最高效"替代"途径。

当代社会的发展强调,非正规和非正式学习经历可以为学习者提供与他们未来的教育计划相匹配的能力、知识和技能。从这个意义上说,先前学习认定有望扩大学习者的受教育机会,并增强学习者的学习动机。总结性评估明确以学习成果的正式化和认定为目标,关注学习者通过认定获得实际上能力的提高,并获得资格证书,可作为免除学习者计划参加的部分教育课程的证据。如果学习者能够证明具备必要的知识、能力或技能,则可以被授予学分。总结模式是一种基于能力的方法,它被认为是终身学习的实用方法,等同于人力资本方式,优先考虑有利于经济的知识、技能和价值观。学习者被视为消费者或客户,必须通过模块化和学分框架来帮助他们获得高等教育。

同时,总结模式是一种将先前学习价值与未来学习目标相关联的方法。依据总结性标准(如职业教育与培训证书)来衡量一个人所处的位置,当一个人选择一个特定的资格证书时,这种方法促使对先前学习成果价值的正式承认,这是通过颁发对教育或就业市场具有民事效力的证书来完成的。证书的本意是赋予在正规教育之外获得的能力与通过正规教育获得的能力同等的民事效力。在教育方面,该证书促成某些课程的入学或课程豁免;在就业市场,证书可以帮助学习者获得专业职位或促进内部晋升的可能性。在我国高职教育中,先前学习认定类似的常用做法是学分替代,授予竞赛奖励、荣誉证书、技术成果、专利发明、科研成果等以若干的学分,替代相应专业的部分课程学分,不同的学校或专业所替代的课程类型或学分数可能会不同。

2. 发展模式

发展模式采用形成性评估的方式,在特定的工作背景下统一使用资格标准,特别是显示先前学习成果所具有的高等教育水平和在高等教育中更新或升级的可能性。发展模式目的是在确定学习成果等效性的基础上,使学习者能够扩大和深化其学习。也就是说,认定使学习者所处的位置透明化,产出一份关于学习成果的专业认定报告,并提供进一步学习或职业发展的建议。对于职业教育与培训来说,它提供一种非正式的程序,用于认定与专业、工作以及进一步学习中的特定目标相关的学习经验,旨在促进个性发展和职业发展。形成性评估的方法不以学习结果的正式认定为目标,而是为学习过程或学习生涯提供反馈,指出优势和劣势,为个人和组织的改进提供依据,被用于指导、咨询、企业人力资源管理等众多场合。

先前学习认定系统提供了“机会之窗”,其重点是根据学习者的需求开放学习机会。由于学习与社会成功的联系越来越紧密,这就意味着要通过认定作为当前背景下不断变化的学习范式的主要特征,注重赋权和个性化控制。这一模式的核心是社会背景下的个人选择和决策,以及以能力为基础、以结果为导向的终身学习。从这个角度看,认定是一种以过程为导向的工具,用于确认和评价人们迄今为止在工作和生活中所学到的东西,其目的是将这些学习经验与进一步的发展联系起来,或者说是与每个人在特定环境中的终身学习战略联系起来。

可见,认定的关键点在于学习成果被正式化后的个性学习和职业发展。从这个意义上说,发展模式坚定地建立在经验学习理论和实践的基础上,强调社会正义、包容性和民主化。总结性认定可以看作是发展性认定的一部分,发展性认定比总结性认定更进一步。发展性认定以档案袋为指南,强调评估人员与学习者之间的深入交流互动,引导学习者积极参与评估他们之前的学习,强调以反思为核心的学习过程,通过批判性的反思,学习者需要评估通过经验获得的先前学习,并决定进一步学习或以档案袋为起点制定职业生涯步骤。对学习者而言,目的是在学习证据的基础上进一步发展自己的能力,关注的是评估、认定过程带来的好处,着眼于未来的发展。

3. 组合模式

在先前学习认定的实践中,认定机构通常采取将总结模式和发展模式相结合的方式。总结模式中有发展模式,认定的过程就是在准备发展,有学习计划,有未来规划。发展模式中有总结模式,对先前不清楚、不明白、难以言说的缄默知识和技能通过认定使之显性化,作为后来发展的基础条件。因此,虽然认定程序的形成性功能是为了学习过程而认可先前的学习评价,但认定的总结性功能是为了学习结果而认可先前的学习评价。例如,英国国家职业资格认定体系可以被看作是一种"自上而下"的总结性认定,它正在新修订的制度中纳入更多的形成性特征。欧洲指导方针明确倾向于一体化系统,在适当的情况下,认定的形成性方法可以与总结性的、以认定为导向的方法并行,荷兰、挪威、法国和瑞士等国家被认为是此类系统的典型。

从认定结果所带来的非正规和非正式学习的可见性来看,这两种情况下的目的都是宣传这些成果的性质和水平,并确保它们得到承认。它们的收益也取决于同样的机制,如学习的倾向和动机、成果的可见性,以及由此产生的知识、技能和能力。

更重要的是,在认定过程中发生的反思性自我评价,在总结性认定的成果基础上,学习者才能选择采取行动:与哪种标准挂钩、与哪个利益相关者联系、实现哪个学习目标,等等。也就是说,组合模式的认定不是确定其"没有什么",而是明确其"有什么",而且是在自我评价、自我反思的基础上确定其将要发展什么。高水平的反思可以定义为学习者塑造自己的规范、愿望和目标。它旨在使个人能够管理自己的职业生涯,表达自己的发展需求,并建立自己的能力。职业教育与培训应该对此做出回应,变得更加灵活和实现需求驱动。诸如资格制度和职业教育等正式制度在个人发展方面将不再具有规定性的功能,而是更多地作为个人选择的参考框架和"菜单"。

在认定中必须平衡形成性和总结性功能,虽然总结性"识别"功能很重要,但所有的经验表明,形成性"促进学习"方面同样需要认真考虑。一方面,认定的形成性方面可以作为一个独立的部分来对待;识别学习经验本身就很重要,反映了学习结果需要展现对个人和其他利益相关者的可见性。另一方面,认定的总结性和形成性方面是相互联系的,进入一个正式的认定过程经常伴随着强烈的动机和继续学习的愿望。认定的发展需要考虑这两种功能,并阐明如何将它们分开和结合。

二、认定的程序

先前学习认定是根据明确界定的、有质量保证的教育和培训标准建立的制度,使先前学习成果(包括知识、技能和能力)都能得到体现和重视。它是正规学习和非正规学习、非正式学习相结合的基础,也是把来自工作、家庭和休闲活动所获得的知识转移到主流教育系统的基础。这种制度应与正式的资格证书具有同等效力。因此,评估和认定非正规和非正式学习的程序必须是公平、可靠和透明的,学习者是认定过程的核心,要对各个环节的关键因素做出积极选择,如表 5-1 所示。根据认定的目标和标准,先前学习认定的阶段与步骤如表 5-2 所示,其流程如图 5-2 所示。

表 5-1　学习者在认定各个环节的选择

认定环节	要做出的选择	关注点
启动前	开始考虑先前学习的过程	开始这个过程的动机:①个人原因可以基于提高自尊心,也可以基于经济原因,例如找到新工作或正式学习计划的选定;②雇主通过改变工作实践和提供需要能力证明的新机会来启动这种关于认定的思考
开始	列举确定所学的知识和技能	找到正式资格或工作所需的标准作为识别的起点
准备文件前	找到创建文档的流程要求	获得准确、及时和可访问的信息、建议和指导,用以决定进行文件编制过程和进行补充学习
档案	确定最好的证据收集和映射的方法,特别是对于证据的要求	认定工作的重要组成部分,需要与专家顾问讨论此过程中出现的问题。专家的建议决定了证据的充分性,并使额外学习的需求变得清晰
提交认定	证据与标准匹配度和准备面试问题的方法	需要就证据的充分性以及如何最好地口头支持证据获得建议
评估	促进积极的结果的方法	结果是学分、部分资格或完全资格
认定	是否寻求认定	需要就认定的附加值提供建议
进一步发展	决定采取下一步行动	学习和资格可能会导致对更多学习和更多资格的渴望

表 5-2　先前学习认定的阶段与步骤

认定阶段	步骤与需求	个人与组织行动	基础支持
承认	1.意识:投资人力资本或投资自己需要的能力(或学习) 2.确定学习目标:与个人或组织相关的学习目标	制定组织任务清单;推广宣传与试点;确立学习目标、分析个人与组织的优势和劣势	认定的信息材料、工作场所调查、就业能力概要、方法建议;优势与劣势分析模型;课程与能力映射
识别	3.反思学习:描述和记录获得的能力	引入参考文件或预定标准;反思先前工作和学习经历,总结提炼学习成果	档案袋咨询培训,确定档案袋模板
	4.编制档案袋:确定组织和个人概况以及个人或组织内部对能力的需求	档案袋咨询;整理学习证据;完成档案袋	设置工作或能力格式;档案袋格式
评估	5.自我评估:全面了解自己的学习	建立标准;学习成果的检查、观察和模拟;职业前景概述	职业建议咨询工具
	6.机构评估:证据的质量	评估员档案袋评估或其他形式的评估	评估员评估培训,包括起草有关认定和职业前景的建议
授证	7.授证:授证的方式	利用认定机会兑现学分、资格,呈现能力差距	认定机构咨询
发展	8.展望:如何将个人发展计划付诸行动	在定制个人发展计划中提出职业机会建议	定制工作的后续建议
	9.定制:个人发展计划	个人发展计划付诸行动	交付定制工作
	10.试点评估:如何将认定系统地纳入政策或个人学习	评估先前学习认定试点,将认定嵌入人力资源管理和教育计划	内部和外部评估员认定,认定质量控制体系

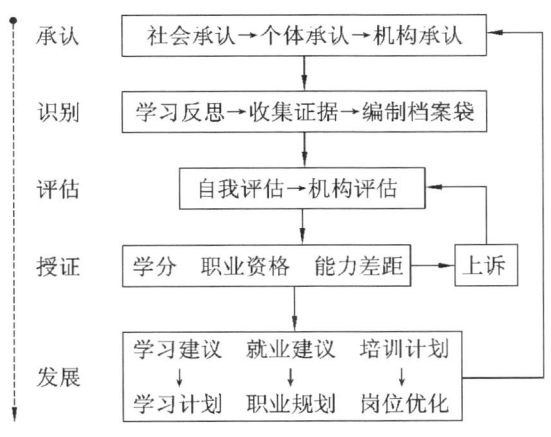

图 5-2　先前学习认定的流程

1. 承认

（1）社会承认：社会承认的制度规则。引导社会对先前学习价值的关注是先前学习认定能够实施的关键步骤。一直以来，人们对非正规和非正式学习的价值有很深的认识，也理解认定对国家、社会和个人发展的意义，但包括发达国家在内的几乎所有国家，看重正规教育的文凭学历，轻视非正规和非正式学习成果的现象仍然比较普遍。没有社会的承认，先前学习认定就不能够充分融入教育和劳动力市场，也不会对学习者产生吸引力，认定就失去存在的意义。因此，很多国家通过法律、政策等保障先前学习认定实施的同时，还成立专门的权力机构，协调沟通各方的力量，达成一致的愿景，引导对认定价值的承诺和意识。此外，政府还发动相关利益主体宣传推广，广泛深入地向社会公众传递先前学习的实质内涵和社会价值。对于作为认定机构的高校而言，宣传先前学习认定计划通常需要一种针对学生和潜在学生的双边方法，重要的是要平衡对先前学习的学分承诺与对教育计划有效性的责任。向外部受众进行营销既需要承认成人经验学习的价值，也需要保证高质量的教育计划。

（2）个体承认：个人意识的苏醒。先前学习认定的一个重要原则是尊重学习者的意愿和选择。但很多时候，学习者自己可能没有意识到一种学习正在发生，这可能使他们很难谈论他们的先前学习，更无从知道自己对先前学习认定的意愿。这意味着必须设计出能够很好地识别和解读先前学习的工具，因为非正式学习往往是由它不是什么而不是它是什么来定义的，以此来引导学习者认识"我在哪里以及如何学习""自我投资的必要性是什么""哪些学习目标是相关的""我如何认识和对待终身学习"，并进一步帮助学习者列出个人学习的愿望清单，制定学习目标，开展自我评估、个人 SWOT 分析，等等。只有学习者开始意识到先前学习认定的价值，及其对投资自我的意义,才能积极参与认定活动。

(3)机构承认:先前学习成果的接纳与互认。认定的目的不仅是要使非正规和非正式学习成果得到正式证明,还在于使这些成果能够在不同类型、不同层次的教育机构和行业间互认流动。因此,大学、职业教育与培训机构、专门认定机构、资格管理机构、企业等对先前学习的认可至关重要。一方面,包括高职院校在内的认定标准的制定者、认定程序的组织者和认定结果的使用者,需要采用一个广泛的能够容纳所有类型学习的课程概念,制定一套课程与能力系统映射的程序,建立课程与学习单元体系、评分系统,以及学分积累和转换体系,确保先前学习成果的识别、记录、评估和认定。另一方面,技能的真正认可发生在劳动力市场上,认定后签发正式的文件或证书最终必须得到能够使用、重视并愿意为其付费的人,即雇主的认可。同时,企业等用人单位还要对认定带来的人力资源投资产生认同并积极参与其中。

2. 识别

识别是对非正规和非正式学习成果的识别,目的是评估这些成果。通过反思学习和建立档案袋将支离破碎的知识体系和技能结构整理补充完整,形成一个有机联系的整体。认定开始于所获得知识、技能和能力的识别,它使个人逐步意识到自己以前的成就并进行自我定位。每个学习者在不同的学习环境下所获得的学习成果千差万别,对很多人来说,发现并逐步意识到自己的能力是一个有价值的结果,可通过建立档案袋分析总结学习成果及其支持证据。

(1)反思学习。由于先前学习的缄默性,学习者并不是总能意识到他们的知识和能力的程度,也可能缺乏合适的语言来表达,这就需要他们将自己的知识和技能转化为教育话语。同时,学习者对先前学习,尤其是非正式学习的感知是主观的,这使得他们很难评估过去的工作经验是否真的有助于他们的学习,也很难对先前的学习经历给出充分的描述。因此,学习者需要在导师的帮助下通过自我反思"理清头绪",分析以往经验学习中一连串事件及其相互作用,努力使先前学习成果变得更强大、更清晰、更有表现力。在不断反思中努力"重塑自己",为未来个性学习和职业规划提供基础信息。

(2)证据收集。认定是在证据基础上的成果证明,证据是认定能否成功的必要条件。学习者收集关于先前经验的证据,以支持他们想要达到的资格的学分要求。学习者在咨询人员或导师的支持下收集适当的证据编制档案袋,编制档案袋的过程实际上是证据收集与论证的过程,将收集的材料"翻译"为适当的证据。档案袋中可以根据指定的模板或清单建立一个包含个人简历、职业经历、能力证明等能证明自己学习成就的各种工作样件。在收集证据的过程中,反思并没有中断,证据可以证明成果,也可以推翻成果,成果与证据之间的联结在反思中不断调整直至完全匹配。

3. 评估

(1) 自我评估。学习者似乎很容易从正规的先前学习中提供证据,但他们从非正式和非正规学习环境中获得的经验则很难明确描述。因此,需要以认定标准为媒介将这些隐匿的学习成果明确呈现并与相关资格或课程预设成果对应。在正式评估之前,学习者根据认定机构的评估标准,再次对反思过程中提炼的学习成果及其证据进行检查、观察和模拟,以初步判断与特定领域的资格、课程或培训计划的相关性。自我评估可以更好地了解自己的学习及其与教育项目的学习目标的关系,从而提高自我认识和认定成功的可能性。

(2) 机构评估。机构评估是整个认定程序中最重要的一环,评估就是评证据。在证据评估阶段,评估人员使用评估标准对候选证据的质量进行审查。评价环节对非正规、非正式学习认定的整体可信度来说十分重要,判定证据充足性、真实性、时效性和专业性,证据应一一对应所申请认定的技能和能力。在这个阶段,水平的概念会发挥重要作用,标准是此阶段的核心,旨在验证所制作的档案袋或任何其他形式的证据对于特定标准的价值。评估的重点是学习者的能力水平,展示实际操作能力,完整的评估程序将从理论和实际两个方面检测申请者的职业能力。

评估人员会根据入学许可、课程豁免、学分替代、岗位培训等不同的认定目标选择评估不同的侧重点和评估方法。评估人员在认定中使用的方法涉及质量标准的适用性、透明度、可接受性、可比性、认知复杂性、决策的可重复性等。他们通常会采用测验、面试、陈述、观察、展示、档案袋法等多种方法和工具,评估方法可以单独使用,更多时候可能多种方法并用,目的是全方位展示个人的先前学习成果的质量和水平。

此外,机构评估还有一个重要的目的,即在现有成果的基础上,发现学习者未来职业发展的潜力和可能性,并提供必要的职业咨询和职业机会建议。

4. 授证

这一阶段是和证书联系在一起的评估结果发布,授证过程通常是由有社会公信力的部门或组织授予一份官方正式证书,表明学习成果的真实性和有效性,代表最终的价值认定。通过认定而获得一个证书或资格的价值,很大程度上取决于授予机构的合法性与权威性如何,这些证书将反映出所获得的资格或水平。如果标准是根据工作环境制定的,那么这些证书将使学习者在劳动力市场上获得(部分)资格或就业岗位。

在很多国家,如果通过认定获得的特定资格或水平是为了进行正规学习,如进入普通高校或高职院校,学习者通过先前学习认定获得的学分可能将受到限制。例如,澳大利亚自然医学学院规定,学习者通过先前学习认定获得某一学位资格的学分不能超过 75%，通过先前学习认定获得职业教育和培训资格的学分不能超过66%。① 理由是学生必须在学校有充分的时间进行正规学习来确保学生的专业标准和文凭学历的学术性。为此，学校规定学习者获得完整资格或学历文凭要求的总学分中的一定比例必须在学校完成，或者设置"桥接课程"补充先前学习认定以外的学分。如果先前学习认定发生在公司和企业领域，既可能是签署一张执照，允许个体从事特定的工作岗位；也可能是企业人力资源部门收到员工现有能力水平与企业技能需求之间的"能力差距"，为人力资本投入提供资讯参考。

5. 发展

评估的结果不是简单地发证与否定，评估过程中不仅要判断学习成果是否与标准相一致，还要结合学习者的学习或职业发展目标，提出职业发展和个性学习建议，对定制个人发展计划给予支持。因此，需要评估员与学习者充分沟通，提供认定反馈报告。通知学习者评估的结果及其理由，必要的时候还要就评估中发现的优势和问题做深入分析。这一步的意义，就是帮助学习者对自己的学习有进一步的认识，如已有的能力、存在的不足，以及还需要在哪些方面补齐不足、在哪些方面可以进一步发展，等等。特别是要对学习者的进一步发展提出建议，帮助个人规划发展。发展阶段的另一方面是认定制度的完善，也就是如何通过试点工作，探索出更多的成功经验，将先前学习认定的制度嵌入高校教学计划和企业人力资源管理等制度体系。

第四节　先前学习成果认定的主体与适用群体

先前学习认定的主体可以是专门的认定机构，也可以是高校，还可以是企业，各个国家或地区可能不同。适用群体大多是需要获得正规教育和职业资格的人群，国家将其作为"权利"或"福利"赋予社会公民，是促进终身学习重要的政策工具。

一、认定的主体

先前学习认定的主体在不同的国家和地区有所不同，主要分为三类。

第一类是独立于教育机构之外专门成立的认定机构。独立于高校存在的先前学习认定机构专门从事先前学习成果的评价与认定，这些机构一般都依据公认的评价标准开展先前学习认定，学习者在这些机构所获得的学分，在其他高等教育机构同样有效。比如，美国成人和经验学习委员会与教育机构、雇主、劳工组织和其

① 朱敏.澳大利亚先前学习认定的政策框架与实践成效[J].教育学术月刊,2015(2):11-17.

他利益相关者合作推动先前学习认定在美国的发展,其主要职责是制定学习成果认定的相关政策和程序,建立学习成果的转换标准,开展具体认定工作及相关研究工作。再如,法国的认定机构是由国家授权的各级政府职能部门与行业、企业等社会合作伙伴共同组成的各行业评审委员会,在本行业行使先前经验认定程序,并颁发资格证书。在这些获得授权的认定机构中,官方认定机构得到的授权是长期的,私立认定机构的授权有效期为 5 年。这些认定机构可以随时接受学习者的请求开展先前学习认定,在时间上比高校内的先前学习认定机构更加灵活。荷兰设立了专门的评估中心,其中包括 42 个职业教育与培训评估中心、12 个农业评估中心和13 个应用科学大学评估中心,还有约 30 个隶属于各种基金会或私营机构的评估中心。在挪威,各郡获得政府捐赠,用于组织非正规和非正式学习成果认定系统,特别是开设评估中心。这些中心也负责质量保证。[①]　一般而言,这些中心主要设立在高校或行业机构,也有的国家设立在高中。其主要特点是由国家权威部门认定授权的认定机构,都采用按照国家或经过国家授权的认定机构注册许可的标准和规则,如国家资历框架、行业标准等,它们的统一性、透明度和社会认可度比较高。在这一点上,不同于高校内设的认定机构。

第二类是在高校内部成立的专门认定部门。例如,英国从事先前学习认定的机构主要是各高校,美国和加拿大的大学一般也都在校内成立专门的认定机构,欧洲大多数国家的高校甚至将认定责任下放到基层的院系或研究所,学校仅仅负责制度、标准和操作指南的制定,以及认定结果的审批等。具体认定程序都交给基层组织去执行,其中包括选择认定方式、组织评估团队、委派咨询人员,等等。例如,加拿大汤姆森河大学由专门的先前学习认定部门负责整个学校的认定工作,而加拿大阿萨巴斯卡大学由招生部门接受学生申请,而评估工作则交由各对应的系部负责。

高校建立自己的认定组织的情况在各国都是比较普遍的,主要有四个原因:一是认定的主要目的是学习者需要进一步学习,获得高等教育的学历文凭;二是学习者在认定后需要通过参加补充课程获得一部分学分才能获得完整的资格证明(包括学历、学位或职业资格),这需要由高校来组织提供,高校能够将认定标准与课程标准很好地对接,并能够根据学习者已有的学习成果制定个性化的学习计划;三是高校有比较完备的专家团队,在标准研制、程序设计、学习辅导等各方面都能够开展比较严谨专业的活动;四是高校在社会中的专业认可度高,经高校认定的学习成果,如资格、学分等更能获得社会的认可,实现在机构组织间流通互认。例如,美国的俄克拉荷马州立大学技术学院专门制定了先前学习评价授予学分的政策,建立

---

① WERQUIN.Recognition of non-formal and informal learning:country practices(2010)[R/OL].[2023-08-25].https://www.bollettinoadapt.it/old/files/document/5650OECD_RECOGNITION.pdf.

了学校自己的标准的申请程序、严格的审核流程、开放的公示制度、多级的监管制度，以及一套完整的学分互认制度和质量保证体系。

第三类是企业内部的认定机构。由企业或者行业中的若干个企业组成联盟，根据人力资源开发的需要，通常由企业内部的培训机构牵头，以行业标准或企业内部的培训标准为依据组织认定工作。目的主要有三个：一是为员工提供获得国家职业资格的途径；二是确定企业能力需求与存量之间的"能力差距"，通过认定全面搜集企业人力资源信息，作为企业培训的一个重要环节，将人和岗位相匹配，为企业开发人力资源做准备，常用于企业改革中技能人才岗位优化、技术升级和人才储备等方面；三是为了建立企业学习文化，特别是大的企业，需要将学习与工作相结合培育企业文化。企业内组织的先前学习认定非常适合将先前学习认定应用于工作实践和培训。在加拿大、澳大利亚、新西兰等国家，企业培训机构通常在国家职业资格或专门的先前学习认定登记系统中注册认证，成为有资格授予相应行业资格或国家职业资格的企业，接受企业内、外学习者的申请，将认定与培训结合起来，为个人或其他企业制定或进行支持其"核心业务"的认定培训。为此，一些企业还为员工（或学员）建立技能卡、能力卡或者企业技能档案袋，支持其学习成果的流动和互认。例如，荷兰的科鲁斯集团在科鲁斯培训中心负责开发科鲁斯集团内部的认定项目，开发一种基于档案袋的通过非正规方式在工作场所发生的认定性学习模式。认定是根据该员工的线上经理的请求，基于公司内部对他所拥有的技能认可的需求进行的，目的是使个体员工的资质水平达到适合其所从事工作类型的合适水平。科鲁斯集团的培训和先前学习认定义务通过与工会的劳工协议正式化，并得到了国家机构及包括科鲁斯集团在内的私营组织等伙伴关系的发展和支持，受益者将被授予国家认可的文凭。

二、适用群体

各国的目标群体都是根据本国国情选择的先前学习认定"最需要"服务的对象。

1. 先前学习认定是每个公民的权利

先前学习认定被看成是保证社会经济利益的政策工具，从其基本的经济性出发，先前学习认定越来越被政府和政策制定者定位为个人和社会利益，更多的是作为建立工人知识和技能、加强商业和提高国家全球地位的经济必需品，最大限度地保证社会的人才资源、知识技能等能够被发现、被承认和被利用，并尽可能地将社会技能存量与社会技能需求相匹配，节约社会运行的人力资源成本。

因此，先前学习认定作为公民的一项基本权利被一些国家通过立法或国家政策确定下来，明确指出认定适用于所有人。例如，法国 2002 年颁布《社会现代法》，提出每个公民都有权利对自己的学习成果，特别是职业经验申请认定，从而获得相应的职业资格，并且先前学习认定的结果和其他形式获得的知识、技能的认定具有同等效力。这项权利与职业认定体系完全挂钩。个人可以获得职业培训、高等教育、大学和研究生院的认定，以及专门针对成人继续教育的认定。因此，先前学习认定提供了获得很多认定的机会。同样，加拿大魁北克省教育高级理事会在2000年关于承认先前学习的通知中提出，只要能够提供经验和技能的证据，个人有权获得其学习的社会认可。

2. 先前学习认定是特定群体的社会福利

先前学习认定试图通过承认在正规教育以外的空间获得的知识和技能，促进代表性不足群体的学习和就业机会，这种关注个人发展以促进社会进步和社会公正的做法被大多数的国家所接受。先前学习认定是国家推进社会公平的政策工具，倾向于将先前学习认定作为某些特定群体、在劳动力市场处于不利地位或社会边缘化人群的社会福利，为他们提供更多的劳动和学习条件，帮助他们获得进一步学习和就业的机会。在不同的国家，先前学习认定制度所倾向的群体有所不同，主要包括六大群体。

（1）青年就业人群。这包括早期辍学者、低学历者、待业青年等群体，他们可能早期在正规教育中不如意，走出学校工作一段时间以后通过自我导向学习、工作或生活中的学习积累了一定的实践智慧或知识。特别是低学历者，他们是先前学习认定最大的目标群体，在求职中常受到学历要求的阻碍，希望通过认定重新回学校深造，以提高就业竞争力。其中也包括在初始职业教育和培训机构学习的学生和在企业低技术岗位工作的年轻人。这部分人在以往的职业生涯中的经验积累如果能得到认定，则可以避免重复学习，缩短晋升时间成本。

（2）失业者群体。就业问题是全球问题，降低失业率是各国政策的重心，很多发达国家纷纷成立公共就业服务中心，指导和支持失业者进行先前学习认定。先前学习认定最大的潜在群体是失业者，对于失业者来说，亟须提高就业能力，获得教育资格和职业资格的提升是关键。因此，先前学习认定为他们提供了基于先前学习成果获得资格的机会和条件，也可能使他们更清楚地认识自己的优势和劣势，正确选择个人职业发展方向。

（3）有丰富经验的从业人员。丰富的经验是先前学习认定最宝贵的条件，在工作岗位上历练多年的经验丰富的员工，特别是技术岗位的人员最适合先前学习认定，他们在长期的工作中积累了足够的技能，无疑比一般群体更有优势。一些国家还针对要求持证上岗的特定行业或其他特殊领域，开展了一些先前学习认定的项目，对社会中存在的大量有工作经验却没有相关职业资格的技能人才，如果社会需求量大，可通过认定其工作经验来授予相应的职业资格。特别是在一些新产业、新行业和新岗位中表现得尤其明显,这也是教育落后于实践的典型例证,而先前学习认定正好解决了这一问题。

(4)退役军人。许多退役军人在服役期间就掌握了一些军民两用的实用技术,更可贵的是他们在服役期间养成的职业精神和求真求精的工作态度,对于未来职业是非常重要的学习成果。在美国,先前学习认定政策建立的最初原因是为第二次世界大战后退役军人进入高校学习提供机会。为此,美国教育委员会成立服役经验评估委员会,开始对通过军事训练和不同职业获得的学习成果进行评估,以推荐大学学分。先前学习认定制度在军事知识和学术知识之间架起了一座桥梁,帮助现役和退役军人这一特殊学习者群体创造包容性空间和结构的机会。中国2019年起在高职院校面向退役军人、下岗职工等推行"百万扩招"政策,与先前学习认定的理念非常吻合。

(5)外国移民。国际技能人才交流已经成为各国人口流动的常态,受到了各国劳动力部门的关注,同时也是先前学习认定的重点对象。欧盟成员国和澳大利亚、加拿大等国家都为国外移民提供了先前学习认定。他们在原籍国获得的技能和经验,若不能被移民国认可,会妨碍其融入劳动力市场。欧盟国家开发的一系列个人透明度工具,如欧洲通行证、青年通行证,以及一些行业开发的"技能和资格护照",德国、奥地利专为移民开发的能力档案袋等,都成为推动先前学习成果国际流动的基础性制度。

(6)志愿者等。志愿者是社会中一个特殊的群体,他们在志愿服务中获得的技能应当得到认定并获得职业资格或学分,这不仅有利于提高志愿者的社会地位,还可为他们的正式就业提供支持。而且,先前学习认定也是帮助志愿服务机构检验工作成果的一项重要工具。例如,法国规定任何从事"有偿的、无偿的或者志愿者工作3年以上"的人,认为自己在工作中获得的知识和能力,与在大学某专业获得的知识和能力相当,就有权利要求学校对他们所积累的知识和能力进行认定,如果证实这些知识和能力确实与大学的要求吻合,可以获得正式文凭,他们无须进入高校学习即可取得高校的相应学位。在奥地利,成人教育协会为志愿者开发了能力档案袋,此能力档案袋系统地收集志愿服务中获得的技能,可作为志愿者求职的凭证。

第五节　先前学习成果认定的评估方法

在先前学习认定中,评估不是为了选出最好的,也不是证明学习者的不足,而是为其提供一个展示能力的机会,即"杯子是半满的"。因此,灵活的评估程序和评估方法非常重要。每种评估方法及其工具都有其优缺点,重要的是使评估方法与评估目的相匹配,与学习者的发展目标相匹配。例如,档案袋评估是当前最普遍使用的一种评估方法,但在某些情况下,要求个人制作复杂的档案袋并不一定是合适的,学习者也可以使用更简单的文档或者线上工具来展示。许多国家还在讨论如何改进档案袋评估方法,以提高公开性和透明度,并使个人能够更好地描述其现有的知识、技能和动机。基于先前学习的"操作性"特点,以直接评估方法补充纸质评估(间接评估)应该是可靠、有效和基于能力的,评估应该基于多个观察者参与的多个时间段、多次测量的原则,以优化客观性和减少个人偏见。适当的方法和灵活的组合在识别、评估和认定学习方面应该是努力的方向。

一、评估的主要方法

先前学习认定可以是面向组织的集中评估,也可以是面向个人的分散评估。面向组织的评估与正规教育的评估方式类似,主要通过考察认定组织的教学培训质量及其合规性来判断其所提供资格的质量水平,而不是直接面对个体学习者。这些认定组织通常是为学习者提供课程教学的高校或培训机构。也就是说,这是一种通过对组织的教学水平或办学能力的合规性评估来认定学习者所获得的文凭、证书或课程正规性的方式。

由于先前学习认定的特殊性,学习者个体的工作和生活环境各不相同,非正规和非正式学习的情景和学习成果也会因人而异,对学习者的学习建议和职业发展规划就会不一样。因此,先前学习认定更多是个性化评估。针对不同的认定目标和不同形式的学习成果,评估方法需要与评估对象相适应,评估者所采用的评估方法也就多种多样。目前,国际上通用的评估方式主要有 10 种,具体如表 5-3 所示。

表 5-3　先前学习主要评估方法的比较

评估方法	内涵	优势	困难	建议
挑战测试	学习者参加一项等同于课程期末考试的测试来获得课程学分,考试内容比课程期末考试更加全面和综合,适用于没有参加过课程学习的学习者	国际上比较通用;高等学校设计的挑战测试相对快速;鼓励跨学院讨论课程内容,开展先前的学习评估合作;管理和评估成本低廉,一旦开发,教师只需要少许准备;评估内容知识	基于学科知识的特定文本,倾向于特定部门、机构和学科;对在测试中遇到困难的学习者几乎没有支持;让没有在教室学习的学习者处于劣势;初始开发成本可能很高	尽可能地开发通用格式,仅测试该领域最普遍接受和教授的知识;仅在适当的时候使用;尽可能使教师、部门或机构不具备特殊性;设置流程监控考试的有效性和可靠性

续表

评估方法	内涵	优势	困难	建议
课程考试	通过或借助于正式系统的考试，采用课程总结性评价的方式，对非正规和非正式学习具备了某门课程所要求的知识与能力进行鉴定和验证	管理和评估非常容易且成本低廉；衡量学习者学习与特定课程或课堂内容的具体匹配度；评估内容知识	评估学习者参加大学水平考试的能力，以及学科知识；倾向于特定教师的观点和学科；对在客观测试中遇到困难的学习者几乎没有支持；让没有在教室学习的学习者处于劣势	在非常有限的范围内有用；尽可能开发通用的格式，测试该领域最普遍接受和教授的知识；尽可能使教师、部门或机构不具备特殊性
标准化考试	大型考试机构开发的标准化考试，是学科领域的大规模、标准化和专业化的教育测量，被用来确定学习者在某些领域是否具有大学水平的知识	通用性强；一旦被广泛使用可以建立可靠性和有效性，然后被接受；可以更快更清楚地进行评价，易于教师和学习者使用和管理；具有成本效益	对在客观测试中遇到困难的学习者的支持很少；对学习没有规划的学习者的支持很少；会让许多学习者感到害怕；学科领域的可用性有限	为学习者提供更多的选择；仅在适当的时候使用；需要跨学院工作团队；需要大量的工作，作为先前学习认定的长期目标
项目评估	根据工作任务的要求，对完成一个独立工作目标或任务模块所需的能力水平进行综合性判断	尊重行业和员工的学习和文化；以最少的成本为许多人提供评估；可以促进形成长期的教育合作伙伴关系；高性价比；提供教师评估经验；为教师提供了解培训和提升工作任务中的应用技术水平的机会；尊重先前的、通常是严格的学习	方法复杂；需要教师为评估做大量的前期准备；如果没有先前学习认定的培训或其他背景经验，很难取得好成绩；更注重教学投入而不是个人结果；范围广泛，难以理解所有要素	提供项目评估服务的目标和其他项目评估服务机构的信息；将非大学课程与大学课程及其评估方法进行比较；需要使用熟悉该领域的特定专家；制定可供学习者和教师使用的等效清单

续表

评估方法	内涵	优势	困难	建议
产品评估	通过对学习者产品外观的颜色、形状、平整度的观察，以及产品功能、实用性、结构的检测，判断在该领域的能力水平	非常直接的评估；为有写作困难的学习者提供良好的机会；学习者的技能或知识在创作产品过程中难以观察时很有用；评估艺术学习所必需的	难以验证；有抄袭风险，不展示理论知识；难以用公正、客观的方式进行管理和评估；只收到最终产品，看不到过程	评估之前应建立明确的评估和测量标准；最好与其他评估方法一起进行；核实面试或雇主的推荐信等
面试	评估专家与学习者通过面对面或者电话等方式进行对话访谈，以便比较深入地了解学习者。面试一般与档案袋评估相结合	面对面接触，无法抄袭；以学习者为中心，灵活性强，对有写作困难的学习者有帮助；可用于多种目的；可能有利于具有良好演讲技巧的学习者	成本大；学习者有潜在压力和文化偏见的风险，需要以公正、客观的方式管理和评估；偏向简单学习评估的危险；对于语言表达不畅、发音困难的学习者来说不友好	最好与其他评估方法结合使用；使用该领域的教师；合作、灵活和宽容，建立并遵循指导方针；私下进行会议，提前确定问题和评级
模拟	将学习者置于符合现实生活场景所有标准的情况下，从工作中收集学习成果的实物或智力证据，对其能力进行评估	非常实用；清楚地展示技能水平和解决问题的能力；能够评估过程；"现实世界"被尽可能地复制，但不完全相同	难以设置，不能保证可以重复；师资和材料成本可能比较高	制定明确的标准，确切地说要评估什么、绩效标准是什么，应防止外部影响
演示	强调操作技能与能力，学习者在模拟环境下完成某个任务，由专业人员根据相应的评价标准对学习者的操作任务进行评价	过程快速，可观察；通常可以在大学实验室中完成，无须额外的准备，从个人在工作中执行日常任务时提取能力的证据	可能会受到周围环境和学生对设备的熟悉程度的影响	事先明确评分标准；确定学生先前熟悉的场地和设备，并尝试复制现实情境，可以在学生的练习地点进行

续表

评估方法	内涵	优势	困难	建议
判例评估	借鉴以往相同或类似学习成果的评估结果,赋予相应的学分或资格,主要是表彰奖励、荣誉证书、技术成果、专利发明、科研成果等	成果透明;操作简便,成本低;不需要太专业的团队即可进行	不同行业领域,可能情况各不相同;主观性较强,适用面比较狭窄	应列出明确的成果清单及其赋分标准;应有明确的制度规定
档案袋评估	也称为"作品集评估",通过分析学习成果及其证据,形成一套连贯的文件或工作样本,以不同的方式展示个人的技能和能力	完全以学习者为中心;能够发展超越简单评估的属性、技能和理解;非常适合个性化评估;电子档案袋成本低,评估便利,反馈及时	对于一个机构来说,成本昂贵;依赖于学习者的写作技巧;方法复杂	提供通用的档案袋评估手册;指导学习者反思自己的学习经历;提供与学习成果匹配的目标课程清单

在认定过程的不同阶段使用不同的方法和工具,不同方法之间的界限有时比较模糊。在实践中,经常多种方法结合起来使用,从不同的角度相互校验学习者的能力水平,提高结果的有效性或可靠性。在很多时候,评估开始于档案袋,随着评估的推进,会采用面试、演示、产品评估、模拟等对档案袋中列举的成果进行验证,最后评估组集中对档案袋所提供的信息进行综合评估。

二、档案袋评估

档案袋也称为作品集,是学习者为展示知识、技能或能力而选择和收集的作品的组合,包括学习者对先前学习成果及其证据的反思。档案袋评估是一种先前学习认定非常好且有效的评估方法,主要是因为它的灵活性、个人专有性和发展性,它几乎是所有个性化先前学习认定程序的组成部分。档案袋评估已成为公认的为先前学习提供学分的形式。同时,档案袋是一个描述能力和能力发展的文件,它为学习者提供了机会,使他们能够自由地创造、制定策略和反映自己的想法,学习者从开发档案袋中获得的知识远远超过大学学分。开发的过程对学习者来说既是内容,也是学习过程,有助于提高对个人专业学习和发展的重要能力,包括增加批判性思维、组织、沟通、自我反思、自我认识,以及对工作场所作为学习场所的更大认可。学习者确定通过先前学习认定进行"自我投资"的时候,个人档案袋是必不可少的一环,它将贯穿先前学习认定引导学习的整个过程。认定过程始于档案袋,也终于档案袋,形成从确定学习目标、基于档案袋的学习步骤规划、推行档案袋计划、用学习成果丰富档案袋,到以档案袋预测未来学习的"档案袋环"。

1. 档案袋的开发

在识别阶段之后,学习者的重要任务就是记录关于先前学习的证据,以支持关于他们想要达到资格的学分要求。记录主要是指收集和提供所获学习成果的证据,建立一个包含个人简历、职业经历等能表明自己学习成果的工作样件的档案袋。证据类型各种各样,从书面文件、工作样品到活动展示,必须能够充分证明其学习获得的成果,而不是简单列出头衔或职位。在这个阶段,学习者必须证明他们已经获得了符合他们希望的目标课程或学习计划要求的知识、技能或能力。

大多数情况下,档案袋的一个关键组成部分是学习者对学习经历的自我评估。然而,这种自我评估是微妙而复杂的,主要是因为从非正规和非正式学习环境中获得的经验难以言明,或是潜意识存在的,特别是非正式学习的学习来源更是如此。例如,通过非教学形式工作进行学习,效仿自己过去的老师或同事在博物馆、科学中心和类似机构学习,通过社区或志愿者工作进行学习,通过阅读、网络和电视进行学习,以及进行与家务劳动或其他诸如运动或娱乐、休闲或爱好等普遍兴趣相联系的非正式学习。学习者很难根据记忆对先前的学习经历进行很好的描述。在这种情景下的学习,学习者可能没有意识到他们的能力水平,或者没有找到合适的语言来表达,也可能是由于学习者对非正式学习的感知是主观的,很难自我评估过去的工作经验是否真的参与了学习。

由于这种非正规和非正式的先前学习经历的自我评估和组成档案袋的困难过程,学习者所有收集学习证据的方法都需要适当支持。因此,大多数认定机构需要一门课程来支持学习者深入了解开发档案袋的内容和结构。

在开发档案袋的过程中,学习者必须在识别、分析和评价自己的学习经历时进行批判性反思,这有助于其视角的转变。学会反思可以更好地了解自己的学习,反思意味着学习者不仅了解自己,而且能发现自己正在反思的经验有什么意义,这会促使自我认识的增加和自信心的增强。在反思的过程中,学习者应该问自己:"我学到的知识是否足够?""我以前的学习是否符合标准?"或者"我过去真正学到了什么?"当学习者深刻反思和试图表达时,他们能重新发现真实生活经验和从中衍生的学习,以及优势和挑战领域通过深思熟虑后的自省。先前学习认定在帮助学习者加强自我意识方面的意义重大,特别是在导师与评价者帮助学习者准备档案袋的过程中,大量的证据需要总结说明,这对提高学习者的反思能力和规划学习进程非常重要。可以说,档案袋是一种使学习者能够反思先前经验以促进学习的结构性工具;档案袋要求学习者运用他们的认知、技能在他们个人、他们的职业生活和他们的教育之间建立起联系。

档案袋文档可以作为一种结构化证据的方法,清晰的档案袋模板有助于学习者建立结构化的学习成果证据。一般来说,档案袋应该是明确和适当组织的,各认定机构会提供一个标准化的模板使撰写和审查档案袋更容易,更重要的是给学习者在其目的、内容结构和程序步骤方面以明确的指导。先前学习认定档案袋开发的程序与步骤如图 5-4 所示。

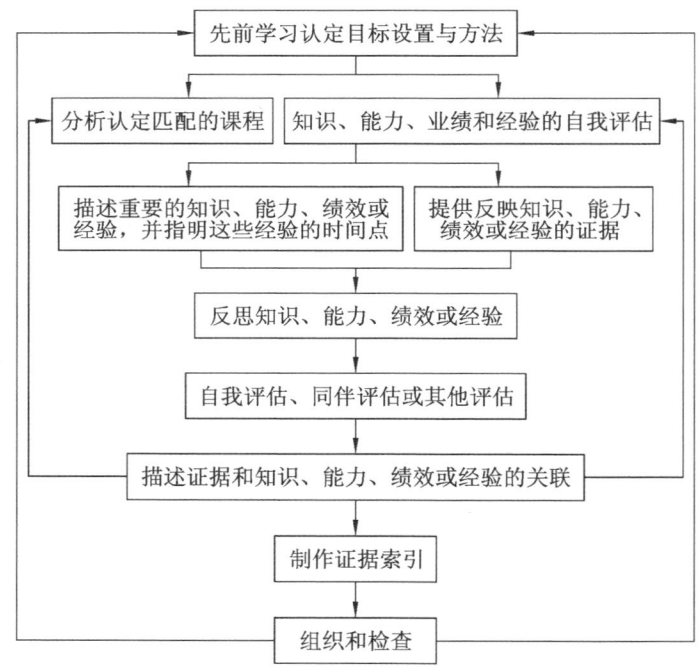

图 5-4 先前学习认定档案袋开发的程序与步骤

2. 档案袋的内容

档案袋评估是对支持学习成果主张的证据集合进行的评估,旨在通过引进多种工具和方法的组合来克服主观的风险。在这个证据集合中,如果是以电子档案袋的形式,应该包括一些多媒体材料,用以陈述和记录工作、生活中的学习过程。

一般来说,档案袋的内容应包括:①标题页,学习者的信息,包括姓名、地址、电话号码、传真号码和电子邮件地址等;②封面页,说明申请学分的具体课程;③如果档案袋内容较多,应提供一份带有页码的目录;④教育计划或职业规划,包括对预期证书或文凭的教育计划的简要描述,说明哪些课程将通过认定方法进行;⑤当前的简历;⑥一份工作经历文件,以叙述的方式强调技能和知识;⑦学习描述,获得目标课程的课程大纲,审查学习成果,并描述经验学习如何满足每门课程的学习成果要求(包括一个索引,记录哪个技能涵盖了课程大纲中的哪个学习成果);⑧其他文件(档案袋的这一部分为导师或评估员验证学习者的知识和技能),在与导师或评估员协商后,学习者可以选择相应的学习成果证据。

证据应包括:①学习成果的正式陈述;②制作的作品样本;③绩效考核报告;④现任或前任雇主提供的资料;⑤工作说明书;⑥与先前学习认定申请有关的正式培训、研讨会、会议和讲习班的细节;⑦持有的证书、成果、奖项、推荐信;⑧工作活动的录像带、磁带录音或照片;⑨工作或参与项目的具体细节;⑩来自管理者或同事的书面证明;⑪书面论文、文章、报告、案例分析;⑫由教师或评价者对学习者表现的书面观察报告;⑬考试或试卷及成绩;⑭学习者日志、备忘录或个人回复;⑮学习者动作或演示的录像带;⑯评估清单(如人格或学习风格清单等)。

在证据与学习者想要达到的资格的关系上,应当符合以下标准:①相关,教育相关或职业资格相关,证据与目标之间应该存在明确的关系;②可迁移,证据应纳入不同种类的必备经验;③适当水平,水平应与正式教育项目或职业资格等级相匹配,证据应集中于相关标准中规定的适当知识、技能和能力;④真实,证据需要与先前的学习有关,并且学习者必须进行所谓的学习;⑤具体的、确定的、分类的和近期的,证据应该被指定到学习者的具体情况、任务和活动,最近的意思是当前的学习目标所涉及的时间范围;⑥充足,证据的数量应与证明能力、知识或技能所必需的数量相匹配,充分性取决于目标。要证明一个特定成果的质量,一份证据可能足够,但是在多个环境下的证明工作至少需要两份证据。

3. 档案袋的三种类型

每个单独的档案袋项目都是为特定目标群体开发的,没有两个档案袋具有完全相同的特征。档案袋之间的差异取决于开发档案袋的目的,与开发或使用它们的行业无关。档案袋大致可分三类:

(1)卷宗档案袋用于证明获得特定学位或资格课程的豁免。

(2)发展档案袋侧重于广泛的个人反思,其性质既是反思性的,也是前瞻性的。

(3)个人作品集旨在记录过去的学习成果,可以用于任何先前学习认定程序,并具有高度的自我反思性。

4. 数字档案袋

数字档案袋也称为电子档案袋,近年来已被高等教育部门广泛应用。数字档案袋被视为结构丰富的评估,几乎可用于任何经验学习,以记录单个学习者的成就和整个课程的特定课程目标。电子档案袋促进了问责制和自主性,因为它们鼓励学生对自己的学习需求、方向、进度和质量负责。此外,电子档案袋提供了显著的技术优势,包括提高安全性、数据存储和备份,添加数字证据和多媒体工具的能力,包含超链接的能力,以及增强与教师互动和反馈,以促进自我评估、批判性反思能力,并展示学生在许多不同学科中的成就。数字档案袋可以用作在线存储库,学习者可以在其中存储和分享各种非正式和正式的学习经验。

使用数字档案袋是当前促进先前学习认定改革的一个趋势,虽然是建立在基于纸张的档案袋的传统之上,但这种档案袋仍然有风险,技术的新颖性会掩盖其目的。学习技术的使用可能会掩盖构建档案袋过程中学习的机会,在某种程度上抵消了这种档案袋可以提供的优势。

第六章　高职教育先前学习成果的积累

1963年英国的《罗宾斯报告》认为,高等教育的课程应该向所有能力和成绩合格并希望接受高等教育的学习者开放,同时应当给予学习者从一所学校转到另一所学校的机会。该思想对现在的高职教育先前学习成果积累有重要的指导意义。学习者将先前学习成果认定后的分数存储到学分银行中,使之从隐性变为显性,从零散走向集中,可以转换为某一职业资格或学历文凭,最终能够随时被其他教育或培训机构认可和使用。它全面及时地反映学习者的真实能力,而不仅仅是正规教育证书所呈现的能力水平。

第一节　先前学习成果积累的价值导向

先前学习成果积累是指以学分的形式将学习者非正规和非正式学习成果存储在学分银行中的教育制度。它既向社会各机构展示学习者当前的真实能力,也指引和帮助学习者搭建起继续学习和职业发展的进阶之路,使他们能够根据现有能力和发展计划在任何时候和任何场景下自由学习。

一、先前学习成果积累是学习的"进阶之路"

先前学习成果积累通常以学分的形式存储起来。学分积累并不是为达到学分目标而收集"学分"的过程,也不是获得认定或要求免除全部或部分学习课程的手段,而是学习的"进阶之路"。通过成绩记录,学习者可以检查自己的学分成绩,并考虑利用已有的学分进行进阶选择,这将促进学习者不断要求进步。

大多数情况下,先前学习成果是学习者某一领域应具备能力的一部分而不是所有,需要补充学习或通过校内"桥接课程"补足所欠缺的另一部分。换句话说,先前学习认定的学分只是作为整个学习的部分学分,另外一部分可以通过不断累积,达到一定学分后才能获得完整资格。一般来说,学分只授予指定学习单元的成果,获得认定的所有学习单元的学分都将被计入至少一个资格。在此之前,咨询人员通常会告知学习者如何规划自己的进阶之路以获得目标资格,以及学习者如何通过规划学习来积累学分。如果这些学分被计入框架中的一个以上的资格,那么学习者可选择的学习途径的数量将会成倍增加。

在未来,可能会对在某一特定水平上积累的学分进行评估,也许是作为进入某一学习课程（如进入高等教育课程）或就业所需的学习量的一个指标。学分的使用方式与高校、培训机构或国家职业资格考试所使用的方式基本相同，累积的学分可以用来量化个人从起点到完成其学习旅程的"距离"。

然而，仅仅拥有一定的学分是没有意义的，除非它具有个人价值并且可以转换，被纳入不同的档案袋和发展途径。因此，学习成果通常以学分的形式在学分银行、电子档案袋或其他的存储系统中积累。学分积累对促进全民终身学习发挥着重要的作用。

1. 保障个人学习权利

如果先前学习获得的学分能够积累，则可以保障学习者不再局限于学校内的课程学习，在家里、工作中、社区活动中、娱乐休闲中都可以学习。学习的成果可以积累，而且是以一定的学习目标或资格目标积累起来，鼓励学习者围绕一定目标不断学习，目标和动机之间建立起了紧密的联系。从这个角度来看，学习者不仅具有学习内容和学习方法的选择权，而且有按照一定目标发展的选择权。

2. 促进教育资源共享

发达国家的成功经验表明，学分积累促进学习资源的共享，与学分积累制度相配套的必然是大量社会公共教育资源，特别是网络教学资源的开发和开放。例如，各高校建立了一系列网络开放课程、MOOC、国家精品在线开放课程、专业教育资源库等，以及其他各类纳入省和国家智慧教育平台的在线开放课程。在建立学习型社会的国家战略下，所有学习者都可以免费使用这些公共学习资源。也就是说，学习者可以在任何时候、任何地点进行学习。他们既可以选定某学校的课程进行系统的学习，也可以有针对性地就单个学习单元分模块学习。总之，学分积累制度使这些分散学习成果结构化的存储在社会公认的平台中，从而打破了学习活动发生在学校规定的时间、空间和资源信息中的限制，并促进了社会公共学习资源的开放与共享，保证了学习机会均等以及学习成功机会均等。

3. 鼓励人们将工作和学习相互结合

学分积累意味着参与职后培训不再是临时性的学习任务，而是终身职业发展的需要。学习者将工作和学习紧密地结合起来，以岗位对应的专业领域中更高的资格或高等教育课程为目标，在工作场所或者工作的业余时间学习，以自我导向学习、社会导向学习的方式学完一门功课，并将获得的学分存入学分银行或其他学分累积平台，累积到规定学分总数后即可"兑换"相应的资格。其实际成效不仅是学以致用，提高工作的水平和效率，还为学习者今后的高质量就业、职业资格或专业资格晋升打下基础。

4. 推动企业技术技能的积累

先前学习成果积累可以促进个人技术技能、行业企业技术技能发展。企业是先前学习认定的重要场所或主体,将先前学习认定和学分积累作为人力资源开发的重要制度,在全面考察员工整体或个体技术技能的同时,为规划企业培训和人才培养与引进提供决策参考。学分积累推动企业建立新的考评和激励机制,允许员工采取多样化的学习方式参与职业培训。学分积累的数量既可以和员工各类业绩和资格相挂钩,提升员工学习热情和内在动力,也和企业内培训机构的业绩相联系,考察企业人力资源和培训工作实施的成效。

二、先前学习成果积累是学习透明的"中转站"

1. 实现先前学习成果的透明性或可见性

使学习成果可追溯、可查询是先前学习成果积累制度的基本功能,这样才能够实现学习成果被各社会组织充分利用。由于先前学习往往不附带证书,多数情况下是经验学习的产物,具有缄默属性,要实现可见性,必然要找到一个价值单位(载体、媒介),即学分。事实上,世界各国的先前学习成果积累都以学分为单位,以标准规则为依据,将缄默的先前学习成果转化为学分,在使用时再将学分转换为象征某种能力的资格。这样,先前学习成果的积累就以学分积累的方式将抽象的、个别的或零散的学习成果以一种清晰的、统一的形式展现出来。原本不引人注意的学习成果,通过认定标准的具象化和学分的数量化,并通过一定的规则和平台积累起来,不仅实现了学习成果的可见性,还可以通过便捷的信息化手段实现可追溯、可查询、可验证的功能。在很大程度上,还可以为学习者的进一步学习提供导向功能。

2. 增强先前学习成果的流通性

先前学习成果积累在形态上是由成果到学分的过程,在社会属性上是标准化和正规化的过程。正因为其标准化和正规化,赋予了先前学习成果以社会流通性,可以被各社会机构或各利益相关者认可、利用、赋能。此时的学分象征着个人先前学习成果的等价物,可以在普通教育、职业教育与工作世界三个空间维度依据不同"汇率"进行兑换,从而使先前学习成果的流动更为顺畅、便捷。在此基础上,学分还通过不断在数量上的积累兑换为高等教育的入学许可、课程豁免或完整的资格证书;也可以通过质量上的升级实现在工作岗位上或职业发展上的晋升或转型。在这个角度上,学习成果的积累又是一个学习的增值过程。

3. 搭建"三学""三融"的桥梁

学习成果积累是正规学习、非正规学习、非正式学习"三学"的汇聚点,也是职普融通、产教融合、科教融汇"三融"的凝聚核。一般来说,在先前学习认定制度下,一个完整的资格中先前学习的学分只能占一部分,还需要通过正规学习获得另一部分学分。而学习成果积累平台以等效的标准将三类学习成果分别转换为"学分",存储在同一个平台上,也就是说,这部分先前学习学分是以一种替代方式取代了原本需要校内课程学习才能获得的学分,作为先前学习的非正规和非正式学习与正规学习可以组合在一起,获得正式的资格证明(职业资格、学历文凭、学位),实现了真正意义上的"三学"等值,促进正规教育、非正规教育以及非正式教育之间的融合。同时,先前学习成果积累又搭建了"三融"的桥梁。学分银行是先前学习成果积累的主要平台。郝克明认为,学分银行实际上就是一种模拟或借鉴银行功能,而对不同类型学习成果通过"学分"的形式进行认证和转换的一个形象化的表述。这种管理模式突破了学习时间与空间的限制,同时突破了传统的专业限制,从而实现了不同教育形态之间的相互转换。① 学分积累制度超越了高等学校对学习成绩管理的狭隘范畴,从更广的范畴去引导所有学习者参与终身学习,并由此架构起三类学习之间、学习与工作之间、教育与产业之间、个人学习与企业发展之间的"立交桥",从而发挥其在构建终身教育体系中的积极作用。

三、先前学习成果积累提高学习的自由度

目前的教育体制仍然以正规学历教育为主,偏重学校教育、正规教育,而忽视校外的非正规、非正式学习,继续学习的路径相对封闭和单一,考试成绩仍然是入学或获得资格证明的主要手段,不同类型、不同阶段之间的教育缺乏有机衔接。如上文所述,先前学习成果积累制度的实施,以学分积累的方式量化、记录和存储学习者在各种不同学习场所和不同时间的学习成果,以数量上积累和类型上组合的方式,提供了一条替代路径,将从根本上改变这种单一发展的路径。而这样管理学习的制度,已经完全跨越了校内学习与校外学习、教育与产业、工作和学习之间的壁垒与鸿沟,从而使得学习者自由学习、自我导向学习成为可能。

因为无论是课程学习还是自主学习,是有目标的学习还是无意识的学习;是在生活中的学习还是在工作岗位上的学习;也不论是今天的学习,还是一个月前的学习,只要是能够反思总结出学习成果,发生了意识或行为上的改变,能力得到了提高的学习活动,都可以通过认定获得学分,并通过学分积累得以"测定"与"量化"学习者每个时刻和状态下的能力,得到当前的比较全面的"能力画像"。于是,便构建一个终身学习体系所必须具备的能力储备,为进一步获得正式资格,以及更高水平的学习和职业发展创造条件。在这种情况下,学习者不再局限于一时一地的学习活动,也不必一次性学完所有的目标课程,而是在更宽的时空范围内学习,而且是

① 郝克明.学分认证、转换制度与终身学习——在2016构建终身学习立交桥和学分银行系统学术论坛(南京)上的发言[J].终身教育研究,2017,28(2):6-10.

逐步由更多的无意识的学习发展为更多的有意识的学习,由更多的自发学习转变为更多的自觉学习。因为在先前学习认定制度下,无论是学习者个人、认定机构,还是政府、行业企业,都对学习成果有预期的目标。例如,个人希望获得高等教育学历文凭、职业资格证书;政府希望扶持社会弱势群体,维护社会公平,提高生产力;行业企业希望开发更充裕的人才资源;认定机构希望规划更科学合理和高效的培训活动,等等。通过先前学习识别、评估、认定和积累这一结构化流程,能够使得学习者与其他利益相关者清楚地了解要获得一个特定专业或职业资格,学生需要知道、理解和能够做什么。如果要获得教育资格,需要哪些与课程的预期目标相匹配的学习单元;如果是职业资格,需要与国家职业资历框架(目录)中哪些相关行业工作岗位的级别和能力描述对应的能力单元或认定单元。随着更多的学习成果积累政策工具的出现,特别是如欧洲通行证、技能卡、学习卡和电子档案袋等"便携式"工具的研制与推行,学习的自由度将进一步提高。

第二节　学分制对先前学习成果积累的基础性

学分作为"度量衡",通过对非正规和非正式学习成果的计量,给予先前学习成果一个法定的解释和合法的身份,并赋予其流通和透明的属性。

一、学分是学习的计量单位

在先前学习成果认定、积累与转换制度中,学分是用来衡量学习者学习成果水平、学习量和价值的计量单位,统一的学分标准为学分的互认、转换和积累提供了尺度。学分具备以下三个特征。

一是可比性。先前学习的认定通常以认定单元为基本单位,这些认定单元以学分为基础的特征可以使我们更容易客观地评估和计算先前学习成果的价值,在为课程豁免目的而比较单元或单元组时,或根据单元的要求评估以前的经验学习时,可以有更大的透明度。此外,经验学习在技术上是不可认证的,有志于此的学习者必须重新定义他们的先前学习,以使他们的知识在评估和认证中具有可比性。就实践而言,经验学习的学分以学生为中心,表明提取和证明从经验中获得的知识和技能,以及判断这些证据是否符合标准或资格的规格要求。

二是度量性。学分有助于评估先前学习单元的或所有学习的总的价值,判断其是否已经达到了预期的目标,即符合某种资格证明所要求的质和量。从正规教育的角度看,无论是国家资格认证机构还是学校都无法捕捉和记录一个社会的所有知识和技能,但这并不意味着经验学习没有价值。在一套可信的评估标准下,这些仍然可以被认为是有学分的,这就是"学分价值"。"学分价值"这一概念最接近那些通过完成 MOOC 或其他面对面或在线课程而寻求认定的经验学习或自我导向学习的可能机制。而且,成果积累是一个分类存储的过程,只有同类的事物或使用相同尺度转换的等价物才能够积累,学分的存在就充当了这种等价物的基本单位,以积累的方式度量达到目标的程度。

三是权威性。学分的认定是指教育管理机构对学习者的个性化学习行为结果有效性的认可,即对个性化学习活动所创造价值的认可。先前学习被认定为学分可以理解为经验学习被认定为国家标准或资格的"学分货币"的过程,它提供的是一个众所公认的标准,当然也是一个授予正式身份的过程。表面上,学分是度量单位,其背后却是判断社会价值的标准,而且是权威机构认定的具有社会流动性的利益博弈的标准。

在成果(学分)积累平台,每一个认定单元的学分都会对应到一个或多个职业资格,当学分积累到满足某一资格要求的学分总数时,即可"兑换"相应的资格证书。同样,这些学分也可以对应到平台合作的某学校的课程,在符合课程标准和学分数量的情况下,可以转换为学历文凭或入学机会。每个资格必须有一套组合规则,规定需要通过特定单位的学分才能被存储。资格证书的组合规则将由授予机构与其他组织协商制定,并且必须与相关部门战略或其他规划规定的要求相一致。在适当的时候,这些规则将说明资格证书的总学分值,每个级别必须达到的最低学分数,资格证书是否允许计入其他资格和授予机构的学分,以及学分积累的任何时间限制,等等。例如,2008 年英国(英格兰地区)资格与课程局出台了《学分认定:资格与学分框架内先前学习认定指南》,将先前学习认定政策与国家资历框架和学分制度明确整合在一个框架下,用于指导通过先前学习认定授予"资格与学分框架"之下学分的机构以及相关行业,最终实现为所有社会成员创造新的终身学习机会的目的。到 2010 年,其用资格与学分框架取代国家资历框架意味着从以资格为基础的框架转换为以学习单位和学分为基础的框架。资格证书仍将是框架内的一个重要部分,但框架下的终身学习的基本货币单位将是学分,在框架中识别、认证先前的学习和成就,确保该框架包括比国家资历框架接纳更广泛的学习者成就。

二、学分制使学习方式灵活多样

社会需要更加精细的岗位分工和专业分工,要求教育和学习更加自由化。在学习型社会,公民可以不接受传统的课堂教育而直接参加全国公认考试机关组织的各种大规模能力考试而获取学分,并可以因此获得学位或其他资格证书;对成人以前的学习经验和生活体验成果进行评价和认定也可以授予学分。学分可以通过四种方式提高学习的自由度和可及性:①计量和记录个人每一小步的成就;②认可个人专有的或个性的成就模式;③允许在职的合格人员积累学分以达到更高的职业能力水平;④认可在工作中发展的符合新的或修订的职业要求的技能和知识。

可见,学分的引入充分尊重人的差异性。1978 年全国教育工作会议上的相关论述被视为推动我国学分制的起点:我们鼓励帮助每一个人勤奋努力的同时,仍然不能不承认个人在成长过程中所表现出来的才能和品德差异,并按照这种差异给以区别对待,使他们向着社会主义和共产主义的总目标前进。1999 年 6 月,第三次全国教育工作会议颁布的《关于深化教育改革全面推进素质教育的决定》提出:高等学校和中等职业学校要创造条件实行弹性的学习制度,放宽招生和入学的年龄限制,允许分阶段完成学业。到 2007 年,全国绝大多数高校都已经实行了学分制。但在学分制的实际实施中,出现了很多阻力,其原因是专业课课时压不下来,面对美国"通才教育"和苏联的"专业教育",我们既想要苏联的"专",又想要英美的"选",教育模式与学习制度不匹配。于是,就选择了混合型的学年学分制。

高职院校需要采用"选课制"和"学分制"强调学习者的个性发展。高职院校推行学分制,以学分代替学年,以指导性计划代替指令性计划,以弹性机制代替刚性机制,以选课制代替排课制,可以使学习更为灵活,学习活动的领域和空间更为广阔。这样的根本目的是以学生为本,把学习的选择权、主动权交给学生,增强学习的针对性与目的性,激发出学生学习的积极性、主动性和创造性,满足学生个性化的学习需求、就业需求与可持续发展要求,为实现内外纵向衔接、横向沟通,开展灵活学习、终身学习创造条件。学分制改变了单一封闭的旧教学模式和整齐划一的培养方法,面向多数、因材施教,以学生自主选择学习内容为核心(自主选课制),并打破专业、科系、校际的隔绝。以学分与绩点作为衡量学生学习量与质的计量单位,以取得一定学分和平均学分绩点作为毕业和获得学位的标准(绩点制),允许学生在较长时间内灵活选择学习进程(弹性学制),由教师对学生学习过程进行全程辅导(导师制)的教学管理制度。与此相对应,学分制的主要特征是学习活动的自主性、学籍考核的精准性、学习时限的灵活性和培养过程的指导性。[①]

三、学分的计量标准

在很多时候,学分也是一种标准。一方面表示学习成果是否符合存储标准和规则,对通过先前学习获得的一个或多个单元的成绩授予学分,授予的是在某一特定水平上取得指定成果的单元,也表明被授予学分的学习成果及其证据与评估标准中规定的单元要求相匹配,并反映该单元的水平和学分值;另一方面学分的数值表示学习者当前的能力,及其距离预定目标或学习成果要求的距离。

学分的计量标准主要有三种:一是以教师工作量即教学课时计量;二是以学生

① 蔡先金,宋尚桂.大学学分制的理论与实践[M].青岛:中国海洋大学出版社,2006:2.

学习量计量,如欧洲学分转换系统以全日制学生平均学习时间来计量学分;三是依据学习成果计量,依据一个分层级的学习成果认定框架,该框架是"产出导向",在一个学习阶段后,学习者真正掌握的知识、技能和能力作为授予学分的依据。

对于先前学习成果,在认定评估中应以第三种方式赋予一定的学分。使用的标准可以是国家职业资格标准,也可以是高校的课程标准,还可以是行业或企业内部研制的标准,这些标准都以产出为导向或以成果为导向,实质上还是以预计时长来衡量学习成果的量。一旦这些标准被学习成果积累系统采用,也就意味着可能被更多的社会组织认可。在很大程度上,学习者希望进入高等院校学习课程,以获得高等教育学历文凭为目标。这时通常会以对应的课程标准为依据授予学分,学分就成为对课程或单元学习量的描述。如果学习者以获得某个职业资格证书为目标,则需要在资历框架下确定统一的学分标准,进行各类学习成果量的计算。国际上资历框架中最常用的计算方法是1学分等于10学时,学时包括教师指导下的学习时间、自主学习时间、完成作业和考试的时间等。有了统一的学分和学时的计算,才能进行标准化的资格学分积累和转换。在国家资历框架下的资格证书都是基于学习量的学分来评定的。对于先前学习成果,学习者可以根据资格等级的学分要求大致预测需要多长时间才能达到预期目标。这样就可以通过学分和学习量进行学习成果的量化计算,对学习者的非正规和非正式学习的成果进行积累。

先前学习学分积累一般要经过不同机构的再处理,并非先前学习成果认定机构确定的学分值就可以直接记录在相应的资格或课程下。各机构在实际使用时会根据需要做一定的识别和筛选。学分总体上可以分为四种:一是由机构或组织赋予学习者的学分,称为原始学分;二是由学分认证机构组织专家进行权威认证的学分,称为基准学分;三是被办证机构认可的基准学分,称为实效学分;四是对学习型组织赋予的原始学分进行标准化处理,称为标准学分。先前学习认定的学分属于原始学分,这种学分在积累、转换的时候往往不能被直接使用,还需要根据积累体系的规则、资格标准或课程标准等进行标准化处理或选择性承认,成为标准化学分或实效学分。此外,学分标准涉及学习时间量、学习内容量和学习质量,因此在确定积累的学分时,有必要借鉴国际上通用的以成绩、成绩等级与绩点系数对照,加入对学生学习的"质"的规定,反映各种成果的学分及其质量。学分绩点作为评价学生学习质量的重要指标,是对学生评奖选优、授予学位及进行学籍处理等工作的重要依据,也可以作为学分积累时的重要参考。

第三节　高职教育先前学习学分银行

学习成果积累与转换信息服务平台是以学分为基本单位,开展先前学习成果识别和分类记录的服务制度体系,其中包括各种学分积累规则和管理机构。各种规则和管理制度有不同的目的和功能,其共同特点是将不同种类、层次、来源的学习成果按照统一的规则和标准进行识别、记录、分类,并提供统一登记、查询、转换的规则和工具。例如,欧洲通行证、青年通行证,德国先前学习职业卡、能力卡和技能卡,美国和加拿大的电子档案袋,芬兰的数字开放徽章,以及中国和韩国的学分银行等典型的先前学习成果积累和转换平台。这些学习成果积累平台有专项的,也有综合性的。很多学习成果积累平台本身兼具先前学习成果认定功能,并创建个人学习账户以学分的形式记录在册。例如,法国 2014 年提出创建"个人学习账户",也可用于认定目的,并引入了在公司层面获得职业指导的扩展权利。

在我国发展现代职业教育的背景下,需要建设能够兼容先前学习成果的综合性的学分银行,主要有三个原因。①专项平台通常需要和国家资历框架结合使用,依据已有的政策或协议记录学分,我国目前还没有建立起国家资历框架。②我国的先前学习认定制度还没有建立起来,综合性平台不仅有学分积累功能,还有一定的成果评估和授予学分的功能,能够对学习者个体申请的先前学习成果进行评估并授予学分,弥补现有制度的不足。③我国从 20 世纪 60 年代已经在各地建立了各种类型的学分银行,积累了一定的成果经验,在软件和硬件上都有一定的基础。2004 年我国职业教育领域开始探索建设学分银行。2019 年,《国家职业教育改革实施方案》要求建立职业教育国家学分银行,目前在国务院职业教育工作部际联席会议领导下国家开放大学正在组织建设,尽管还不完善,但基本框架已经建立。因此,职业教育学分银行可作为我国高职教育先前学习学分积累的基本制度。但是,当前的职业教育国家学分银行是按照统一的标准,对学历证书和职业技能等级证书等所体现的证书类学习成果进行认定、核算、存储、积累和转换,非正规和非正式学习的成果并没有包含在内。

一、学分的存储

学分银行通过对学习成果的认证、积累,塑造了一个类似于法国社会学家皮埃尔·布迪厄所描述的"具有自身运动法则的小世界",实现了将动态的学习进程和多元的发展途径相融合,影响了学习者所存在的物理空间,并改变了其参与动力。在这个过程中,零散的学分存储将导致学习者资格结构的集中反应。

如果仅从存储的功能看,学分银行可以看成是一个有选择过滤功能的"仓库",将各类学习成果分门别类地存放在不同的"存储单元"中。根据先前学习成果的来源,学分存储可分为集体存储和个体存储两种方式,如图 6-1 所示。学分存储的目的是为获得完整的资格证明或学分互认做准备,当存储的学分达到了某资格的要求,就可能兑现某职业资格或专业资格,这些资格会再次被记录、识别、分类存储到学分银行中,螺旋推进,构成终身学习体系。

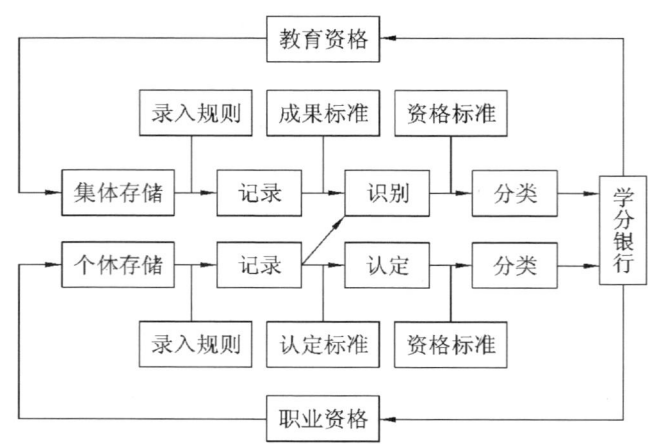

图 6-1 先前学习学分的集体存储与个体存储

1. 集体存储

集体存储是根据国家权威机构发布的政策规定,通过各合作组织之间的协议,以协商的标准、认定方式和成果形式,对被授权的先前学习成果认定机构,如高校、培训评价机构、行业组织、企业或专门认定机构报送的学分进行分类登记存储,不需要对学习成果进行价值评估和学分计算。这里有两个方面值得注意:首先是这些先前学习认定机构必须得到相关国家权威认证机构的授权,登记在册,同时也得到学分银行的承认,所存储的学分才能够得到社会认可。其次是学分所代表的学习成果与资格目录或课程标准中对应的具体成果描述相符。资格标准通常由行业组织研发,不同的专业领域的每个层级和类别的资格对应的知识、技能和能力描述比较明确,认定机构所依据的认定标准与具体资格的描述应能够匹配。

2. 个体存储

个体存储分为两条路径:一条路径同集体存储相近,学分是经过国家权威授权并与学分银行合作的认定机构认定并授予,分别按照录入规则进行记录、成果标准识别和资格标准分类,存储到学分银行的个人账户;另一条路径不仅仅是数量的简单叠加,存储之前需要进行分类鉴定、价值定位和层次判断,再由平台认可的认定机构评估先前学习成果并授予相应的学分。个人存储比集体存储在实施步骤中至少多了一个评估认定或学分转换的环节。值得注意的是,对于已经认定的学分,学习者申请学分银行存储时还要考虑该部分学分的时效性。学分过了一定的时限,先前的学分可能需要重新评估、认定和赋分。因为先前学习是经验性的,或发生在很久以前,或非常不正式。以往的学习证据已经过时、不可靠或根本无法获得,不再能够证明学习者目前还具有某个领域的能力,除非有证据能够证明近期一直从事相关的职业,以及这些认定的学分仍然是有效的。

二、学分银行的运行

1. 学分银行的类型

学分银行是先前学习成果积累的基本制度,实际上就是对不同类型学习成果以"学分"的形式进行转换存储的一个形象化的表述。这种管理模式突破了学习时间与空间的限制,同时突破了传统的专业限制,从而实现了不同教育形态之间的相互转换。我国的学分银行主要有以下四种类型,其典型代表如表 6-1 所示。

(1) 教育部委托国家开放大学建立的以学习成果框架为核心的国家学分银行,其中非正式学习成果主要是指学分银行用户通过平时工作积累的、以非课程非项目形式呈现的学习成果,包括工作经验、工作经历、工作技能、技术创新、技术成果、发表作品、文化传承和竞赛奖励等,目前这些学习成果只能在国家开放大学学分银行以"源成果"的形式进行存储而不能被认定。

(2) 以职业教育国家学分银行为代表的专门学分银行,是国家职业教育发展制度体系的一部分,也是未来国家资历框架的重要组成部分,主要针对学历证书和职业技能等级证书等所体现的各类学习成果,具有学习成果存储、积累和转换等功能,目前还没有针对先前学习学分存储的服务。

(3) 以上海市终身教育学分银行为代表的各省(市)学分银行,主要面向本地区的市民,开展正规教育学习成果和学分银行内设定的培训项目、课程学习成果的认定、存储、查询和转换。

(4) 以无锡职业技术学院为代表的职业院校和应用技术大学的校级学分银行,这些学分银行是学分制的配套制度,主要是针对本校在校生课程规定以外的技能培训、科研成果、竞赛等成果的学分认定、积累和转换。本质上是学分替代制度,以课外活动或科研活动的成果代替课程学分。

表 6-1　我国学分银行的典型代表

学分银行	学习成果形式	服务对象	功能模块	举办机构
国家开放大学学分银行	个人取得职业、学术或其他方面的成果,其中包括工作经历、工作经验、工作技艺、技术成果、技术创新、技能竞赛、文化传承、文化休闲等方面非正式学习成果	我国全体社会成员和各类组织机构	为社会成员建立学习账户和学习档案;提供学习成果认定和积累服务;提供学习成果转换服务;组建学习成果互认联盟	国家开放大学具体实施

续表

学分银行	学习成果形式	服务对象	功能模块	举办机构
职业教育国家学分银行	学历证书和职业技能等级证书等所体现的各类学习成果	"1＋X"制度试点的职业院校、应用型本科高校、国家开放大学、职业教育培训评价组织及相关机构；院校学生、社会学习者	个人学习成果的登记、认定、积累、转换以及终身学习档案的建立；学习信息记录和学习信誉查询；学习成果相关证明	国务院职业教育工作部际联席会议领导，教育部职业教育与成人教育司统筹协调，国家职业教育指导咨询委员会指导，国家开放大学具体实施
上海市终身教育学分银行	国民教育系列学历成绩证明，学分银行证书目录中职业培训等证书，各区县社区学院、老年大学的社区老年教育学习项目	上海市居民	继续教育（学历教育、职业培训和社区老年教育等）学分认定、积累、查询和转换	上海市教育委员会主办，上海开放大学具体实施
北京市学分银行	学历教育证书、非学历证书、非学历培训证明	北京市居民	不同类型学习成果的认证、累积和转换；学习咨询；学分查询和出具学分证明	北京市教育委员会主办，北京开放大学具体实施
慈溪市民学分银行	学历文凭；职业资格、职业技能等级证书；课程学习证明或课程考试合格证明；文化、体育、艺术等各类专题培训的学习证明，或培训合格证书；其他可认定的学习证明	慈溪市居民	学习信息存储、学分认定、学分兑换、学分消费、学习信用管理；存储和积累，市民学习卡（电子卡）管理	慈溪市社区教育指导委员会主办，慈溪市教育局具体实施
无锡职业技术学院学分银行	学术论文、专利、科研类课题、教研类课题、创新创业项目；创新创业类大赛、学科及技能类大赛获奖；"1＋X"职业技能等级证书	本校在校生	学分认定、学分存储、学分查询，自助式学分置换	无锡职业技术学院具体实施

2. 学分银行存在的问题

现有学分银行建设存在一些比较突出问题：第一，资历框架与学分银行未能统筹考虑，相互脱节，致使学分银行运行缺乏通用基准，学分银行与其他高校、行业企业、社会培训机构之间难以紧密联系与合作，严重影响了学分认定与转换业务的开展；第二，由于没有统一基准，致使国家层面学分银行缺乏抓手来统筹指导地方层面学分银行建设，地方学分银行存储的学习成果覆盖面比较狭窄，主要是存储学分银行内部的培训课程和已有证书的学习成果，较少与其他机构之间开展学分互认；第三，不仅是标准体系，还有信息系统、认证服务体系、组织机构、法律法规等基础制度建设也不健全，学习成果认定、积累和转换工作难以深入开展，特别是没有证书证明的非正规和非正式学习成果很难在学分银行中积累和转换。

可见，我国学分银行的实践发展很快，但制度建设和功能相对滞后，许多学习成果认定主观性强，学分认可缺乏等值性和权威性，导致学分积累和转换的实践限制在特定的领域，难以全面推广。因此，需要在国家资历框架的基础上，建立学习成果认定的标准和机制，保证学习者获得的学分可存储、可查询和可转换。学分银行是后端，前端是国家关于各类教育沟通的制度。就目前的情况看，制度体系建设需要自下而上，可以先按照区域或教育类型探索分区和分类的学分银行。例如，当前各省开放大学建立的面向省内居民的学分银行，或者按教育类型分普通高等教育学分银行、职业教育与培训学分银行、继续教育学分银行分行等。可以采用互联网、大数据、人工智能、区块链等新兴技术，各学分银行之间再建立互认关系和协调制度、通用标准等，由点到线，再由线到面，为全社会提供一站式的智能化和个性化的学分银行服务。

高校学分银行兴起于2004年之后，其实质是在建立弹性学制的基础上对学分进行管理。学习者参加学术、培训、科技、实践、文体等活动获得的学术论文、科技创新成果、技能等级证书、技能比赛奖励，可以按照一定的转换规则转换为课程学分。例如，2011年，江苏技术师范学院（现为江苏理工大学）实施了"学分银行"制度，通过鼓励学习者发挥特长，学生从事各类课外活动均可折算学分，获取创新学分和拓展学分，形成了涵盖教育教学、技术技能、学科发展、辅修专业、体育文化竞赛的学分，应用于替换教学计划内要求的选修课学分。学校专门制定《学生拓展创新学分实施办法》，详细规定学生拓展创新学分的组成、认定机构及职责、学分转换机制、学分认定标准等内容。参照银行的运行机制，学校"学分银行"也形成了存分、贷分、兑分和"资产"评价等一系列机制，大大拓展学生的学习实践空间，学生学习的自主性显著提高，一批创新能力强、专业素质好的学生脱颖而出，毕业生就业创业质量逐年提升。江苏技术师范学院的学分银行具有典型的先前学习学分银行的功能和运行特点。

高职教育先前学习认定学分银行的主要对象应该是针对学习者的非正规、非正式学习,而不是高职院校正规课程学习。因为正规教育的学习成果,学校有完备的制度和办法,即便是对于部分转入学生的先前学习,也大可按原课程标准体系进行认定,无须再建一个学分银行。国内不少学分银行,包括正在建设的职业教育国家学分银行都把高校课程和资格证书作为学分存储对象,且主要面向在校生,服务对象范围较窄,大量的非正规、非正式学习成果没有被列入其中,特别是非正式学习成果。因此,对于高职教育先前学习成果的积累,也就是学分积累的管理,要在现有职业教育国家学分银行的体系内,"嫁接"先前学习的专门模块,并接入个人终身学习账户。

3. 学分银行的学分管理

对先前学习学分管理,与现有学分银行的学分管理在功能、程序、主体、标准等各个方面都有所不同,覆盖面更广、成果更复杂。面对如此庞杂的学习成果,为了得到行业和社会的认可,学分银行认定的学分是否具有权威性和公信力,需要法律统一授权,还要基于统一标准、统一程序、统一过程。因此,先前学习学分的加入,并不是简单的模块拼接或功能增加,需要打通正规学习成果与非正规、非正式学习成果的界限。

首先,从存储前的认定标准开始,就要进行对接或融入,确保进入个人学习账户的各类成果"质"的一致性和"类"的共通性。学分银行制度本质上就是基于学分制而建立的一种学习者学习成果的认定、积累与转换的制度,其目的就是最大限度地实现教育体系在时间与空间上的开放性,同时促进学习者的终身学习,以构建一个人人都能享受终身教育权利的学习型社会。也就是说,在学分制的基础上,学分银行的引入在对学习者的学习成果进行管理的同时,进一步提升并拓展了学分互认的内涵与范畴。其基本功能是对学习者无论是通过正规学习还是非正规和非正式学习所获得的学习成果(学分)进行鉴定、积累与转换,最终都可以根据相应的规则授予某种证书,它实质上又是一种对学习成果进行认定的管理模式。总之,学分银行制度是终身教育管理制度的核心内容,它试图为学习者整合来自多渠道的学习成果,使不同类型的学习成果可以互相替代、不同水平的学习成果可以有序衔接,从而为学习者的终身学习提供一整套集学习成果存储、积累与转换的学习管理制度。

其次,建立各项管理制度衔接和融通关系,避免制度存在冲突。学分银行的管理制度涉及管理机构、管理方式、管理流程,认定标准、认定等级、认定内容、认定机构、认证流程,查询流程、查询类型,转换规则、转换主体、转换流程、证明类型,诚信标准、失信行为、处理流程、申诉办法，等等。现有的学分银行中积累的学习成果都是对具有社会公认身份的学历证明或职业资格证明的学分认定，不适用于先前学习成果的认定。[①] 因此，对于已有管理机构的职能、制度内容、规则要求等应进行相应的完善，否则不同制度之间可能会存在冲突或不协调的情况，使多个部门或不同层级的管理机构之间，在制度的执行过程中统一性不够，或者执行不到位。对于高职教育的学习者来说，学分银行开放灵活的学分存兑机制，既能够激励学习者多渠道获得奖励学分，又能够帮助学习者多渠道取得多种资格证书。它以选课制与学分制为核心，涵盖了入学制度、课程标准、学分制度、转换制度以及评价制度在内的一整套弹性学习制度。因此，在高职教育制度改革方面，需要打通学分银行学分积累和转换系统与高职教育教学管理系统之间的信息共享通道。

再次，推动各利益主体共同治理。先前学习成果积累是建立全民终身学习社会的重要制度基础，涉及各个层面和各种类型社会组织的利益，需要以政府为主导，行业、企业、学校、培训评价组织、社会非政府组织等共同治理。因此，有必要从管理机构的组成代表结构上，既要体现权威性，又要体现广泛性，还要体现主体性。所谓权威性，学分银行服务体系建设应由政府主导、教育职能部门或人社部门主管，并依托开放大学组织实施。广泛性是指管理机构应充分吸纳各主要利益相关者参加，代表性要广泛。主体性是指在决策层、管理层和执行层三个层面，不仅要体现政府在社会治理中作为民意代表的主导权，又要体现学校和培训评价机构专业上的权威性，还要能体现行业企业在人才规格、规模上的需求，这三个层面上各主要利益主体不可或缺。具体而言，政府主管部门牵头组成学分银行建设领导小组，负责相关制度的顶层设计和体系建设的整体规划与指导；相关领域专家组建学分银行专家委员会，负责指导和监督学分银行的业务运行，该委员会下还可以设若干专业专家工作组，具体负责组织研制基于先前学习的课程标准、学分标准和转换规则，在这些组织和职能中，各利益主体只有通过不断博弈，才能找到共同的利益基础，参与共同治理。

最后，丰富和提升学分银行的服务功能。从本质上讲，学分银行制度就是学习成果认定、积累与转换制度，其主要目标是建立各级各类教育衔接和沟通机制，拓宽学习和成才的途径与渠道，为学习者提供多次学习和多种选择机会，满足个人多样化的学习和发展需要，推动全民学习、终身学习的学习型社会建设。由于我国的学分银行还没有形成体系，服务功能需要不断强化，以提供更多功能强、价值高、使用便捷的服务项目。例如，指导学习者批判性反思、制定学习计划或职业规划、就

---

① 先前学习成果中有少数非正规学习的成果获得了培训评价机构的资格证明，得到了官方权威机构的认可，可直接存储，书中不单独论述。

业或教育政策咨询等功能。在学分存储的过程中,提供咨询的各类专业人员应该及时介入,提供学分查询、转换和资格证明等方面的指导,帮助学习者明确学分的用途和未来的学习计划。学分银行通过存储和兑换功能的实施,可以为每一个阶段的学习者带来更多更公平的学习机会,从而规范并整合不同学习制度之间的相互关系,为全民学习和终身学习奠定强有力的基础。

三、学分银行的标准和规则

学分银行的标准和规则实质上是对来自机构和个人申请存储学分的准入标准和规则,也可以称为学分银行的学分认定标准,它们组成了以学分银行为平台的标准体系,如图 6-2 所示。

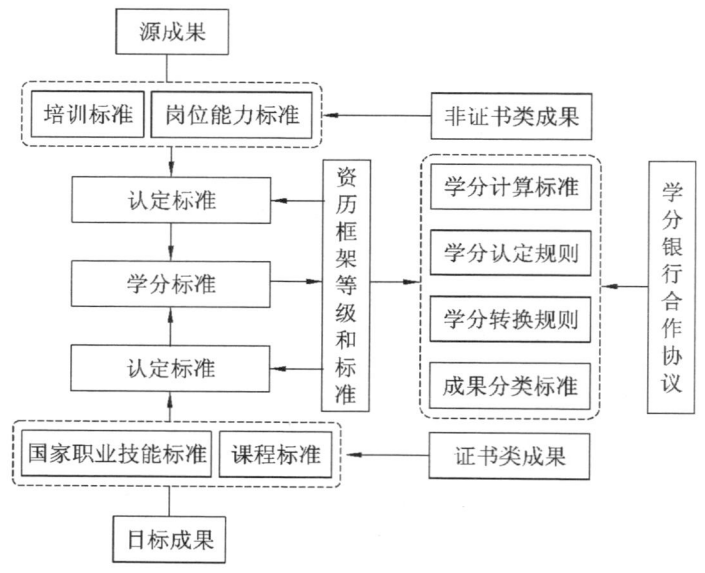

图 6-2　学分银行标准体系

学分银行的标准体系主要包括两大部分:一是对来源于证书类成果的学分认定,这类成果的学分主要是通过国家职业技能标准或课程标准认定并授予证书以相应的学分;二是对来源于非证书类成果的学分认定,这类成果的学分主要指通过学校、培训评价机构、企业、认定机构等评估、认定并授予学分的非正规和非正式学习成果。这两类学分所采用的标准因认定机构的不同会有所不同,但也有必然的联系,如果国家资历框架建立并运行,它们都应以国家资历框架等级描述和水平标准为基本依据,这样所认定的学分就会具有社会流通性和权威性,可以很自然地为后来进行转换提供便利;在当前国家资历框架还没有建立起来的情况下,各认定机构所授予的成果学分就存在较大的差异,需要通过学分银行的标准再次统一学分规格(质量)。

学分银行没有发证的职能,它是在现有教育制度或职业制度基础上的学分认定,因此不能用"源成果"认定的标准来规范学分银行学分记录、识别和分类存储。也就是说,学分银行的标准体系是多方标准融合和各利益主体协商的结果,包括学分计算标准、学分认定规则、学分转换规则和成果分类标准。从结果应用上看,这些规则或标准一方面应依据国家资历框架或国家权威机构发布的政策规定或标准体系,如职业教育国家教学标准、国家职业技能标准等;另一方面应依据学分银行各合作方,如行业组织、企业、高校、培训评价组织、认定机构等共同协商的存储或转换办法(规则)。可见,学分银行的标准体系其实是各利益主体博弈和各类政策、标准、意见融合的结果。

在这个制度体系中,资历框架等级描述和水平标准是学分银行制度的基础,它是根据知识、技能和能力要求构建的一个连续地被认可的资格阶梯。资历框架的本质是资格标准,它因为提供一个协调、整合、可比较的资格系统,形成各个层次教育的知识、技能和能力的统一评价标准,也是各类学习成果进行认定、积累和转换一般性标准体系。在登记进入学分银行的所有学分中,由于不同教育和培训机构采用的学时和学分计算标准不同,而学分银行的所有学分最终是要进行不同教育机构之间的学分互认,需要建立统一的标准,才能进行标准化的资格或学分积累、互认和转换。从发展的角度看,以学分银行为支撑的终身学习体系借助学分银行的标准体系,将推动高职院校的课程体系与先前学习认定标准对接,按照认证单元或能力矩阵的模式,实现"标准化、层次化、模块化、全人化"的课程建设模式,将先前学习成果纳入课程体系和学业评价体系中。

四、终身学习账户

终身学习账户是学分银行的核心部分,学习者的所有学习成果信息都记录其中,是学分存储、查询、转换的信息平台。

1. 建立终身学习账户的原因

对于先前学习学分的存储,需要建立功能更强大、结构更复杂的综合性的终身学习账户,主要有两个原因。其一,大多数信息平台仅仅针对已经取得证书的学习成果,是通过验证证书并授予相应的学分。而先前学习成果往往没有证书,即没有合法的社会身份和对应教育政策的支持,加上其隐匿性和复杂性,一般的结构功能简单的信息平台难以支撑。其二,大多数学分存储信息平台只记录学分,却不具有指导学习者个性学习和职业发展的功能,失去了先前学习积累制度原本应具备的发展性特点。

2.终身学习账户的特点

终身学习账户是一个综合性的学习成果线上平台,具有多种功能和特点。

(1)终身学习账户是记录学习者基本信息、学习成果及其转换信息的电子账户,具有较强的多功能集成特点。学习者和相关组织机构可记录、查询、追溯、转换学习成果。

(2)终身学习账户是学习发展轨迹的电子档案,具有较强的指导性特点。学习账户中除了包含学习者全部的学习成果信息外,还包括他们参加各种学习或培训的学习计划、学习内容、学习过程、学习时间和学习结果等信息,这些学习档案帮助学习者反思学习过程、提炼学习成果、总结学习经验、规划学习路径,避免重复学习,节约学习资源,提高学习效率。

(3)终身学习账户是学习数据平台,具有较强的数智化特点。建立学习型社会,推进终身学习是国家的重大战略,采用互联网、大数据、人工智能、区块链等新兴技术,保证学分信用,为学习者提供一站式、智能化、个性化服务是终身学习账户发展的大趋势。而且,学习成果用学分形式来表现,终身学习账户是服务终身学习体系建设的基础制度,学习数据的自动化、个性化分析必然成为终身学习账户的基本功能。

(4)终身学习账户能够存储各种不同类型学习成果的学分,具有很强的包容性。终身学习账户不仅可以存储证书类学习成果(多数为正规教育证书),而且能通过评估认定非正规和非正式学习成果,以学分的形式赋予其与正规学习成果等值的社会身份,使之以同样的标准和规则纳入同一个系统中,成为今后获得更高层次资格证明的基本条件。

(5)终身学习账户能够与职业教育课程改革相衔接,具有重要的发展性特点。职业教育国家学分银行是 2021 年正式开始建立的国家级的职业教育学校成果信息系统,有众多的行业、企业、高职院校参与其中,在其中加入包含先前学习成果信息存储和成果转换功能有很大的可能性和必要性。而且,职业教育国家学分银行刚刚建立框架,很多内容和规则、标准尚未建立,此时,在学分银行中建立先前学习成果的认定、积累的相关制度并不困难,还能促进职业教育的"1+X"证书制度、学徒制、产教融合、工学结合等制度,以及行业、企业的职业培训和人力资源开发制度的改革完善,将先前学习与职业教育与培训的课程改革与标准建设对接起来。

3.高职院校学分银行

在教育部的大力推动下,我国很多高职院校已经建立了自己的学分银行和学生学习账户,其中包括先前学习学分。学分银行作为学校学分制和"双证""1+X"

证书的配套制度,将学生通过在工作岗位上积累的、以非课程非项目形式呈现的学习成果,包括工作经验、岗位技能、技术创新、工艺改进、发表作品、文化传承和竞赛奖励等,通过认证转换成学分,存入学生个人账户。2023 年以来,高职院校加快了创办校级学分银行的步伐,将学分银行建设与学校的课程教学改革联系起来,共同构成学生学习成果评价体系。例如,成都航空职业技术学院在学分制学籍管理制度的基础上建立了学分银行,以学分为计量单位,对学生各类学习成果进行分级分类认证与核算,如表 6-2 所示。

表 6-2　成都航空职业技术学院学分银行

类型	主要成果	学分
学生竞赛类	大学生职业院校技能大赛、中华人民共和国职业技能大赛、中国国际大学生创新大赛等各级各类竞赛项目并获得区县级以上奖项	0～25 分
证书成果类	所在专业人才培养方案规定以外的职业技能等级证书、"1＋X"证书、应用能力证书等证书成果;论文、专利、著作权等学术成果	0～16 分
实践经历类	学校批准备案的专业人才培养方案以外在企业参加与专业相关的技术岗位实践并通过考核;参加科研项目研究;参加与专业相关的技能比赛集中训练,以及体育特长生、艺术团成员按要求完成相应学时训练	0.2～20 分
课程学习类	参与完成学校认可的校内外在线开放课程、资源库等网络课程学习且成绩合格;参加学校认可的校内外正规机构非学历教育培训并获得结业证书或培训证书	1 分/20 课时
嘉奖荣誉类	课余时间参加学校统一组织的文体活动、劳动实践、艺术实践、社会公益活动等成绩显著并获得区县级(含)以上党政部门嘉奖表彰	1～7 分

通过对高职院校学分银行制度进行分析,其主要目的是引导学生参加校外的各类技能活动和科研活动所获得学习成果,覆盖面相对较窄,学分比例较小,服务对象主要针对在校学生,没有扩展到社会成员中。

高职院校未来发展越来越重视社会服务的广度和深度,可以从校级学分银行开始自下而上探索针对多类型社会学习者和学生的多种学习成果开展评估认定和学分积累,并逐步拓展链接到具有更高稳定性、更高可靠性、更高安全性和更高扩展性的职业教育国家学分银行信息平台,推进与公民网络身份识别系统、人社部职业资格查询系统、"1+X"证书信息管理服务平台、中国高等教育学生信息网、全国中等职业学校学生信息网、在线开放学习平台等系统的对接,让学习者能够便利、及时地获得透明、充分的学习信息和资源。

为学生或社会学习者建立终身学习账户,统筹与各级各类教育和职业相沟通、相衔接的统一的学分标准,制定学分认定标准,使其无论何时、何地、何处,以何种方式获得的学习成果都能够及时得到学分认定和积累,并实现学习成果互认和转化,促进学生或社会学习者终身学习的意识、意愿和习惯的养成。

第七章　高职教育先前学习成果的转换

相对于正规教育而言,先前学习认定是一种"支离破碎"的学习服务。现在的问题不是如何克服认定服务的多样性和分散性,而是如何将不同的认定服务相互连接起来,以及如何在终身学习系统中将先前学习成果从一个系统转移到另一个系统。换句话说,个人如何才能随时随地获得这些认定服务,将非正规和非正式学习的成果"交换"为未来的学习或就业机会。实际上,认定的目的就是为了转换,高职教育先前学习成果的转换是先前学习认定制度的延伸及其认定结果的应用。先前学习认定通过学习成果价值的判断进行学习程度定位,判断是高等教育还是中等教育,抑或是工程师的教育。当学习者从一个学习情境转换到另外一个学习情境时,先前学习被认定的学分后随之迁移,并一点一点积累起来,当这些学分积累到一定的程度,就可以转换为资格证明。在我国高职院校的实践中,先前学习认定并没有和"学分转换"进行区别,主要用于校内课程的"免修免考"。

根据先前学习认定的目的,先前学习成果的转换是整个先前学习认定政策的重要部分,也是先前学习成果的核心价值的体现,如图 7-1 所示。

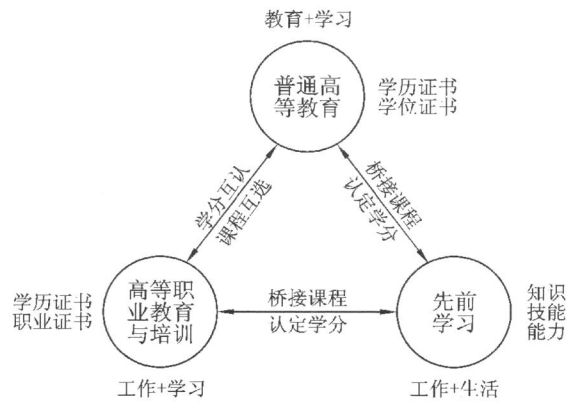

图 7-1　先前学习成果的各类转换

先前学习成果的转换表现在三个方面:一是先前学习学分转换为高等教育的入学资格,可能这部分成果还不足以获得普通高等教育的学历学位,但通过增加"桥接课程"的学习,补齐所缺但必要的课程学分而获得这些证书,先前学习的学分可以作为传统升学考试的替代路径为学习者进入并获得高等教育的条件;二是先前学习学分转换为课程学分,合作学校或学分银行联盟成员间对先前学习学分的相互认可和使用,积累到符合目标课程或职业资格的数量、类型、等级和领域等要求时,获得正规教育证书(学历或学位证书)或职业证书(职业资格证书或职业技能等级证书);三是先前学习学分转换为职业资格,先前学习学分积累到一定的数量,可以单独或与其他课程学分组合获得某种职业证书。这些转换后的资格或学分表明先前学习成果已经从隐匿转向透明、从不可见转向可见、从非正规和非正式转向正规,并成为进一步个性学习和职业发展的基础。

第一节　先前学习成果转换为入学资格

先前学习成果转换为入学资格是学习者申请先前学习认定的目的之一,也是先前学习成果应用的基本形式。先前学习认定是在国家实现教育公平理想下建立的,目的是为那些未能通过正规教育途径获得高等教育学历文凭的学习者提供的替代路径,使通过先前学习认定所获得的学习成果也能进入高校学习并获得资格证书。

一、先前学习成果转换为高职院校的入学资格

随着高职教育内涵发展及其在我国经济发展中地位的提升,社会职能不断扩大,不仅承接大量的政府和企业技能人才培训订单,开展非学历教育;还直接对社会人员招生,为特殊群体提供学历教育。2019—2021 年,我国高职院校连续 3 年扩招 300 万人,主要有四个原因。一是稳就业,受经济下行压力等多种因素叠加影响,就业形势复杂严峻,高职百万扩招有助于缓解当前状态下的就业压力。二是提高就业质量,退役军人、下岗失业人员、农民工和新型职业农民有了接受高等职业教育的机会。三是提升教育服务能力,高职扩招后将为现代制造业、现代服务业、现代农业等产业一线输送更多高素质的技术技能人才,进一步促进人力资源供给侧结构性改革。四是促进职业教育大改革大发展。不难看出,高职教育是我国提高人口就业和促进经济发展的重要政策工具。高职教育职能的扩大,将会有更多的社会成员获得高等教育的机会。

高职教育作为高等教育的一个类型,以服务区域经济发展为主要任务,同时也是区域社会成员提高学历和提高就业质量的主渠道。无论是已经就业的群体还是正在待业的群体,在面对不断涌现出来的新产业、新行业和新职业带来的就业危机,提高学历文凭和专业技能是必然的应变之策,这也是技术技能人才地区流动的重要条件。因此,先前学习成果成为各类社会成员进入高职院校学习的重要选项,也是推进社会教育公平的重要举措。

因此，几乎所有的社会成员都可以利用先前学习成果作为入学资格。不仅是由于国家政策要求高职院校接纳各类社会成员提高其技术技能，还因为当前的高职院校已经在探索能力本位的模块化课程改革，建立基于工作过程的课程体系和职业教育学分银行，为他们利用先前学习成果获得高职教育带来巨大的便利。高职院校可以将课程模块（能力模块或学习模块）设定为认定单元，对学习者的先前学习进行认定，符合入学条件的认定结果可以替代入学资格考试。一般而言，这些先前学习成果可以在教育项目的不同阶段作为学习者的录取条件，可以是在教育项目开始时，也可以在教育项目进行期间的某学习阶段，抑或是在学历文凭认证阶段。

通常情况下，高职教育可能需要将人才培养方案编制、课程建设、自主考试与先前学习成果转换结合起来，利用专业教学团队进行先前学习成果的认定与考试录取，替代部分课程，甚至是直接转换为高职教育的学历文凭，从而节省大量教学资源，降低技能人才培养成本，缩短学习时间。根据先前学习成果的类型和特点及其与课程模块的匹配度，可以采用四种不同的赋分方式：一是学习者的学习成果与一个课程模块相匹配，可以申请特定学分，替代部分课程学分；二是通过将学习者的学习与来自各种单位的学习结果进行匹配，则可以申请一个专业领域的指定学分；三是学习者从未经认证的学习、专业经验和个人经历中识别自己的学习时，可以申请一般学分，经学校评估人员匹配映射到相应的课程后替代部分学分；四是学习者通过自我导向学习或社会导向学习获得的学分，如果与课程标准中预设的学习结果一致，则获得对应课程的学分。

二、高职院校先前学习成果转换为普通高校的入学资格

高职院校学生升入普通本科院校是 21 世纪以来我国发展高等教育的重要政策。1999 年，中共中央、国务院印发的《关于深化教育改革全面推进素质教育的决定》提出，构建不同类型教育相互沟通相互衔接的教育体制，为学校毕业生提供继续学习深造的机会，职业技术学院（或职业学院）毕业生经过一定选拔程序可以进入本科高等学校继续学习。此后，本科高校以统招专升本、自学考试、成人高考、技能竞赛免试等多种途径开始向高职学生打开了大门。在国家职普融通政策的推动下，通过扩大专升本教育拓宽学生成长成才通道政策密集出台。2020 年，《职业教育提质培优行动计划（2020—2023 年）》提出"适度扩大专升本招生计划，为部分有意愿的高职（专科）毕业生提供继续深造的机会。"2021 年 10 月，《关于推动现代职业教育高质量发展的意见》在推进不同层次职业教育纵向贯通的具体举措中进一步提出"按照专业大致对口原则，指导应用型本科学校、职业本科学校吸引更多中高职毕业生报考。"2022 年，《关于深化现代职业教育体系建设改革的意见》要求完

善专升本考试办法和培养方式,支持高水平本科学校参与职业教育改革,推进职普融通、协调发展。根据全国教育事业发展统计数据,2022 年专科起点本科招生 89.93 万人(其中,普通本科 86.62 万人,职业本科 3.31 万人),全国专升本比例为 18.2%。① 国家打开了高职毕业生升入本科的通道,为先前学习成果替代入学资格考试提供了政策保障。

高职学生专升本教育是指高职院校的毕业生通过一定形式的选拔考试或者面试,继续进入普通本科高校接受两年制的本科阶段学习,从而获得本科毕业证书和学士学位证书。对于大多数高职学生来说,专升本的目的是提升职业技能、跨越学历门槛。而专升本教育在跨越学历门槛以及拓展就业范围上有积极的作用,却在最关键的技术技能提升上停滞不前。因此,在高职学生升学进入普通本科的制度设计中,有必要加入先前学习成果的认定、积累和转换,使高职学习者的实践智慧被认可、被利用,对激发他们今后在本科阶段积极进行职业技能的自我投入有重要的意义:一方面,先前学习主要是实践智慧,对于多数高职学生来说,它是职业能力的"原始积累"和实施职业规划的"火种";另一方面,先前学习学分替代本科学习的部分课程学分,节省出的时间可以用来参加行业企业的岗位培训、职业拓展训练和技术研发活动,进而提高专业技能。

对于普通本科院校而言,与高职院校一样,承认和认定先前学习成果有先天的条件,课程制度、考试制度、师资团队、规则标准、信息平台都比较齐备,需要改变的是如何在课程标准和评价制度中接入先前学习成果的认定与转换。可以考虑选用两种接入途径:一种是学分替代,通过课程映射的方式,高匹配度的学习成果不需要重新认定,可以承认高职院校认定的学分;另一种是重新认定,对于低匹配度的先前学习成果,可以根据这类成果对于学习者在本科阶段在该领域专业发展的需要确定,要么不予承认,要么改革该教育项目的课程标准和学习评价制度,设置学习单元和认定单元,对其重新认定学分。

三、普通高校的先前学习成果转换为高职院校的入学资格

在高职院校,有越来越多来自本科院校的毕业生,或本科毕业又工作后的企业人员选择进入高职院校进行知识再更新,技能再提升。"本科学历＋技能证书"已经成为不少大学毕业生求职时的基本配置,他们进入职业院校学习有两个主要原因:一是对现在的就业质量不满意。高等教育的专业结构、类型结构等跟不上经济结构的变化和产业结构的持续升级,市场对技能型人才的需求水涨船高,导致大学

---

① 2022 年全国教育事业发展统计公报[Z/OL].(2023-07-05)[2024-10-25].http://www.moe.gov.cn/jyb_sjzl/sjzl_fztjgb/202307/t20230705_1067278.html.

毕业生人数增长、就业不足的情况；二是专业技术工作薪酬高，吸引力强。因此，不少本科毕业生转换赛道，追求更好的职业发展，由一味地追求高学历转向提升技术技能。

而且，近 10 年国家大力弘扬劳动光荣、技能宝贵、创造伟大的时代风尚，营造人人皆可成才、人人尽展其才的良好环境，提高大国工匠、高技能人才的社会地位，知识型、技能型和创新型产业工人队伍不断壮大。同时，企业的用人更加务实，希望招聘用得上、留得住、会创造的技术技能型人才。普通本科院校也在加强与行业企业的合作，加大复合型技术技能人才培养力度，全面推进工学一体化技能人才培养模式，为发展新质生产力、推动高质量发展培养急需人才。

在这种背景下，本科毕业生转而投入高职教育学习的人数会越来越多。不论是他们先前在本科院校的先前学习成果，还是在工作岗位上积累的实践智慧，都可能成为他们进入高职教育的重要条件。对于高职院校而言，本科毕业生有较强的理论知识，这对增强和转化先前学习成果这类实践技能尤为重要。因此，针对先前学习成果开展学分认定、入学录取和课程设置是非常必要的，也是高职院校的优势所在。当然，在更多的时候，本科毕业生进入高职院校学习还需要国家政策进一步明确，也需要学校之间或校企之间的合作协议提供制度保障。

第二节 先前学习成果转换为课程学分

先前学习学分互认是学习成果转换的一种形式，是指学习者的先前学习成果在一个学校认定的学分，可以转换为本校的课程学分，同时也能为其他院校或行业企业所承认。随着高等教育事业的发展，必须整合教育资源，重新配置和利用现有的教育资源，盘活教育资源的存量，这就要求各种不同教育机构和教育类型、形态之间要相互开放，建立有机连接和互相融通，学分互认必然成为高等教育大众化和普及化的基本制度。大多数发达国家的高校都实施学分互认政策，学分互认是高校合作的最直接的方式。在这些高校中，高等职业院校是最为活跃的一类，它们不仅在同类学校之间开展学分互认，还将学分与职业证书、学历文凭、企业培训、职位跃升等学习与工作发展目标联系起来。

一、学分互认的政策

我国在多项政策中要求高职院校建立学分互认和学习成果转换机制。2004 年《教育部关于在职业学校逐步推行学分制的若干意见》提出，逐步建立和完善区域内职业学校之间的学分互认机制，推进区域间、学校间和专业间的学分互认，职业学校之间相近专业的课程或培训项目的学分互认，学历教育与非学历教育相近的课程或培训项目之间的学分互认。此后,在《国家中长期教育改革和发展规划纲要（2010—2020 年）》《现代职业教育体系建设规划（2014—2020 年）》《国务院关于加快发展现代职业教育的决定》《中华人民共和国国民经济和社会发展第十三个五年规划纲要》《国家职业教育改革实施方案》和《关于推动现代职业教育高质量发展的意见》等一系列的政策中,要求学校搭建终身学习"立交桥",建立继续教育学分积累与转换制度,实现不同类型学习成果的互认和衔接;普通学校和职业院校可以开展课程和学分互认,职业院校和职业培训机构可以推进非学历教育学习成果、职业技能等级学分转换互认,开展学历证书和职业技能等级证书所体现的学习成果的转换,高等职业学校与应用型大学可以开展课程互选、学分互认,等等。此外,我国 2022 年修订的《中华人民共和国职业教育法》从法律上规定,国家建立健全各级各类学校教育与职业培训学分、资历以及其他学习成果的认证、积累和转换机制,推进职业教育国家学分银行建设,促进职业教育与普通教育的学习成果融通、互认。自此,我国不同类型教育之间学分互认的政策法律体系已经基本建立起来。

二、学分互认的类型

很显然,这些政策和法律规定的学分互认（转换）可以发生在各级各类教育或培训机构之间,学习者在不同经历中获得的学习成果,只要被权威机构认定了学分,就应该被另一个教育机构、培训机构,或用人单位、企业组织所承认,并在制度、协议规定的范围内被积累、使用。这些学分可以在纵向衔接不同的教育层次,横向联通不同的教育类型。高等学校间的广泛合作为先前学习学分互认提供了前提条件,最初主要表现为在相邻的学校间或"大学城"内开展合作,以实现资源优势互补。但随着高等教育资源更加多元化、各种高等教育和培训机构之间的合作越来越密切,学分互认也逐渐扩展开来,主要包括三种类型。

1. 区域内各学校之间学分互认

通常为了实现一个区域内人才流动或教育培训之间的合作,政府和行业组织牵头制定学分互认政策或标准,建立区域学分互认机制。得到政府授权的先前学习认定机构认定授予的学分,能够得到区域内其他合作学校的认可,作为获得职业证书和学历文凭的依据。比较典型的是欧洲学分转换系统（ECTS）,又称为欧洲学分互认体系,是欧洲各国在高等教育领域互相衔接的一个项目,该体系对所有愿意参加的欧洲国家开放,以便在联盟范围内转换学分。美国虽然没有全国性的学分与资格认证框架,但是发展了社区学院与大学的学分互认机制。北卡罗来纳州的"全面学制衔接协议",制定了完善的学分互认运作规则。我国香港地区各院校正在推行和建立一个以"学分累积和转移"为基础的学历架构,以方便学生的转移和流动。这种"学分累积与转移"制度尤其适应于两地学生开展"双校园"模式的学习,它与灵活的弹性学分制相配合,为学生的跨校学习提供保证。在我国建立现代职业教育体系的背景下,区域职业教育学分互认可以从中专到高职、职本纵向贯通,促进不同层次的职业教育与培训有效衔接,继而在横向上推进区域高等职业教育和普通高等教育之间的学分互认。

2. 学校之间学分互认

一般来说,相同类型学校之间通过协议或联盟建立起学分互认制度,一个学校认定的先前学习学分可以得到另一个或多个学校的认可,当这些学分积累到一定数量,就可以在一个或多个学校获得学历文凭,还可以转换为职业资格证书。这种形式的学分互认往往与学校间的课程互选联系在一起。在当今社会,个人的学习权利已经被广泛承认,本质上是承认学生学习的选择权,使学生在最广泛的学习环境下发展、提高和养成综合素质。具体而言,在教学中或是对学生学习、生活、实习实训的管理中,以学习者为中心,让学生自由地、充分地发挥潜力,教师只是作为学生学习的促进者、鼓励者和维护者,在学习的过程中激发学生的学习动机,帮助他们掌握获取知识的方法,鼓励学生充分发挥自己的潜能,最终实现自我。其中,学分转移与衔接是保障学生学习选择权得以实现的基本制度,使学习不再固定在一时一地,也不再拘泥于学校设计好的课程范围,充分体现对学生个性发展的尊重,注重学生的态度、情感和独立学习能力等发展,促进个人潜能的发挥。随着高职教育课堂外更多学习机会的开放,尤其是 MOOC、微课、翻转课堂等新的学习形式和在线课堂等教学资源的大量涌现,学习者有更多的机会去选择传统课堂外的学习,并且这些自我导向学习或社会导向学习成果,可以像正规学习一样转化为相应学分,得到其他学校的认可和使用。

3. 校企之间学分互认

校企合作是世界各国职业教育培养人才的基本模式,无论是"双元制"还是"学徒制",人才、资源和学习成果的双向流动都是学校与企业之间合作的主要内容。就学习成果而言,学习者无论是在学校还是在企业的先前学习成果都是他们专业成长和学习发展不可或缺的宝贵财富,无论是对于学校还是企业都应该得到足够的重视,并相互认可。一方面,学习者从学校带来的先前学习学分对于企业来说,既是人才筛选的标签,又是人力资源开发的基础,应该得到企业的认可,并成为员工职级晋升、获得聘任和培训机会的重要条件。另一方面,学习者从企业先前学习的成果,正是学校与企业合作的主要目的所在。学习者在企业工作岗位的实习实训获得的感性认识、工匠精神、职业敏感性、企业文化认同、熟练操作技能,等等,都应该被认定为学分,纳入学习者的学业档案中,成为他们获得职业证书和学历文凭的基本条件,而不是替代条件。2015 年,《关于推进职业院校服务经济转型升级面向行业企业开展职工继续教育的意见》要求职业院校要根据企业需求，以相关专业全日制学历教育课程资源为基础，提供职工继续教育课程资源订制服务，促进两套课程资源的融通互促，探索职业培训课程学分转换为相关专业学历证书课程学分。根据 2022 年《关于深化现代职业教育体系建设改革的意见》，我国未来将建立省域现代职业教育体系，以及大量的行业产教融合共同体、市域产教联合体，这些共同体和联合体将成为区域职业教育与培训机构之间联系的纽带，在这些机构中获得的先前学习成果必然要被认定和利用。

三、学分互认的准则

先前学习认定与学分互认（转换）都是获得学分的独特过程，但二者明显不同。先前学习认定的对象是学习者个人，带有明显的职业导向；学分互认的对象往往是正规教育的专业或课程，它通常承认的是以往在外校的学习成果或已经认定过的学分，并不需要特别的考核和认定。也就是说，在学分转换中，需要判断的是关于目标课程或专业的学习计划、结果和评估。而随着学习者的学习途径以及他们的生活和工作经验越来越复杂，其中很多人会同时使用先前学习认定和学分转换。相比之下，先前学习认定过程涉及对个人知识和技能的个案评估，这些知识和技能可能来自包括工作场所学习和一般生活经验在内的一系列学习经验，以确定对应目标资格的要求可以给予的学分。对于某课程或资格的录取，以及对于某课程或资格的授学分，可以在先前学习认定和学分转换中二选一。先前学习认定是作为正常教育或资格先决条件不存在时的准入替代机制，可以用于授予部分或全部完成某一课程或资格的学分。学分互认同样被用作一种准入替代机制，以确定先前学习与进入高等教育入学的正常先决条件的等价性。

虽然先前学习认定已经授予学习成果一定的学分，但这并不是说，学分互认不需要标准或规则的限制，也需要经过专门的评估。学分互认通常是基于正式的学分制度或协议，由机构在明确的课程内容基础上协商达成，独立于申请者个人的过程。学分互认评估的是个人用于申请互认的获得或授予学分的先前学习成果，需要申请的学校根据互认规则和标准判断其在多大程度上等同于正规教育课程或职业资格所要求的学习成果、能力成果或标准，以及能够匹配哪种类型的课程和学分数量。学分互认有三方面需要注意。

一是学分的类型。可以根据学分的来源分为行业证书类学分、发表论文类学分、发明专利类学分、社会活动类学分、竞赛类学分、工作实践类学分，等等；根据使用范围分为必修课学分、选修课学分和实践课学分。无论是哪一种分类，最终通过学校之间或联盟成员协商的结果来确定具体的分类方式及其标准，以及可以用于替代哪一类课程的学分。

　　二是学分的计算标准,目前国际上通行的做法是基于社会普遍共识的标准,以便于和现行的正规教育课程进行学分转换。当然,不同国家或者地区对正规教育学分的规定并不完全一样,有的只包含课内讲授时间,有的还包括课外预习、复习、考试和实习、实验的时间。我国高等职业教育课程学分以课内讲授时间,即需要有教师参与的学习时间来计算,其中,理论类(含理实合一)课程一般以 16~18 课时计为 1 个学分①,集中性实践类课程(包括实验、实训、实习、毕业设计、社会实践、跟岗实习、顶岗实习等),按 1 周计为 1 个学分。由于先前学习成果的复杂性和不确定性,为了与现有正规教育学分标准兼容和学分转换,需要合作各方在职业教育国家教学标准体系和国家职业技能标准的总体框架下,协商确定转换规则和标准。

　　三是学分转换的总量限定。由于先前学习的成果都具有短期性、应用性、零散性和不规范性等特点,而职业教育不仅仅培养职业技能或实践能力,更要培养具有系统知识技能和综合职业素养的技术技能人才。因此,先前学习成果转化学历课程学分的比例,往往要控制在一定的范围内。很多国家都在先前学习学分转换制度中要求不得超过学历证书或职业证书要求的总课程学分的 50%,甚至不能超过30%。而剩下的学分必须在学完学校规定的课程(桥接课程)后获得,有些学校还要求必须在学校内完成剩余比例学分的课程,才能获得相应的资格证书。例如,澳大利亚开普敦烹饪学院通过先前学习认定所获得的学分不能超过某一培训项目所需要总学分的 1/2,另外一半的资格学分要求必须通过在学术指导下的正规途径来获得。②

第三节　先前学习成果转换为职业资格

　　职业资格是先前学习成果透明化、社会化的"身份证",也是衡量其价值的"标签",获得职业资格是学习者申请先前学习认定的主要目的之一。

一、先前学习成果转换为职业资格的依据

　　对于已经通过认定获得学分的先前学习成果,将有机会把这些学分计入相关资格证书的成绩中,当这些学分能够清晰地指向国家资历框架中的认证单元,并达到了预期的学分总量和资格证书的组合规则,那么就可能转换(多数时候需要进阶)为整个资格。当然,先前学习成果转换为职业资格,往往是和先前学习认定、学分积累、桥接课程等联系在一起的。先前学习认定确实提供了获得资格的额外途

　　① 教育部关于职业院校专业人才培养方案制订与实施工作的指导意见[Z/OL].(2019-06-11)[2024-10-05]http://www.moe.gov.cn/srcsite/A07/moe_953/201906/t20190618_386287.html.
　　② 朱敏.澳大利亚先前学习认定的政策框架与实践成效[J].教育学术月刊,2015(2):11-17.

径,但并非任何一次学分认定都能够获得一个完整的职业资格。如果先前学习成果不能够被认定学分或找不到对应的认定单元,那么这些先前学习成果可能会失去获得职业资格的价值。因此,学习者需要考虑如何将获得的大量学分作为个人、雇主或学习机构成就的"里程碑",特别是对于需要长期取得的成果和职业资格要有清晰的学习目标和规划。

先前学习成果能否转化为职业资格,需要有衡量的标准。在通常情况下,国家对教育有基本的规格要求,使职业教育与学历教育之间能够相通。也就是说,学历教育、非学历教育和职业教育的沟通,各个行业的职业证书如何与学历教育沟通都需要有一个基本的标准。很多国家和地区是以国家资历框架连通各种类型和各个层次的资格。这样,不仅为先前学习成果提供转换的依据,表明其所具有的社会价值,还提高了职业证书的权威性和社会认可度。

不同的国家或地区对于职业资格的获取有不同的标准,与学分互认所依据学校或联盟协议的标准不同,获取职业资格的标准通常是由国家或地区统一规定的,最为普遍的是资历框架。例如,我国香港地区在建立学习成果认定与转换制度中确定了以行业能力要求为基准的资历架构(HKQF),行业通过行业培训咨询委员会(咨委会)来参与拟订、维持和更新相关行业的能力标准。行业的能力标准以"能力单元"的形式呈现,并形成"能力单元—课程—资历"三级标准体系。标准与资历框架有机结合,通过学分积累与转换功能,实现各类资格的互认与融通。该标准体系充分满足学习者不同的学习需要,并保障社会培训资源得到更有效的利用。澳大利亚评价标准是行业培训包,行业培训包是由行业制订并得到国家认可的培训计划,培训包规定了国家资格、国家能力标准和评估指南,并由行业进行动态修订。南非建立了保障资历框架实施运行的资格标准、学分标准和单元标准等。资格标准是南非资历框架核心标准之一,它规定了每一个资格类型、等级、所属的类别和领域等相关信息。南非国家资历框架运用"概念学时"界定学分,指学习者达到获取学习成果要求所需要的平均时间,1 个学分等于 10 个"概念学时"。单元标准是指预期的教育和培训成果及有关的评价标准和程序等的表述和说明。

我国内地各学校相同的专业对于学时以及学分的要求都不一样,要将先前学习成果转换为职业资格就非常困难。在当前的情况下,建立职业资格证书的组合规则至关重要。而组合规则的制定不仅要与我国已经存在的职业教育国家教学标准体系、国家职业资格目录相衔接,还需要与各行业标准、龙头企业资格标准对接。既要体现国家标准的统一性,还要体现行业企业一线技术要求的灵活性。一个资格证书的组合规则越灵活,学分转换为职业资格的机会就越大。

二、先前学习成果转换为职业资格的方式

通常情况下,资历框架与学分标准以认定单元为单位来计量学习者的学习数

量,用资格来计量学习者的学习水平,当学习者成果的数量与水平符合一定的组合规则时,就可以授予资格证书,先前学习成果转换关系如图 7-2 所示。

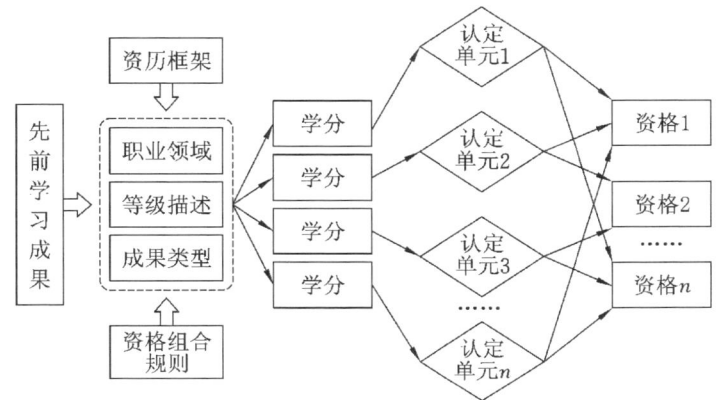

图 7-2　先前学习成果转换关系

认定单元是资历框架的最小单位,是对学习成果进行细化的最小单位。认定单元在不同的国家或地区也称为能力单元、学分单元、课程单元或评估单元。它是行业的权威机构根据国家资历框架或资格组合规则而开发,按照学习成果描述的知识、技能和能力三个维度制定的学习成果认证标准,确定了在不同层次学习成果的内容。符合认定单元关于知识、技能和能力描述的学习成果才可能获得认证,获得学分。每一个认定单元都有专属的名称和编码,对应学习成果的应用领域、所属等级和对应学分、考核内容与说明等各方面的详细信息。先前学习成果可以对照这些信息找到可以申请的职业资格及其所要求的标准学分和转换规则。

第四节　先前学习成果的转换规则

学习成果转换依赖于转换规则,转换规则是不同学习成果以学习成果框架中相应等级的认定单元作为共同参照基准,通过进行差异比较确定的相互之间的对应关系,对学习成果认定、积累与转换的实施和运作有着重要的保障作用。

一、协议下的学习成果转换制度

与高等教育课程的高度结构化、专业性和学术性相比,先前学习成果具有分散性、缄默性和不确定性等特点,很难有一个全国统一的转换规则和标准。即便是已经建立国家资历框架的国家,也会因为行业或专业领域的不同而存在先前学习成果认定或转换不兼容的问题。因此,形成了各具特色的转换制度。

根据各国先前学习成果转换的制度,学校联盟是先前学习成果转换最为广泛且切实有效的形式。在欧盟国家、美国和加拿大等,已经建立了一些区域高等教育联盟、行业教育或培训机构联盟、相同层次或相同类型学校联盟等,这些联盟内部形成了共同的标准和规则,学习成果可以在各成员间相互流动,当然对于彼此认定的先前学习成果,也有适用的互认规则、标准和程序。例如,欧洲学分转换系统(ECTS)和职业教育与培训学分系统(ECVET),英国的学分积累与转换系统(CATS)。欧洲学分转换系统是世界应用范围最广泛的学分银行系统,它以学分认证和转换为主要目的,主要依据课程的层次、性质等认定学分,将学习成果单元作为评估与认定的基准,其中用一系列的知识、技能和能力要求对学习者需要达到的目标成果进行描述,将学习者在不同国家和地区获得的学习成果统一换算成学分,被不同的社会机构使用。因此,在这个系统中注册的各成员国学习者,可在其他不同国家、学校和企业自由选择学习的方式、类型、地点,学习成果可以对接本国学分认定与转换系统,被认可并转换为某种资格证书。它在推动欧洲一体化进程中发挥着重要的作用。

二、学分银行的成果转换制度

目前,我国还没有建立国家层面的学习成果认定与转换制度,各类学习成果的互认与转换也没有形成统一的认定框架和标准。虽然部分高校已经开展一些学分互认的实践,但多表现为两校或多校协议下的学分转换。这些协议内容或包括标准,或包括制定标准的规则,没有形成学校广泛承认的学分互认标准,互认的形式也非常有限,也只能局限于一定范围内,无法形成全社会的普遍行为和组织间的一致行动。

以联盟形式开展学习成果转换最普遍的是各省或地区的学分银行,这些学分银行有大量的加盟成员,成员根据学分银行统一的标准和规则进行学分的认定、积累和转换。例如,"江苏省终身教育学分银行学习成果框架"提供了一个现代的、灵活的、综合的学习成果认证标准体系:① 对各类学习成果(包括各类学历文凭、证书所包含的学习内容和先前学习成果等)进行分类、分级、认定和衔接;② 适应各层次教育和培训的目的,规范培训体系,确保教育培训质量;③ 方便人们在各类教育之间、教育和培训之间以及劳动力市场之间的流动;④ 为个人提供教育基础和发展机会,支持个人终身学习目标的实现,并获得对先前学习经历的认可。

在我国众多的学分银行中,很少见到有这样在目标和标准体系中明确提出服务先前学习成果的例子。本质上,大多数学分银行联盟是多个主体之间资源交换和共享的一种价值链。大多数学分银行提供网络课程,开展培训业务,它们主要是在系统内运行,转换最多的是已经进入学分银行培训课程目录的学习成果或正规教育的学历证书及职业证书,为个体学习提供先前学习成果认定和转换服务的比较少。例如,北京市学分银行管理中心设在北京开放大学,负责组织制定北京市学分银行的制度规范和学习成果认定标准、学分转换管理办法、学习成果分类目录等;负责全市学分银行认证中心的设立和评审工作;为加盟学分银行的院校、行业企业、教育机构、职业资格证书颁发机构和学习者等提供学习成果认定、学分积累和转换、学习咨询、学分查询和出具学分证明等服务。

在先前学习成果转换的过程中,学分银行发挥着重要的作用。学分银行通过对学习者的学习成果进行认证,转换为统一的存储学分,并根据规则将存储的学分转换为资格证书。转换既可以是认定后直接转换为课程学分或资格证书,也可以是学分积累到一定的量和质以后再转换为某种资格证书。在多数时候,学分银行在认定与转换之间起着过渡的作用,扮演着存储器、过滤器和转换器的角色,但并非所有的学习成果转换都需要学分银行在中间发挥作用。对于高职院校而言,先前学习成果转换主要用于校内的课程学分替代,学分银行的作用非常有限。例如,无锡职业技术学院等高职院校的学分银行同样也是其组织内部的学分管理制度,而非真正意义上的先前学习成果转化制度。

三、先前学习成果的转换原则

1. 信息的同一性原则

先前学习成果的复杂性是其被认可和转换的最大障碍。因此,实现转换需要形成统一的信息要素和规范的文件格式,以及制定一套共通的与先前学习认定、经验学习或非正式学习等有关的理念、概念、观念、术语共享词库,作为利益相关者之间建立共同语言的一种手段和相互理解的基础,为政府、学校、行业组织、企业、先前学习认定从业人员和相关社会组织所使用。

2. 学习成果质量的互信原则

互信是互认的基础,为了互信而建立联盟协议是对学习成果质量的制度性保障,是当前学习成果转换最普遍的做法。而各种协议配套的文件是对每种学习成果类型的具体描述,以保证学习者不同类型的学习成果具有一致性。一些国家或地区建立学分积累与转换系统也是为了实现对互信的保证。这样,无论如何转换学分,其过程都变得更加透明和清晰。本质上,学习成果(学分)转换机制是一种对先前学习进行再鉴定的过程。

3. 学习成果的"同质等效"原则

学习成果转换不会自动发生,需要先前学习与目标课程或职业资格的具体学习成果之间具有较强相关性。基于学习成果框架的先前学习成果转换通用标准,与劳动力市场人才标准对接,在很大程度上反映教学标准和岗位标准的融通性。因为课程内容难度的差异,课程教学时间也存在较大的差异,先前学习类型的复杂程度映射相应难度课程内容的学习量和学分值,所折算的学分值不尽相同。例如,"江苏省终身教育学分银行学习成果框架"规定,理论性学习按12~18个学时计1个学分、理论与实践性学习兼备按18~24个学时计1个学分、实践性学习按24~30个学时计1个学分。其目的是确保转换的学习成果具有与正规学习成果或目标课程成果同样的质量标准。

4. 学分互换的有限原则

学分互换虽然遵循同质等效原则,但实际运用中并非覆盖所有课程类型。多限于公共课、专业基础课和非核心专业课程,而且一般累计不会超过教学计划规定课程总学分的50%,很多高校的实验课、实习课、毕业环节(毕业论文、毕业设计、毕业实习调查报告等),以及国家统考课程和学位考试课程均不会对学分互换开放。

四、高职教育先前学习成果的转换规则

实现先前学习成果转换比较理想的路径,是由国务院职业教育工作部际联席会议主导,建立并围绕国家资历框架制定国家学习成果认定、积累与转换制度体系,确立职业教育国家学分银行的主体责任,在其中增加先前学习认定、积累和转换的功能。同时,组织由各行业、企业、高校参与开发的统一标准与规则体系,能够基于行业岗位能力需求覆盖各个领域。此外,建立各职业学校学分银行与职业教育国家学分银行的从属关系,建立数据链和大数据平台,各校按照统一的标准和规则认定、积累的先前学习学分,能够在所有中职、高职、职业本科学校之间流动。社会上提供各类资格的颁证机构也都能够参照国家资历框架和与之相对应的认证标准开发专业、证书及课程,推动更广泛的学习成果之间的转换和衔接。

转换规则包括转换的资格或课程、转换的学分等要素,转换规则与认定单元组成转换认定标准。转换规则的内容是不同学习成果参照学习成果框架中对应等级的认证单元,通过差异比较,确定相互之间的对应关系。转换认定标准包括资格标准、认定单元标准、学分标准,及其相互间的关系。认定单元标准是指预期的教育和培训成果及有关的评价标准和程序等的表述和说明,须包含以下要素:单元标准名称和代码,在学习成果框架或国家资历框架中单元标准的水平;认定单元的学分数;认定单元所属的专业或职业领域;认定单元的目的;拟评价的具体结果;评价标准。一个或若干个认定单元组成一个资格,其中应包含关键学习成果。关键学习成果是指所有教学都应取得的通用成果,包含基本技能和能力。通过认定的学习者可以获得课程学分,也可以获得技能卡、职业资格证书、技能等级证书。

第五节 先前学习与桥接课程的匹配

如果学习者申请先前学习成果转换是为了进行正规学习,如进入普通高校或高职院校,或者为了获得某种正规的职业资格,那么可以利用的先前学习学分往往会受到限制。理由是学习者必须在学校有充分的时间进行正规学习来确保专业资格和文凭学历的学术性。为此,学校会规定学习者获得完整资格或学历文凭要求的总学分中的一定比例必须在学校完成,以"桥接课程"的方式补充先前学习认定以外的学分。也就是说,先前学习成果只有和桥接课程学分结合在一起,才能获得最终的职业资格或学历证书。

一、桥接课程与先前学习

学习者的先前学习成果不能满足目标课程或教育资格(学历证书或学位证书),或者职业资格(技能证书、职业证书)所要求的学习成果,则必须在学校规定的课程目录中再选择学习一部分课程模块,并取得相应的学分,补充完整目标资格所需的全部学分,这部分课程就是桥接课程。先前学习认定是获得正规学习机会或资格证书的替代路径,却往往不能完全替代,而是要通过补充学习,以达到正规学习所要求的所有学习成果的数量和质量,才可以获得正规学习的资格证书。因此,桥接课程与先前学习的组合才是正规学习替代的完整路径,如图 7-3 所示。

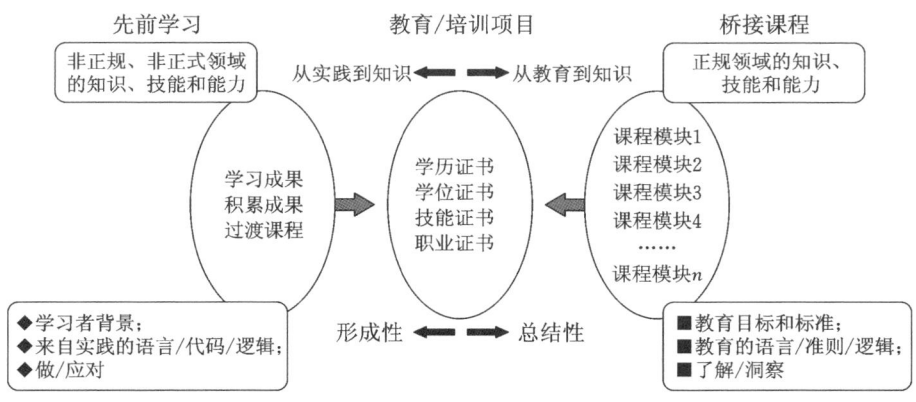

图 7-3 先前学习与桥接课程的匹配关系

先前学习与桥接课程的结合,既保证了高等教育知识能力的系统性,又充分体现了学习型社会对学习者个性学习的尊重与推崇。实行基于学习成果的先前学习认定、积累和转换制度,基本逻辑是承认学习者的差异,鼓励个性学习,这是贯彻因

189

材施教培养人才的一个重要举措。高等学校学习者的能力差异突出表现在思维能力、认识能力、分析和解决问题的能力上,实行先前学习成果转换或学分互认,有利于学生根据自己的能力掌握学习的主动权,生动灵活地学习。因此,国内外高校都在积极地对课程进行基于学习成果的改革,设计一系列的课程模块,与先前学习成果转换制度相结合。这种基于学习成果的课程模块与先前学习的结合,有利于形成个性特色明显的培养方案或教育项目,已成为现代教育体系建设的必然趋势。

二、桥接课程模块设置

桥接课程的制度基础是基于学习成果的课程模块和学分制。对于当今为大学提供大部分资金的政府和社会来说,学习的相关性和办学效益的问责制变得越来越重要。而学习的相关性和问责制在对学习成果的阐述中显而易见,其价值对雇主和政府等重要群体将更加透明。因此,与使用基于结果的先前学习认定一样,大学课程也开始广泛开始基于学习成果的课程改革。

大学课程的改革也同样是建立在学分制基础之上。大学的课程改革结合学分制,建立了至少由必修课程、选修课程和任选课程三类课程组成的课程框架,在拓宽学生专业基础的同时增强选课的灵活性和适应性。学分制与教学运行组织系统的协同管理相结合,增强校际合作,又实现学分互认。在这种制度下,高等学校和培训评价机构根据课程在各专业人才培养与专业(学科)中所处地位,按照知识、技能、能力,以及其难度等级和学习量,将课程划分为不同的块状学分结构,也就是课程模块(学习模块)。它将清楚明了地为学生提供比许多大学课程标准更多的信息,呈现给学生在课程中会涉及什么、完成课程将知道什么、懂得什么和能够做什么,学生在各种实践活动中技能的熟练程度,以及如何评价学习,等等。可见,传统的课程目标与学习结果的本质区别就在于课程目标是指向课程的教学,而学习结果是指向学生和学习的。因为学习结果关注的是学生的学习,所以对学习结果基准课程模块的评价将会变得更加容易。

在这种课程改革理念下的全部课程被分为不同的课程模块,如公共基础课模块、专业基础课模块、专业核心课模块、专业选修课模块、公共选修课模块、人文素质模块、实践教学模块和创新教育模块,不一而足。同时,各类课程又按照修读要求分为公共必修课、公共选修课、专业必修课、专业选修课等,从而形成了一个由不同课程模块构成的课程体系。由此建立统一的课程目录和编码系统,其中每一个课程模块包含大量的标准信息,并有一个区别度高的课程编码。

在学习者申请先前学习成果认定之后,目标高校或培训评价机构会帮助他们根据已经认定的成果内容、分类和等级等信息,确定目标教育或培训项目所对应的学习成果,通过对比匹配课程,将会出现一些难以匹配的课程模块,它们往往就是学习者仅仅通过先前学习不足以获得预期资格证书而需要另外学习的桥接课程。桥接课程是先前学习的后续课程,属于正规教育的性质,是学习者通过培训、工作、生活等非正规、非正式学习所难以获得的知识、技能和能力,也是正规教育要求本领域学习者必须掌握的能力。因此,很多国家的高校在先前学习制度中,预留一定比例的、不可替代的课程作为桥接课程。一些国家还规定桥接课程必须在校内或在规定的场所和时间内完成。

三、桥接课程与先前学习成果的匹配

桥接课程与先前学习成果的匹配遵循因材施教的原则,尊重学习者个体的学习自由,学习者可以根据自己工作、生活、受教育和学习的实际情况,对未来学习的目标、内容、课程、进度、时间等方面自主选择,学校支持他们进行个性学习。同时,学习者也要在对应专业领域按照学校课程体系的制度标准,在课程模块目录中选择既能够提高专业素质和学术能力的必修课程,又能够拓展未来学习领域和厚植职业能力的选修课程。至于是专业优先还是学科优先,是优先发展学术能力还是优先发展就业能力,往往并不冲突,但在选择桥接课程的时候,仍然需要确定优先项。

因材施教可以理解为根据教育对象来设计和实施教育方案。通过提供宽口径、大容量人才培养方案供学习者选择桥接课程,再结合课程模块中的群组模块化处理,对学生的选课行为从体系上给予限制和引导,从而保证减少或避免学生选课的盲目性。因为,先前学习成果可能单独匹配某课程模块获得某一学习单元学分,也可能要与某课程模块结合起来获得某一学习单元学分,这是课程反复解构、重构的过程。高职院校可以根据职业领域和专业发展框架,将专业、课程转换为人才培养方案,设计出大量人才培养方案供学习者选择。这不仅需要在课程设计上投入大量人力、智力,还需要在指导学习者如何选择课程模块上大量投入。

同时,还要尽量避免课程设置的复杂化,也不宜过多设置过高难度的课程模块。这首先要在确定目标教育或培训项目的等级上做好定位,可能需要根据学习者先前学习成果的存量及其质量、等级,确定是专科、本科还是学位课程,以此匹配桥接课程的内容、等级、时序及其总学分。可能还要根据目标教育或培训项目的特点,确定是以理论为主的桥接课程还是以实践能力为主的桥接课程。

还需要关注的是,在学习者进入高职专科、职业本科或普通本科之前,还需要提供过渡课程的指导,实际上是为学生提供适应性支持。申请先前学习成果转换的学习者,有一部分可能是过早离开正规教育,以往没有接受过高等教育,如退役军人、新型农民工、失业再就业人员等,在进入高职院校学习时,需要职业教育或培训评估机构给予学习者适应新学习的过渡支持,包括:为学生提供进入学分转移与桥接路径的课程计划或相关学习准备;帮助学习者理解学术素养、批判性思维、科研及时间管理等方面的知识和能力;帮助学习者提高学习反思与职业规划的能力,等等。

第八章　高职教育先前学习认定的质量保证

先前学习认定的目的是使非正规学习、非正式学习成果正规化和透明化,将其转换为课程学分、学历证书或职业证书,得到社会的认可。实现这一目的以认定质量为前提,可以从建立政策法律体系、多主体合作、提高程序质量和为学习者提供支持服务,以及提高认定从业者质量等方面着手,实现先前学习认定的成果与正规教育学习成果"等质同效"。

第一节　先前学习认定的质量内涵

人们从不同的价值取向出发,所理解的质量内涵不尽相同。一般认为,质量是实体满足明确和隐含需要的能力的特性总和,它反映的是对目的的适切度和有效性,以及与设定的规格、标准的一致性。先前学习具有较强的情景相关性,它的质量更多地体现为它是很多层面的统一,是结果质量和过程质量的统一,也是可测指标和不可测指标的统一。

一、先前学习认定的质量目标

随着社会的发展与进步,终身学习新思想、新知识、新技能、新事物已经成为人们的基本需要,先前学习认定对终身学习起着重要的支撑作用,使那些在工作、生活中获得的大量隐藏于"冰山"之下的知识和能力被发现、被认可、被使用,不仅有利于社会人力资源的开发,还能够促进个体终身学习和职业发展。因此,先前学习认定的质量目标是最大限度地让学习者有机会全面、准确地展示相关知识、技能和能力。

一个认定活动可以用于形成性、总结性、预测性和变革性等不同的质量目标。

（1）形成性认定意在作为对先前学习的诊断,形成进一步学习的基础。

（2）总结性认定通常指简单地收集成绩、证书等,并根据标准总结先前学习的结果。

（3）预测性认定用来预测谁最有可能在某个位置上取得成功。

（4）变革性认定使用带有目标转换的认定方式,旨在对申请者进行某种转换。

从中可以看到质量目标的两面性:一方面强调灵活性、个性化和判断力;另一方面强调标准化、可靠性和测量。

二、先前学习认定的质量类型

认定的质量效度和信度问题,不是自然而然产生的,而是协商的结果,需要政府、行业、企业、学校、社会组织等多方共同参与,通过充分的利益沟通和博弈,达成广泛认可的协议,这在先前学习认定、积累和转换各个环节都是如此,当然可能会导致不同的情境和语境依赖的质量概念。

总体来说,先前学习认定的质量可以分为以下三个方面。

(1)组织质量。机构制定一套系统的工作方法、评估程序、反馈机制和各种改进举措。

(2)评估质量。使用明确的标准,选择合理的方法,以及建立评估和记录的程序。

(3)程序质量。责任和角色的分配,表明谁做什么、什么时候做、为谁做;以网站、小册子、专业文件等形式呈现清晰的信息。

先前学习认定的目标是在组织层面、程序层面以及指导和评估层面保证质量,这意味着它是一个整体的质量概念,包括很多因素。例如,所有参与认定活动的工作人员是从事评定工作的实践者、指导者和机构中的领导者。

三、先前学习认定的质量标准

先前学习的个性化特征带来了成果评估的复杂化和分散化,但并不是说评估不需要规则和标准。学习成果认定标准的建立主要是为了适应终身教育和学习型社会的发展,满足高等教育、职业教育或继续教育等领域之间的学习成果互认与转换的要求。按照"等质同效"的原则,先前学习认定必须遵循一定的质量标准。

(1)合目的性:评估应符合学习者的学习目的和教育计划的目标,它是所有学习成果认定的基础。特别是评估方法的选择要与教育计划的目标相适应。

(2)透明性:评估标准、方法和程序对所有学习者、参与者、工作人员、项目管理层、评估机构和劳动力市场都是明确的。先前学习认定的特性在许多方面都与透明的质量标准有关。例如,选择和提出证据的整个程序应该是透明的,学习者在创建档案袋和自我评估中应该获得大量的信息支持。

(3)可接受性:参与者对评估方法和工具的接受度。

(4)可比性:评估对所有学习者是一致的、标准化的和可比较的。即先前学习认定一致和标准化表现对所有申请者的认定条件应该相同,评分标准应该一致。

(5)公平性:偏差不影响评估过程。用于评估先前学习的方法应有利于候选人提供适当的证据,先前学习认定的存在取决于公平的标准。

(6)认知复杂性:学习者证明其获得了更高的认知技能,这代表了教育计划的水平。设计者应该选择那些与教育项目认知水平相匹配的评估方法。

（7）适合自我评价：评估激发自我评估和学习反思。自我评估与教育计划的学习目标有关，可以更好地了解自己的学习情况，加深自我认识和增强自信心。

（8）相关性：学习者必须完成的任务应该与未来的实践有直接联系。

第二节　先前学习认定的政策体系

政策可以被定义为制定政策的利益相关者的意向性声明。国家层面的认定管理制度设计是最为复杂、关键的。由于认定活动本质上的复杂性，很少有国家建立一个专门负责先前学习认定的部门，大多数国家会在国家资历框架和整体分工上做出相应的安排，将认定的不同职责分配到不同部门机构中。一般按照传统的公共服务分类，如教育部、劳动就业部等，并且加强各部门之间的合作。但存在一个普遍性的问题，就是各部门之间很可能各自为政，为了各自的组织利益而设置制度障碍，做好认定活动的各方协调工作就显得尤为重要。因而，普遍的做法是建立法律框架，出台国家政策，组织国家协调机构，建立各部门、各机构的沟通协调机制，以保持各方协调一致。

一、先前学习认定的政策法律基础

建立一个明确的法律政策框架，协调和监督各相关机构提供高质量的先前学习认定，是其可持续发展的基石。在实施先前学习认定制度的国家中，几乎都在国家（美国、加拿大在州（省）一级）层面出台法律或政策，确保先前学习认定的持续推进和稳定实施。例如，法国出台了《先前职业认定法令》《社会现代法》《国家先前经验认定发展协议》《制定先前经历认定措施的法令》等多部法规，以法律为手段确立先前学习认定的社会地位，为先前学习的发展提供广泛的中央法规和组织依据，在严密的组织结构下按照统一的标准贯彻落实，确保各部门的一致性。澳大利亚建立了国家资格体系、国家质量培训体系和培训包，各部门在结果控制、过程管理和培训实施等各方面既各司其职，又相互协作，共同构成了推动职业教育发展的动力。先前学习认定的运行和质量需要国家立法和国家相关政策的保障，并组织多方共同组成的专门机构开展成果认定。荷兰在国家层面建立了完整的政策体系，专门成立了"国家认定工作组""国家先前学习认定知识中心""国家认定专家中心"等。2006 年起，荷兰先后 4 次发布（修订）《先前学习认定质量准则》，并颁发了《先前学习认定提供者评估标准》，建立多维共管的质量管理结构。在芬兰，各级教育的国家立法都规定了先前学习认定；在捷克，《继续教育成果认定法》是国家终身学习战略的重要组成部分，其重点是推动雇主、部委、商会和工会等利益相关者的承诺和参与。

2020年,在联合国教科文组织、欧洲职业培训发展中心等共同组织的第三届全球先前学习认定双年展上,按照优先顺序讨论并商定了以下五项建议①。

(1)应将自愿最低消费制度纳入相关法律框架,并协调相关政策领域。

(2)先前学习认定的法律框架应确立个人获得认定和指导程序的权利以及上诉的权利。

(3)先前学习认定的法律框架应建立可持续的筹资系统。

(4)先前学习认定的法律框架应建立监管机构,这些机构至少应监督先前学习认定系统的提供、使用、质量保证和协调。

(5)应避免学习途径歧视,不管学习成果通过何种途径获得,(部分)资格和证书应相同。

从以上内容可以看到,国家出台法律政策,从各个角度对各方面参与先前学习认定行动进行统一规约是非常必要的。而且,先前学习认定制度先进的国家,不仅建立了法律政策,还配套了标准、准则;不仅对先前学习成果进行认定,还对认定提供机构进行认定;不仅评估学校的质量,还评估标准的质量。通过法律政策统一各方认识,协调行动。

我国近年来出台了大量职业教育政策,其中多项政策提出要实现各类学习成果的认证、积累和转换。在2022年新修订的《中华人民共和国职业教育法》中,明确提出"国家建立健全各级各类学校教育与职业培训学分、资历以及其他学习成果的认证、积累和转换机制,推进职业教育国家学分银行建设,促进职业教育与普通教育的学习成果融通、互认"。但是这些政策法律中的条文在很大程度上是倡导性的,也没有建立配套专项政策,实践上很难落实。有效的政策法律体系中至少要明确以下八个方面:① 政策法律的目的;② 谁可以享有先前学习认定的权利;③ 认定所涵盖的教育类型;④ 认定过程以及如何管理认定过程;⑤ 对认定从业人员能力的要求;⑥ 机构、社会伙伴等之间的合作;⑦ 认定的协调机构及其职能;⑧ 个人对鉴定结论提出上诉的权利。

因此,在我国建设学习型社会、技能社会,以及现代职业教育体系的背景下,绕不开高职教育先前学习认定,也不可缺少强有力的国家政策法律的保障。

先前学习认定强大的法律基础,一方面会对国家权力机构和社会相关组织提出认定工作的相关职责要求,对认定过程提出原则规定,如韩国的政策和法规将先前学习认定作为进入大学的工具,立法规定大学毕业生和通过学分银行系统获得学位的学生之间不存在法律歧视;另一方面会确保每个人都有权对其非正规和非

---

① DUVEKOT, KARTTUNEN, NOACK, et al. Making policy work: validation of prior learning for education and the labour market[M]. Houten: European Centre Valuation Prior Learning, 2020.

正式学习获得的经验进行评估。当然,这项权利也会有一些附加条件的限制,并非对所有人无条件开放。例如,至少有三年与所需资格相关的工作经验,这些经验还必须与职业和专业技能相关,等等。

二、先前学习认定的制度机制

近年来,我国实施了一系列高职教育政策和改革项目,初步奠定了先前学习认定的制度环境和实践基础,主要体现在以下六个方面。

（1）通过推行终身学习、社会扩招等制度,广泛参与社会培训和政府购买服务项目等,扩大社会成员进入高职教育的机会。

（2）推进产教融合、学徒制、工学结合等制度的实施,帮助学生在工作岗位、实训基地与企业员工一起工作、学习、生活、交流,并通过非正规、非正式学习积累大量的实践智慧。

（3）实施基于"双证书"的资格鉴定、职业资格与职业技能培训,提高师资团队开展专业技术技能评价服务能力。

（4）建立职业教育学分银行,实施学分替代和学分积累与转换制度,为建立识别、承认、认定非正规和非正式学习成果的制度体系夯实制度基础。

（5）推行成果导向教育（OBE）理念指导下的课程体系改革和基于工作任务的模块化教学,有利于对接基于学习成果的先前学习认定。

（6）开发大量开放共享的公共教学资源和线上课程,为学生提供自我导向学习和社会导向学习的学习资源。

高职院校的这些政策和措施正在实践地支持和承认先前学习的成果,但没有专门的制度体系、技术规范和组织机构,也没有将先前学习评价纳入学业评价体系,课程的模块化改革和基于结果的课程改革与先前学习成果的关系也并不明显,也没有特别明确地用于非正规和非正式学习成果。当前,我国职业教育与培训中先前学习成果认定主要发挥入学评价和学分减免的功能。例如,技能大赛获奖免试升学,职业技能等级证书替代课程学分,等等。总体上,这些尝试性改革在制度上是零碎的,在组织上是松散的,在部门上是割裂的,在功能上是孤立的,还没有建立一个融合的、紧密的、完整的、系统的认定体系。为此,我国高职教育的先前学习认定制度要从六个方面着力。

1. 强化"政校行企社"的制度协同

先前学习认定的结果无论以什么方式呈现,都应具有合法性、权威性、专业性和教育性,才能被普遍认可与应用。因此,先前学习认定制度建设需要政府、学校、行业组织、企业和社会团体等多方共同参与,协同推进在制度环境营造、认定标准研发、认定程序设计、成果考核评价、认定结果互认、档案管理以及其他服务等各方面的制度建设。

（1）政府进行政策协调，在政府职能、法规建设、政策保障、体制机制、联盟合作、服务体系、信息化管理等多方面深化改革，引导其他部门进行相应的制度调整与建设。关键是教育部门和人社部门在技能人才的教育与培训、技能鉴定与职业资格颁发、聘任与奖励，以及学习成果的积累、转换与互认等方面建立一揽子先前学习认定的配套制度。同时，制度设计时要充分考虑与我国正在建设的国家资历框架、终身学习、学分银行、"1＋X"证书、学徒制等建立相互依托、兼容互补的内在联系。

（2）"政校行企社"发挥各自的资源优势协同开展组织制度建设，在质量控制机构、认定管理机构、标准开发机构、标准执行机构、数据管理运行机构、标准维护与监管机构及其他相关辅助机构中，明确职责和角色定位，在组织运行上相互配合。在基本制度规则下，建立沟通协调机制，确保各组织和专业人员的参与及意见建议能够得到充分尊重和信任，以提高其持续参与的积极性。

（3）根据不同的认定对象建立配套的程序制度。先前学习认定一般根据对象分为机构认定和个体认定两类。机构认定主要有报送材料、自评、复审、实地考察等环节；个体认定有自我评估、整理资料、递交资料、能力鉴定、学习评定、授予资格（或学分）等环节。先前学习认定应当明确各部门在认定路线图上的每个环节和关键点的职责、权利和义务，并建立信息沟通机制。此外，还要根据学习的形式和场景选择适合的评价工具及其程序，保证认定过程的安全性、保密性、可信性和一致性。

2. 构建基于学分银行的互认平台

先前学习认定的结果要被其他机构识别、认可和转换才能实现其价值。"学分银行"是对学习者的各类学习成果进行统一管理，并通过积累、转换、互认等方式实现各层级、各类型教育与培训之间沟通联结的教育制度。它遵循以学习者为中心的原则，尊重学习者通过各种学习方式和在各种学习情境下取得的学习成果。因此，先前学习认定需要依托学分银行作为其成果存储、积累和互认的"交易平台"。

图 8-1 所示为学习成果互认平台框架，从学习行为发生到认定结果应用的信息流动可分为四个环节五个部分。非正规、非正式学习认定的结果转换成国家资历框架中对应的某一层次和类型的资格（或部分资格、学分），按照规定的存入形式、学科专业领域、适用资格、学习量、学分等认定结果特征，分类存入学分银行中的个人账户。学分银行作为整个成果信息链的基本环节，其主要作用是将认定结果记录为可被我国教育、经济和劳动系统识别、认同的人才信息。这些信息可记录、可积累、可查询、可追溯，可被教育机构认定为入学条件、课程学分，或被培训机构认

同为课程学分，或被用人单位认同为职业资格及晋升、加薪、奖励的资格条件；学习者也可以在学分银行查询个人学分的存储和积累情况，并根据需要申请转换成其他的资格形式。

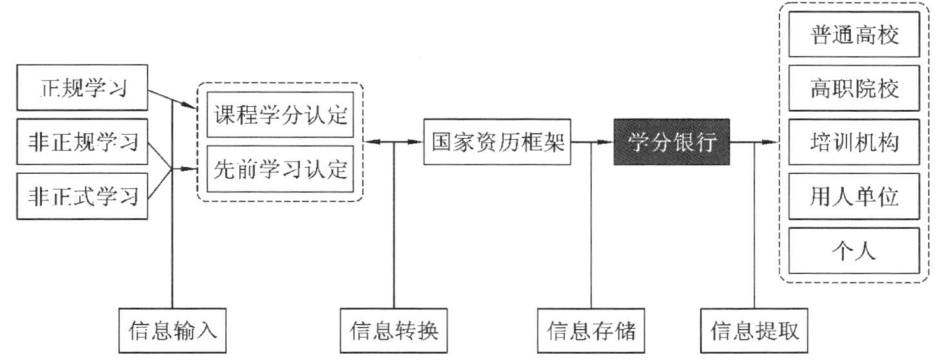

图 8-1　学习成果互认平台框架

此外，在组织体系上，完善职业教育国家学分银行的功能框架和服务范围，搭建从国家到地方各级学分银行之间的联络网，加强各学校学分银行在标准、规则、信息等各方面与其他不同层级和类型机构学分银行之间纵向与横向的沟通联络，保证先前学习成果认定、积累和转换的规范性、正规性、流通性和社会认可度。

3. 建立以国家资历框架为基准的标准体系

标准是测量学习成果和认定的基础。按照国际通行的做法，国家资历框架是由政府机构正式颁发，根据统一评价标准对各种学习成果在知识、技能和能力等方面所达到的学习成效进行评价和认定，以职业资格等级、学历和学位等形式进行层级化和系列化分类的基准参照系。它通过职业资格与学历、学位之间的参照对应关系，搭建起教育、经济、劳动等领域之间的"立交桥"，具有显著的权威性和通用性。因此，很多国家和地区将国家资历框架作为先前学习认定的标准和依据，我国香港地区先前学习成果认定依据的就是资历框架标准体系。

我国国家职业标准由人社部与行业主管部门制定，证书由人社部和各级政府管理，行业协会只是提供参考意见但并没有深度参与，使得标准与生产一线的实际脱节，滞后于市场发展的要求，导致市场上各类职业资格证书与经济发展水平和企业用人需求不适应、不匹配。因此，我国国家资历框架的建设可按照《国家职业教育改革实施方案》等国家政策对国家资历框架和学习成果认定体系建设的指导意见，参照国际先进经验，探索建设二者对接统一的标准体系。在建设过程中，需要重点加强利益相关者的参与。

第一，建立高级别的专门领导机构。利用国务院职业教育工作部际联席会议制度,由教育部、人社部、发改委、民政部、工信部、财政部等多部门组成跨部门领导机构,统筹协调推进国家资历框架建设。整合政府机关、公立和私立的教育及培训机构、评审及保障机构、行业协会等各相关利益方的力量和资源。组建来自不同行业、领域的专家指导委员会,开展国家资历框架的政策法规、监督管理、质量保证、体制机制等方面的顶层设计。[①] 成立专门的国家资历框架管理机构,包括国家资历框架的设计部门、实施部门、协调部门,负责国家资历框架的设计和实施。发挥不同部门的资源优势协同开展制度建设,明确质量控制机构、认定管理机构、标准开发机构、标准执行机构、数据管理运行机构、标准维护与监管机构以及其他相关辅助机构的角色定位,及其在资格建设和成果认定上的职责。

第二,建立配套的协调制度体系。在政府职能、法规建设、政策保障、体制机制、联盟合作、服务体系、信息化管理等多方面深化改革,引导其他部门进行相应的制度调整与建设。关键是教育部门和人社部门在技术技能人才的教育与培训、技能鉴定与职业资格颁发、聘任与奖励,以及学习成果的积累、转换与互认等方面建立一揽子先前学习认定的配套制度。同时,在制度设计时要充分考虑与我国正在建设的国家资历框架、终身学习、学分银行、"1+X"证书、学徒制等建立相互依托、兼容互补的内在联系。

第三,完善资格证书管理体系。注重在加强中央部委之间、中央与地方之间协同的前提下,化解教育行政部门和人社部门在管理学历证书和职业资格证书相关问题上权责不清、利益交错的问题。开展证书认证、管理、更新等方面的责、权、利划分,做好证书的清理、分类和关联,形成结构化的资格证书体系,推动各类证书之间的互认与转换,实现国家资历框架作为标准职能的沟通衔接作用。

第四,强化行业组织和企业在标准体系建设中的话语权。明确其在认定标准开发中的主体地位,以确保认定的标准、内容和程序符合生产体系内的职业岗位运行规律,凸显岗位技能和岗位知识。事实上,各国先前学习认定的标准大多是以行业企业为主体共同开发的。鼓励行业、企业、职工等利益相关方共同参与,使各利益相关方可以在国家资历框架建设与实施的过程中充分表达相关诉求。例如,企业可以在证书标准的制定过程中表明其需要员工具备的职业能力和人才规格;教育与培训机构可以根据企业的需求设置基于学习成果的课程、设计学业考核标准,并利用高校学术人才和技能人才聚集的优势,开展先前学习认定的标准和规则研制,探索认定学习者通过非正规、非正式学习获得的成果,并将其纳入学习者的学业档案,从而实现人才培养环节与使用环节之间的有效对接,充分满足劳动力市场对高素质人才的需求。

---

① 张伟远.国家资历框架的理论基础和模式建构[J].中国职业技术教育,2019(18):28-35,45.

第五，注重先前学习认定标准的兼容性和适应性。先前学习认定标准和模式应借鉴国际先进的职业标准，对接我国相关行业国家职业技能标准、职业资格标准、行业龙头企业内部技能等级标准和职业教育国家教学标准进行开发，提高认定标准的兼容性、适应性和可行性，形成学习成果认定和转换的通用标准与行业标准。对接职业教育国家教学标准体系中相关专业领域的职业面向、培养目标、培养规格的要求，构建起多维、立体、网格式的标准参照体系，并从知识、技能、能力、素质等不同维度进行明确的水平描述。其中每个要点对应一定类型和等级的职业资格，学习者的工作经历、社会（社区）活动、志愿服务、科研项目、技能竞赛、发表作品、技术创新、工艺改造、文化传承等在标准体系中应能够找到对应的"坐标点"，逐步形成横向沟通与纵向衔接的学习成果认证标准体系。

4. 建立公开透明的认定操作机制

认定的总体质量依赖于与先前学习认定服务运行相关的一整套制度和程序，并应及时提供给所有参与认定工作的人员，包括学习者和认定从业者，以便他们在使用或认定服务时能够依规行事。公开透明是确保先前学习认定质量，使认定结果获得高等学校、用人单位等社会机构的信任，在社会高效流通的基本前提。加拿大《先前学习成果认定指南》要求先前学习成果认定的流程必须是透明的，个人必须了解评价知识和技能的依据和标准。认定操作公开透明体现为认定标准、认定方式、档案袋、培训包、质量监管等能为公众所知晓和理解。

（1）认定标准透明。清晰明确地表述各类、各等级资格所对应的知识、技能和能力，及其需要的学习量。同时，规定学习量的计算方法和最低限制，达到不同学习量所能获得的资格类型和等级，等等。对于申请者来说，只有清楚其学习经历及经验与评价标准相匹配的情况才能申请先前学习认定。

（2）认定方式透明。先前学习认定一般采用档案袋评价、能力测试、模拟、陈述和观测等方法。要为参与认定的各方提供所有关于先前学习认定清晰明确且便于获取的政策、程序和规则，以及每一种认定方式所需的时间、流程、材料、要求和认定机构。

（3）档案袋透明。档案袋评价是先前学习认定最普遍使用的评价方式。明确规定申请者需要提供的能够证明其能力水平的证明材料，其中包括材料的种类数量、规格要求、证明机构、时间限制、学习量等。通常情况下，认定机构应提供具体的认定指南并配专人指导，指南提供的认定信息应清楚、准确，不含有歧义的语言。

（4）培训包透明。培训包是指相应资格所具备的知识、能力和技能的具体要求与详细说明，有些国家以培训包为标准进行先前学习认定。对于认定机构来说，申请者提交的资料应当是完整、准确和可测量的。因此，申请者仅仅靠工作和生活经历证明很难获得一项资格,还需要对照培训包的要求,经过一定的培训学习将这些学习成果的内容、形式、规格等进一步补充和规范,能够用标准化的证明材料呈现出来。

（5）质量监管透明。先前学习认定的全过程要接受内部和外部的审查、监控,包括一个明确的质量总体规划、定期收集来自使用者或用户的反馈、对外公布告知的质量规定要求,以及能够接受来自第三方组织的质量评价和审核等。确保认定的标准公开、确定和一致,认定过程有质量保证机制,认定的结果可解释、申诉和验证,通过先前学习认定所获得的资格和通过其他途径获得的资格是等质、等值的。特别要严格监管认定结果使用范围和程序,避免先前学习学分被滥用、非法操作授予学分以及所谓"文凭工厂"等情况。因此,认定的监管机构、流程,申诉材料的要求、方式、程序,以及验证资质等信息要便于社会公众获取和理解,以增进他们对先前学习的正确认识,获得有效的沟通交流和广泛的社会认可。

第三节　先前学习认定的多主体合作

先前学习不同于学校学习,发生在工作、生活、教育等各个领域,认定的结果通常以学分或资格的形式成为学习者升学、就业或获取更高资格的条件。可见,认定制度的设计、标准的开发,以及认定程序的设定不可能由教育机构或其他机构一力承担,必须动员利益相关者合力完成。美国、澳大利亚、欧盟各成员国等先前学习成果认定制度成熟的国家不论是以学校为认定主体,还是以行业企业为主体,抑或设立专门的认定机构,无一例外地组织各利益相关方共同参与,以保证认定结果的合理性、公正性和权威性。

一、先前学习认定的主要利益相关者

在认定实施的过程中,利益相关者是指在先前学习认定相关政策方面具有特定作用和既得利益的个人、团体或实体。先前学习认定制度体现了各方共同治理的特征,不同的参与者在其中发挥着不同的作用。

（1）教育、劳动等相关部委,公共就业服务部门、社会服务组织,教育、培训和认定机构,等等,它们代表着国家公共利益相关方,主要提供立法、决策、职责角色分配,以及提供国家层面的政策指导和构建质量保障体系。

（2）地方政府的教育、培训、劳动和社会服务公共主管部门,代表地方公共利益相关方,发挥广泛、多重的领导作用,以促进广大利益相关者之间的合作和伙伴关系;为院校提供支持、建立实施程序,指导、协调地区各部门,提供信息和支持实施认定机构识别、记录、评价和授证活动。

（3）职业院校、普通高校、培训评价中心和专业认定中心，实施考试和授证，为个人申请先前学习认定提供政策和专业服务。

（4）行业协会、商业联合会、工会组织、雇主联合会等，提供信息和资源支持，实施考试评价和授证，进行有关能力的识别和记录。

（5）个体雇主和学习者，可能会参与先前学习成果的认定和成果的使用。个体雇主主要通过雇主组织参加先前学习认定活动；学习者处于认定的中心位置，把握认定的起始状况和预期学习目标，以及制定、维护作为终身学习证据与轨迹的档案袋。

（6）国际组织，提供通用性指导、共同的认定工具和学习政策支持。

二、企业在先前学习认定中的角色

企业（或用人单位）作为个体一般要通过企业组织或行业组织参加先前学习认定，在其中的各个环节都发挥着核心作用。在国际上，实施先前学习认定制度的国家都鼓励企业在符合公共机构规定的认证规则下，直接参与认定和评估程序，一些国家甚至在政策和标准的制定中吸引企业参与。但企业往往是那些需要被说服参与这项制度的一方，并不总是主动地参与认定活动。

然而，企业与教育机构、认定机构、就业服务和其他参与认定过程的各方合作，是认定制度真正有效实施的基础。在先前学习认定的众多重要影响因素中，企业是学习和培训的提供者、学习成果的使用者、技术技能的需求方，这正是先前学习认定整个程序链从前端到后端绕不开企业的主要原因。特别是它既适用于先前学习认定，也适用于更广泛的终身学习，它还与职业教育和培训、工作场所培训和学徒制等密不可分。

先前学习认定是企业对学习者通过不同学习情境获得的技能的承认，并应用于职业资格、岗位聘任、技能培训等活动。认定制度是个人与企业之间对话的促进者，这可能导致雇用、工资增长或职业进步。同时，它开辟了新的学习途径，使学习过程更加高效，也促进了个人与教育和培训提供者之间的对话。在认定过程结束后，企业的这种关键作用就会更加明显。认定颁发的资格证书必须在劳动力市场上得到承认，劳动力市场的关键作用是承认认定颁发的证书，并将其视为与正规教育中获得的证书同样有效。劳动力市场的代表是工会、非政府组织，但首先是企业，企业招聘和雇用员工并发展其资格。在政府的参与下，先前学习认定搭建了企业与个人和教育或培训提供者之间的桥梁（见图8-2），企业的作用就是要认识到并利用好这个桥梁。在企业发挥重要作用的过程中，政府发挥着重要的指导、引导和管制作用。

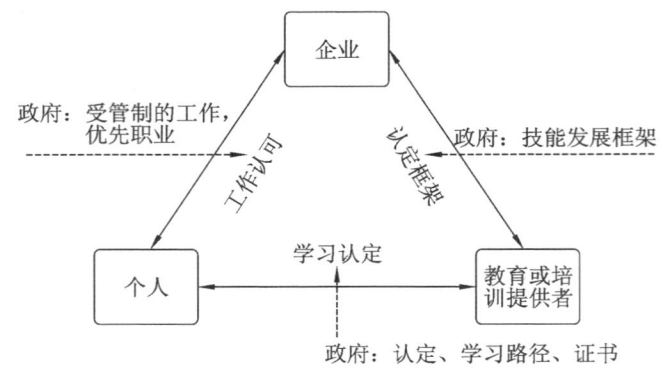

图 8-2　政府参与下企业与个人和教育或培训提供者之间的桥梁①

三、形成"共同理解"下支持先前学习认定的合力

我国高等职业教育发展具有强烈的政府主导色彩,办学是教育事件而非企业事件,表现出一种以学校为主、企业为辅的特点。虽然校企合作、产教融合的改革一直伴随着高职教育的发展,但企业对高职教育发展的影响,更多的是提供实训岗位和兼职教师,并没有融入人才培养的各个环节,"双主体"育人的理想距离现实还较远。因此,我国在现有高职教育办学体制下,需要构建多方共治的利益共同体,促进"共同理解",形成多主体协同合作机制,推进先前学习认定制度的实施。

影响先前学习认定制度建立和推行的最大阻力往往是利益相关者对先前学习认定的不理解。特别是正规教育"强势"固化了学习的领域、形式和评价,企业和社会其他组织都以正规教育证书为人才标识的情况下,需要在社会上形成对先前学习的"共同理解",在共同的认识上才能形成合力。特别是在当前网络治理社会背景下所有利益相关者都有协商和影响政策设计的机会及空间,当他们无法将自己的利益纳入政策设计时,他们就会在政策执行过程中通过微观政治来实现,先前学习认定政策在利益相关方协商的基础上逐步演进。因此,需要通过多种政策工具的组合吸纳利益相关者参与政策的制定和实施。

(1)政府机构应通过法律、政策、财税等手段促进先前学习认定的发展和实施,将支持认定政策确定为学习型社会或技能社会建设的优先事项,作为各省和辖区主要利益相关者对认定实施水平问责的主要指标。同时,建立包含所有利益主体的高级别协调性组织(如国务院职业教育工作部际联席会议),以推动开展社会性

---

① BRAŇKA. Strengthening skills recognition systems: recommendations for key stakeholders[M]. Geneva: International Labour Organization,2016.

对话,在"共同理解"的基础上达成共识,以及实施和资助全国性的认定项目。

（2）行业组织、企业组织、基金组织、工会和各评估机构支持将先前学习认定作为人力资源开发的基本组成部分和应对人力资本挑战的重要举措。例如,行业协会代表行业在职业教育与培训学校或其他附属培训机构"购买"或安排量身定制的学习服务,落实企业或员工对认定的建议;劳动力市场组织内部开展自我管理能力培训,提供自我评估工具,并建立工作环境档案袋等。

（3）鼓励企业与各社会组织合作,制定自己的先前学习认定程序,使用国家职业分类系统或人力资源系统来实现组织内部的职业能力整体提升。例如,企业或用人单位根据本组织的能力需求,与高职院校或培训评估组织合作,对本组织学习型员工进行投资。

（4）高等教育与培训机构承认并宣传先前学习是与正规学习一样能被认定的合法学习途径,制定更全面和一致的认定程序、标准和工具来识别、评估及认定与工作相关的非正式和经验学习;在课程改革中建立基于学习成果的课程模块,与先前学习认定对接;同时,在正规教育和培训与非正规工作场所和社区学习之间扩大及创造新的联系。

第四节　先前学习认定的程序质量

先前学习认定虽然有比较通用的程序,但由于认定目标、成果证据、参与机构等比较复杂,在认定程序中有几个关键的质量内容需要关注,即学习成果与证据的匹配度、质量标准的适配性、认定程序的数字化,以确保认定结果的可靠性、客观性、及时性和有效性。

一、学习成果与证据的匹配度

先前学习认定的目的是判断学习者有什么,而非没有什么。以学习结果作为评价的基本依据,从而避免过多的教育资源和学习时间损耗。这就要求对先前学习认定和授予学分只应授予学习,而不是为了经验,即学分只授予通过学习或经验获得的学习成果。学习者经过学习,知道什么、懂得什么和能够做什么。但判断学习成果的数量和质量,就涉及学习成果的证据问题。

在接受先前学习的证据方面,存在着较大的"评估风险",决定什么是可接受的先前学习证据是一个"风险评估过程",具有技术和操作内容的认定单元具有更高的风险水平。在这种情况下,人们倾向于要求先前学习成果的证据"100％匹配",而且为了达到豁免的目的,往往需要满足其他的附加条件,同样也适用于无证书学习证据。相对而言,管理和人文社会科学类的必修课被认为风险较低,因为只要成果的价值具有可比性,就没有必要为了课程豁免而将单元内容和先前学习成果进行精确匹配,所以这个领域的成果比较适用于先前学习认定或课程豁免,这可能与这个类型的知识、技能更容易转移有关,很多学校只要求达到80％甚至更低的匹配度就可以。

然而,判断哪些证据才能确切地证明先前学习成果的高匹配度是一个非常困难的问题。以先前学习认定最常用的评估方式档案袋评估为例,除了描述学习经历和反思性综述外,最多的是能够证明学习成果的证据材料,包括技能证明、培训证明、合格证明,以及用人单位出具的各类岗位任职鉴定,等等。任何先前学习认定档案袋的内容都将是唯一的和不可预测的,很难事先说出证据必须具备哪些确切的质量才能作出"充分"的判断。然而,为了判断的可靠性,评估者必须使用某种模板来处理每个档案袋,以此作为判断的依据。模板可以根据"模糊决策"的方式,从证据中固有的相对模糊的质量和这些质量的重要性的权重来构建。在确定了一组相关的质量之后,评估者再审查一个完整的证据组合,以决定它是否值得授予某种资格等,然后根据所选择的质量对每个证据类别进行评级。最后,使用这些评级来做出决定。但无论采取何种方式决策,学习者所提交的证据必须符合真实性、保持性、相关性、数量和多样性等特性。

(1) 真实性是指证据对应事实的准确度或可信度,准确反映学习者的经验和技术水平等。如果评估者确信学习者和责任人(签署证明的人)都是完全诚实的,那么真实性将处于最大值。

(2) 保持性是指由个体证据类别所体现的能力水平能够继续代表学习者当前的能力水平。如果学习成果是很多年前的,有可能申请认定时学习者已经不再具有这种能力,这种证据将是无效的。

(3) 相关性是指特定单元的证据在多大程度上反映了该单元的要素和范围。证据应详细阐明学习经验,如果这些学习经验能够得到类似详细的证明,相关性评级可能较高,而且覆盖特定单元要素的证据类别越多,证据的相关性评级就越高。

(4) 数量是指从学习者的证据来源所表明的能力水平。多年从事相关活动的经验积累比仅涉及几个月的经验积累代表着更多的实践能力。对于证书和课程而言,培训时间和实践相关能力的机会对于做出"数量"判断具有重要意义。

(5) 多样性是指在各种情况下相关证据的足够程度。从不同的工作地点、不同职位或使用各种设施或产品获得的经验或证明,会在这些证据类别中显示出更高的"多样性"。

不同的学校或评估机构对于真实性、相关性、保持性、数量和多样性等特性所涉及证据的数量有各自的要求。它们要最大限度地保持彼此的独立性,允许证据在任何一个特性上获得高评级而在其他特性上获得低评级。在实践中,各因素之间往往可能存在一定程度的相关性。

二、质量标准的适配性

先前学习认定是一个极具个性化的评价制度,各个教育机构所采用的标准可能都有所不同,面对的学习者及其学习成果更是多种多样。但同时,各个高校或评估机构在认定时所采用的标准又需要遵守一定的规则和标准。申请者向一所高校提交先前学习认定,其目的要么是入学准入、课程豁免,要么是获得职业资格证书。从学校的角度,必然要求符合其校内的目标课程的培养标准,并要求达到一定的匹配度。也就是说,先前学习的个性化成果要以学校教育的共通性标准为依据。同样,申请者希望通过认定获得职业资格证书时,所依据的标准也应该与正式资格认证的标准相比较,最好是相同的。需要注意的是,要确保这些标准得到公平解释。例如,在法国,评估程序帮助学习者以适合相关资格标准的方式组织学习成果,并为其在最佳条件下迎接评估做好准备;在苏格兰地区,通过非正式学习获得的学习成果和技能被映射到苏格兰学分和资历框架的适当级别;在丹麦,能力评估应始终基于有关课程的目标和入学要求进行。

在技术层面,无论是课程标准还是能力标准,都与个人经验之间存在差别。能力标准是明确了的技术文本,它是指能够用语言、文字等符号明确地进行反思和陈述的明确知识;而个人经验是不可言传的,无法用语言、文字等符号明确进行反思和陈述的"默会知识"。默会知识是一种"与行动相伴随的知识",很难被对象化,因而无法像明确知识那样接受理性的批评,只能在行动中考量。许多学习者在工作中掌握了大量经验、技术、技巧,这些在实践中积累起来的默会知识需要通过能力标准转换为明确知识,却并不能找到一个完全对应的能力标准,这对评估者来说是一个复杂且艰难的问题,导致学习者的某些工作经验只能通过特定的方式,以基于既商定又公开的标准和准则来评估。例如,能力标准中有些条目反映了学生对默会知识的掌握,不能通过学生搜集证据完成,只能通过评估学习者的实习操作来判定其是否掌握。

通常情况下,问题不在于先前学习认定本身,而在于先前学习认定对于特定领域是否合适,学习结果或能力在多大程度上反映了资格证书中的"隐性课程",评估结果是否等同于完成正式课程评估的学生所取得的结果,如何判断不恰当或不充分的能力或学习结果,等等。先前学习认定的质量标准,应该被视为学习的一个组成部分,而不是脱离它,并且应该基于对学习过程的理解去设计和选择。质量需要与基于结果的资格或课程联系起来看,学习成果的使用使教与学从评估中分离出来,允许根据学习者的学习途径对学习者进行不同的评估,学分或资格应与它被授予和接受的背景适当。因此,应定期监测、审查、评估和修订评估方案,以反映正在服务的需求、正在满足的目的和评估对象状态的变化。

三、认定程序的数字化

建立信息平台,使用数字化工具是当前教育改革的趋势,先前学习认定也普遍采用数字技术,最常见的是学分银行或有类似功能结构的信息系统,以提高先前学习认定的准确性、广泛性和匹配度。信息平台不仅帮助认定从业者更方便、更有效地利用认定制度为学习者服务,还有效地提高认定质量,主要体现在服务质量动态监测和学习成果信息管理两个方面。

1. 服务质量动态监测

数字化也可以用来完善监测和质量保证机制,包括标准化的满意度问卷调查、后续访谈和使用内部数据库,以及收集来自政府、劳动力市场、行业组织、企业、工会、学习者等各方面的形成性和总结性反馈。服务质量动态监测主要涉及以下六个方面。

(1)通过申请人总数及其趋势,了解使用该系统的个人或企业的比例,以及这些数字的趋势,分析社会对认定服务的需求和认识。

(2)通过分析社会使用信息平台的功能模块数量和比例,了解哪些途径可以更好地服务用户,以及用户不会使用哪些功能。

(3)分析用户搜索的语言、申请人的年龄和性别结构、申请人的就业状况和资格、使用或要求认定的企业或机构,了解用户群体的结构以及各群体所在的地区。

(4)分析个人申请认可的理由和雇主将使用认可证书的用途,了解用户对技能识别过程有什么期望。

(5)分析受监管和非受监管职业的申请人比例及其趋势,了解他们的需求。例如,最理想的职业是什么、最需要的信息是什么。

(6)分析认定的成功率和对流程的反馈,分析认定过程的不足。

通过系统的数据分析,发现认定过程中出现的主要问题。例如,用户群体的需求、使用方式、职业类型、年龄结构,等等。据此优化制度机制、评估标准、认定程序、组织结构,等等。

2. 学习成果信息管理

面对大量个性化的学习者及其先前学习成果,数字化工具可以被用来完成实时的、形成性的评估,以最大限度地提高服务的有效性。信息平台成为先前学习认定服务的一个嵌入式组成部分,而不仅仅是一种不同的服务提供形式。学习成果管理功能体现了信息化,被用来传递学习者及其成果的信息。交流性,被用于一对一交流的媒介;协作性,是促进互动交流和信息共享的媒介;变革性,重点是提供变革指导。要具备这些性能,就应有四个必不可少的数字模块。

(1)管理系统,指允许个人注册和提交申请(认定、存储和转换)以获得服务的信息系统和网络应用程序。其中,最常见的是创建和维护用户注册表,以确保为用户提供服务和汇总统计数据。

(2)数据转换系统,指根据其作用和参与程度,用于确保和加强组织内部专业人员之间以及外部合作伙伴信息系统之间的数据转移。

(3)数据库,是以数字化方式存储并以各种方式访问的结构化数据集,主要用于记录学习者的信息,以及其学习成果存储和转换信息。

(4)特定软件,用以支持管理者和用户进行数据采集、统计、分析或查询。

为了保持一致性,这些数字工具需要使用共同的资格、能力标准、职业标准或其他参考框架。这种"共同语言"部分地反映了组织和语义上的互操作性,以确保现有的流程、数据和信息可以在后续阶段使用。制定共同的准则和质量标准可以加强服务的有效性,而数据收集和监测则可以提供绩效证据。我国现有的学分银行的数据库也被用来提供和管理教育及培训课程,并提供与其他系统的协同工作,以交叉检查个人的数据。既定的质量保证机制要么是作为助推器,要么是作为反馈渠道。通过这些反馈机制,相关组织可以进一步完善提供认定服务的制度机制和信息平台的功能结构,以提高其有效性。

第五节　对学习者的支持服务

与正规学习相比,先前学习是在非标准化的环境下获得个性化的学习成果。而且,这些成果要通过一定的标准和规则,转变为社会认可的标准化和能够与正式学习成果相互转换的学分或资格证书,需要认定机构在认定过程的各个环节对学习者进行技术指导和信息支持。各国的实践表明,对学习者给予支持所花费的时间在先前学习认定整个过程中占据了很大的比例。如果提供的证据符合机构的期望水平,机构可以减少在证据评估阶段投入的时间。为了能让证据达到更高的水平,认定机构在证据收集阶段就非常注重学习者的支持,因为这种选择将很大程度地降低学习者的程序成本和制度成本,并提高认定的效率。指导和认定服务需要针对具体个人的需求和目标,在教育、培训和劳动力市场途径方面提供更清晰和更有针对性的信息和资源支持,增加指导和认定之间的协同作用,提高整个认定过程的效率。

一、资源支持

在支持学习者申请先前学习认定的过程中,目标高校、认定机构、学分银行等需要提供大量的资源,使学习者能够获得学校信息、课程信息、认定程序、申报材料等。在荷兰、加拿大等国家,政府、非营利社会组织、高校及其合作企业等组织制作大量的小册子、传单、海报、视频、动画片等,通过社会合作伙伴、门户网站和电视、广播和互联网发起全国性的推广活动,一些认定机构在社会广泛投放其制定的先前学习认定指南,或向社会大众提供先前学习认定方法指导和工具。一方面使全社会了解先前学习认定的政策;另一方面使有意申请先前学习认定的学习者能够及时掌握认定政策、标准和申请程序,便于其安排认定计划。例如,比利时的先前学习认定中心使用网站、针对性的电子邮件及媒体宣传等向任何对先前学习认定感兴趣的人提供信息。德国创建了名为"德国的认可"网站,提供一站式信息服务,面向个人用户提供的信息可以帮助其了解认定程序并确定自己的方向,但也面向雇主和可能对该系统产生影响的利益相关者。该网站还提供一些成功案例,以及在德国工作的相关指导,说明如何找到咨询机构,提供法律支持和认证程序本身的信息。

有些机构提供一套个性化的数字工具和认定路线图,支持学习者创建、维护和跟踪认定服务,允许在整个认定过程中监测、控制和重新利用个人的数据。自评工具帮助学习者进行自我评估和技能测试,包括测试、测验和问卷等形式的数字工具,学习者借助这些工具对照特定的标准和学习成果,探讨个人的能力、技能或专业兴趣。自评工具不仅支持个人提高其自我意识,而且能够使指导或认定相关的专业人员了解个人的需求,从而提前安排下一步需要采取的行动。个人也可以使用在线工具进行能力测试,在基于网络的门户网站上填写其简历,并通过完成能力测试,以查询可用的再培训选项或课程,以及获得豁免。学习者可以选择一些自己感兴趣或有优势的题目进行测试。在测验中,通过分析学习者对系统预定题目的回答,可以判断其做某些任务或活动的能力,并分析其对这些任务或活动的喜爱程度,来判断其职业倾向性。例如,波兰劳工部开发一种诊断工具 My WoW,通过大约 200 个封闭式问题以数字化测试分析学习者的职业偏好和兴趣。在 My WoW 的实践中,鼓励个人使用一系列基于不同数据集的活动创建一个关于自己的兴趣、技能和优势的档案,用户档案与不同的预定义职业档案相对应,以便个人可以单独或在职业顾问的支持下审查职业或学科选择。[①] 目前,我国高职院校可以开发职业知识、技能、能力测评在线工具,也可以利用"吉迅测评平台"等数字工具,帮助学生了解自己的特长、兴趣爱好以及潜在的职业倾向,并匹配相应的认定程序和目标课程(或职业资格)。

---

① MOURATOGLOU,VILLALBA-GARCIA.Ridging lifelong guidance and validation of non-formal and informal learning through ICT operationalisation[R].Luxembourg:Publications Office of the European Union,2022.

此外,可以提供在线课程学习服务。组织专业教师团队开发教学资源库、智慧教育平台、优质在线课程学习平台、学分银行培训课程模块等数字课程资源,为学习者自我导向学习和社会导向学习提供更多非正式学习资源支撑。

二、指导、说明或建议

先前学习认定作为正规教育之外的教育支持制度,由于制度的不完善、程序复杂和成果个性化,需要专业人员对学习者在先前学习认定过程的每个阶段进行问题答疑和指导,使之对现有政策、数据、评估工具和指标充分了解。例如,荷兰开放大学基于学分交换模型的先前学习认定程序,在每个阶段都给予学习者支持。在分析阶段,支持服务包括一个标准化的电子邮件,提供基本信息,包含一般顾问的网页和电子邮件地址;一个包含认定程序一般信息的网站,不同阶段的标准要求,手册和档案袋模板;在识别阶段,支持服务是标准化的识别;在证据收集阶段,支持服务由档案袋格式、标准化的论证示例和教育项目的学习目标组成;在评估阶段,支持服务由评估的标准化面试组成,但不提供个人支持。

认定机构或政府需要就先前学习认定的程序进行指导,帮助学习者确定认定是否与其需求相关或适合,学习者根据能力需求、学习结果、职业标准或工作描述来决定自己是否继续进行先前学习认定;向学习者解释评估程序、方法和标准,使其能够准备一个组织要求的评估方法;提供评估结果,个人接受正式的结果和评估反馈;提供后续步骤的建议。此外,认定机构还应事先告知学习者有关认定的组织细节(即时间、地点、费用),以及应获得关于资格授予过程中每个阶段结果的明确而全面的信息,不仅是关于结果的信息,而且是关于哪些能力需要补充的信息,等等。例如,澳大利亚开普敦烹饪学院在学生注册时会建议使用先前学习认定,相关的表格和信息也可以方便获得,这些做法让学生提前了解先前学习认定可以减少培训项目的费用和时间。

在所有这些对学习者的支持服务中,最为关键的是帮助其识别相关的学习,制订行动计划来展示这种学习,并准备和提交证据评估学习成果。学习者在识别、反思、总结和准备档案袋等环节,单靠自己不可能完成"挖掘"这些具有"缄默"属性学习成果的任务,特别是那些早期退学者、有特殊学习需要的成年人、文化程度低的工人和无业人员,这种支持服务更是不可或缺。认定机构或高校的认定顾问可以采取引导和鼓励的方式,在评估阶段之前、期间和之后提供无障碍的指导和支持,使学习者清楚地认识:通过先前学习获得了哪些知识、技能和能力,证据的呈现形式,评估方法和标准,机构对学习者自我评估和档案袋构建的支持,等等。

认定顾问积极引导学习者进行自我评价是指导的必要环节。

(1)顾问帮助学习者唤醒自我意识。先前学习成果的识别和记录阶段,顾问指导学习者从澄清个人的需求、目标、感受和期望开始,逐步获得对先前学习的自我意识,建立和保持积极的自我形象。顾问通过使用开放性问题和促进反思的技术,以及使用评估工具进行能力测试,使学习者意识到自己在工作、生活和职业培训等活动中不知不觉地进行了非正规和非正式学习,已经获得了知识、技能和能力的提升,并进一步认识到自己当前的优势和不足。

(2)顾问指导学习者进行学习反思。识别先前学习成果、评估自己的经验、反思自己的能力和准备成果证据。顾问可以采用几种辅助策略,包括写作技巧工作坊、认定论坛、同伴讨论、批判性思维和分析、文献检索,帮助学习者学习如何反思以往的工作和生活经历,从中总结提炼出自己所知道的、理解的和能够做的工作,即知识、技能和能力,并且找出这些成果对应的证据。这是一个较长时间的成果发现、识别、鉴定和论证的过程,经过几轮的学习反思,学习者逐渐明确自己的能力,同时逐渐建立职业发展的信心。

(3)顾问指导学习者进行职业管理。先前学习认定最终目的是要促进学习者的个性学习和职业发展。因此,顾问不可避免地在学习者识别学习成果和匹配证据的过程中,以及在认定结果产生后,指导学习者根据已有的能力进行职业规划和开展个性学习。事实上,先前学习认定过程与就业指导密切相关,认定的过程实际上是促进学习者职业意识觉醒和明确职业发展方向,明确技能、知识和能力差距,端正职业态度的过程。

第六节　先前学习认定从业者的质量

从业者的质量是先前学习认定质量保证的重要内容,其专业水平和业务能力直接决定着认定结果的真实性、合规性和社会认可度,也关系到资格的可信度和培训机构的信誉。目前,国际上普遍使用的有效方式是采用注册制、认证制和培训制来保证认定从业者,特别是评估员的质量。

一、先前学习认定从业者的角色

先前学习认定的从业人员按照职能主要有评估员、顾问(培训员、辅导员)、监督员、推广员等,其中评估员、顾问和监督员要求具有很强的专业性,只有专业人员才能担任。

(1)评估员。评估员一般是来自教职工中的课程专家,应扮演领导者、组织者、评判者和开发者等多种角色。评估员通过审查证据和运用各种认定方法对学习者的主张进行评估,提出学分授予、课程豁免,以及学习计划和职业规划的建议。具体而言,评估员根据学习者的档案袋、考试成绩、产品质量、雇主评价、问卷分析、现场展示等,判断证据是否具有有效性、可靠性、充分性、时效性和真实性,对基于经验的知识和技能进行专业判断,如果学习成果符合要求的标准,则向相关的权力机构提出授予学分、课程豁免或职业证书的建议。

(2)顾问。顾问扮演导师、政策宣传员、学习辅导员、职业规划师等角色,主要为学习者申请认定提供指导和支持。顾问与学习者一起确定适当的评估选项,沟通并就证据的可接受性和任何进一步的证据要求提供反馈,并提供政策要求、认定程序、评估标准、时间安排等信息,组织写作培训班、证据研讨会、档案袋论坛等活动,培养学习者自我评估和学习反思的能力,协助学习者准备和编制档案袋及论证证据。

(3)监督员。监督员扮演领导者、质量员、督导员、检查员等角色,负责指导和监督政策、规则、标准、流程实施的准确性、公正性和公平性,接受和处理学习者上诉。

(4)推广员。推广员扮演政策宣传员的角色,通过电视、网络等向高校、行业、企业、培训机构和其他社会组织推广先前学习认定政策,帮助社会成员正确认识、接受和参与先前学习认定。

各类人员并非完全界限分明,实践中有时会一人分担多个不同的角色,这些从业人员有些职责可能是重叠交叉的。有些国家的评估者是认定从业人员的统称,没有明确地细分每一个角色。从专业能力的角度看,评估员和顾问的职能可以互换,评估者也必须能够指导学习者,反之亦然。一般情况下,顾问和评估员这两个角色应该是分开的,正如高等学校实施教考分离一样。

二、先前学习认定从业者的培养

先前学习认定是为了特定目的,对提交的证据做出判断。它是一种测量行为,用标准的尺度测量证据的质和量。因此,学习成果认定的质量,明显取决于从业者的专业能力。所有参与学习评估的人员都应接受其所履行职能的充分培训,并为其持续的专业发展做准备。例如,加拿大曼尼托巴省的红河学院,为从业者提供两个级别的培训。40个小时的先前学习认定系统介绍,以及40个小时的先前学习认定高级课程;萨斯喀彻温省为从业人员提供了一个高级证书课程,该课程可以通过远程学习,使世界上任何地方的从业人员都可以学习。对于所有从业人员,至少要培养三种共通的能力:

(1)人际交往能力。如何灵活地处理学习者的需要,如何有技巧地利用开放式问话等;如何使证据得到最有效地利用,有效地满足学习者个体的需要;如何利用基于对话的评价形式,将需要达到的标准与学习者的具体目标相匹配。这些都需要从业者具有良好的沟通能力,与学习者建立融洽的关系。

（2）知识的更新能力。一个行业及培训的需求是动态的，并且随时在变化。因此，从业者要不断地更新行业知识，转变工作角色，这对有效评估非常重要。同时，有助于从业者向客户提出有关未来学习计划的建议。

（3）协调能力。维持和协调好政府、高校、行业、企业、学习者、其他评价组织之间的良好关系。先前学习认定的评估，必须保证其证据的收集在认定机构规定的时间内，评估也必须按照规定的要求来记录，同时还涉及培训和行业标准以及各种合同约定等。这些环节的完成，必须依靠各方良好的合作关系。

在从业人员中，评估员、顾问和监督员是重点培养对象，必须接受专业的培训才能上岗。培训的主要内容包括：先前学习成果的特点、认定政策或制度的规定；先前学习认定的类型，如形成性的、总结性的、通用的认定；评估方法和工具，如档案袋评估、测试、演示、模拟、面试，以及在认定程序中各类评估表的应用；根据现有的评估标准评估申请者提供的证据及其答案；学习者的各种文化背景，如教育、就业、职业规划；评估的目的，如获得高等教育、学术学分、课程豁免、职业证书、个人发展；建设性和激励的方式向参与者提供反馈，解释学习者各方面的能力，撰写清晰、详细、结构化的评估报告；各种目标群体的学习特点和工作环境，如成人学习者、移民、就业工人、失业的青年，等等。

国家可以设立专门的培训机构来培养从业人员，也可以授权企业、行业组织、职业教育与培训学校、应用科学大学等组织培训。当然，如果在企业层面，以人力资源开发为目标的先前学习认定，或者仅仅是为了提升企业的整体技能水平的能力评估，并不需要提供过于严格的专业培训。在这些情况下，评估者往往是同事、主管或本人。

参考文献

[1] 贝尔,列文斯坦,绍斯,等.非正式环境下的科学学习:人、场所与活动[M].赵健,王茹,译.北京:科学普及出版社,2015.

[2] 涂尔干.社会分工论[M].渠东,译.北京:生活·读书·新知三联书店,2000.

[3] 霍耐特.我们中的我:承认理论研究[M].张曦,孙逸凡,译.南京:译林出版社,2021.

[4] 任长松.探究式学习——学生知识的自主建构[M].北京:教育科学出版社,2005.

[5] 房慧.经验学习论[M].昆明:云南大学出版社,2011.

[6] 田凌晖.公共教育改革——利益与博弈[M].上海:复旦大学出版社,2011.

[7] 杜威.民主主义与教育[M].王承绪,译.北京:人民教育出版社,2001.

[8] 罗杰斯.自由学习[M].伍新春,管琳,贾容芳,译.北京:北京师范大学出版社,2006.

[9] 查普伊斯.学习评价7策略:支持学习的可行之道[M].刘晓陵,等译.上海:华东师范大学出版社,2019.

[10] 邱均平,文庭孝.评价学:理论·方法·实践[M].北京:科学出版社,2015.

[11] 希尔伦斯,格拉斯,托马斯.教育评价与监测———一种系统的方法[M].边玉芳,曾平飞,王烨晖,译.北京:教育科学出版社,2017.

[12] 常桐善.美国大学本科教育:学习成果评估[M].北京:科学出版社,2020.

[13] 田中耕治.教育评价[M].高峡,田辉,项纯,译.北京:北京师范大学出版社,2013.

[14] 王春燕.国际视野下我国现代职业教育质量评价与保障[M].北京:人民邮电出版社,2017.

[15] 马越,王文博.高等职业教育课程学习评价与案例[M].北京:中国轻工业出版社,2010.

[16] 黄海涛.学生学习成果评估:美国高等教育质量保障研究[M].北京:教育科学出版社,2014.

[17] 张伟远,段承贵,傅璇卿.搭建终身学习立交桥:国际的发展和比较[M].北京:中央广播电视大学出版社,2014.

[18] 柯维,查克劳.学习成果的分层和认定——21世纪应用探讨[M].孙爱萍,韦欢

欢,刘作芬,译.福州:福建教育出版社,2019.

[19] 哈里斯,布雷耶,维哈克.国际先前学习认定研究[M].魏奇,等译.上海:上海高教电子音像出版社,2010.

[20] 王迎.先前学习认定的理论与实践[M].北京:中央广播电视大学出版社,2012.

[21] 王海东.学习成果认证制度研究[M].北京:中国人民大学出版社,2017.

[22] 王晓典.成果导向高职课程开发[M].北京:高等教育出版社,2016.

[23] 联合国教科文组织.世界教育报告·2000——教育的权利:走向全民终身教育[M].联合国教科文组织中文科,译.北京:中国对外翻译出版公司,2001.

[24] 联合国教科文组织终身学习研究所.成人学习和教育全球报告[M].中国成人教育协会,译.北京:教育科学出版社,2012.

[25] 罗斯曼.未来的教与学:构建全球终生学习体系[M].范怡红,译.青岛:中国海洋大学出版社,2007.

[26] 朗格让.终身教育导论[M].滕星,等译.北京:华夏出版社,1988.

[27] 吴遵民,末本诚,小林文人.现代终身学习论——通向"学习社会"的桥梁与基础[M].上海:上海教育出版社,2008.

[28] 田中万年,大木荣一.终身职业能力开发——劳动者的"学习"论[M].蓝欣,姜征,马金强,译.天津:南开大学出版社,2008.

[29] 贺宏志.我国终身教育体系及其推进策略研究[M].北京:首都师范大学出版社,2013.

[30] 刘汉辉.我国终身教育体系研究——可持续发展视角的分析[M].北京:人民出版社,2012.

[31] 刘雅丽.终身教育与终身学习的现代思考[M].长沙:湖南人民出版社,2008.

[32] 张德明.终身学习与学分银行建设研究[M].上海:上海高教电子音像出版社,2012.

[33] 孙冬喆.通向终身学习的路径与机制——中国学分银行制度建设研究[M].上海:华东师范大学出版社,2015.

[34] 李建忠.通向终身学习的桥梁——资格框架国际比较研究[M].重庆:西南师范大学出版社,2017.

[35] 郭庆.终身学习与职业生涯发展[M].北京:人民邮电出版社,2012.

[36] 何齐宗.教育的新时代——终身教育的理论与实践[M].北京:人民出版社,2008.

[37] 郝克明.跨进学习社会的重要支柱——中国继续教育的发展[M].北京:高等教育出版社,2011.

[38] 史国栋,陈志方,陈剑鹤.高等职业教育与终身教育[M].北京:清华大学出版

社,2006.

[39] 查吉德.职业教育人才培养目标的理论与实证研究[M].广州:暨南大学出版社,2015.

[40] 刘永权.美国远程高等教育认证制度研究[M].北京:中央广播电视大学出版社,2011.

[41] 吴南中,胡娜.学分银行建设的基本理论[M].昆明:云南大学出版社,2019.

[42] 叶正茂.终身教育学分银行:继续教育学习成果的认证及转换[M].成都:电子科技大学出版社,2016.

[43] 张继华,赵正,漆明龙.大学学分制新论[M].成都:四川人民出版社,2008.

[44] 蔡先金,宋尚桂.大学学分制的理论与实践[M].青岛:中国海洋大学出版社,2006.

[45] 季欣.学分银行制度建设:研究与探索论文集[G].北京:中央广播电视大学出版社,2015.

[46] 孙山.地方高校学分制改革研究[M].成都:西南交通大学出版社,2009.

[47] 武尔夫,张蕊."无知"与缄默知识在教育中的挑战——基于图像、表演和身体的视角[J].湖南师范大学教育科学学报,2018,17(1):10-15.

[48] 贾利军.大学生就业能力开发:基于缄默知识视角的思考[J].教育发展研究,2016,36(23):73-79.

[49] 韩天学.缄默知识理论视域下现代学徒制企业师傅的角色定位[J].高教探索,2016(4):91-94,99.

[50] 郭秀艳.内隐学习和缄默知识[J].教育研究,2003(12):31-36.

[51] 石中英.缄默知识与教学改革[J].北京师范大学学报(人文社会科学版),2001(3):101-108.

[52] 应一也,耿俊华,周晶晶.从过去到未来:美国先前学习评价的发展轨迹[J].中国远程教育,2017(7):60-68.

[53] 肖龙,陈鹏.美国先前学习评价的个案研究——以俄克拉荷马州立大学技术学院为例[J].职业技术教育,2016,37(35):72-77.

[54] 陈解放.论新形势下我国高等职业教育的适应性调整[J].中国高教研究,2005(9):48-50.

[55] 岑建,陈明昆.荷兰先前学习认定何以促进学习者的个性学习和职业发展[J].中国高教研究,2024(4):64-70.

[56] 岑建.高职教育先前学习认定制度构建的价值与路径[J].中国职业技术教育,2020(31):25-30.

[57] 国兆亮,于洪波,范梦.先前学习认定的理论价值及实践向度——以美国纽约

州立大学帝国州立学院为例[J].开放教育研究,2018,24(5):46-53.

[58] 李沙沙.先前学习认证制度的国际比较研究及启示[J].当代职业教育,2017
(4):104-108.

[59] 宋孝忠.发达国家先前学习认证的理论与实践[J].教育学术月刊,2012(6):
9-12.

[60] 朱敏.澳大利亚先前学习认定的政策框架与实践成效[J].教育学术月刊,2015
(2):11-17.

[61] 李令群,向艺芬,孙静怡.基于操作层面的我国先前学习认定内涵界定[J].中国
电化教育,2013(10):51-55.

[62] 章玳.香港高校基于成效为本的课程改革与启示[J].现代远程教育研究,2014
(1):79-84,88.

[63] 张伟远.国家资历框架的理论基础和模式建构[J].中国职业技术教育,2019
(18):28-35,45.

[64] 郝克明.学分认证、转换制度与终身学习——在 2016 构建终身学习立交桥和
学分银行系统学术论坛(南京)上的发言[J].终身教育研究,2017,28(2):6-10.

[65] UNESCO, ETF, CEDEFOP. Global inventory of regional and national
qualifications frameworks 2017 (volume Ⅰ) [M/OL]. Luxembourg:
CEDEFOP,Publications Office,2017. https://unevoc. unesco. org/up/NQF_
Global_Inventory_volume_I.pdf.

[66] R DUVEKOT,D J KANG,J MURRAY.Linkages of VPL:validation of prior
learning as a multitargeted approach for maximising learning opportunities
for all [M]. Amsterdam: European Centre for Valuation of Prior
Learning,2014.

[67] UNESCO. UNESCO guidelines for the recognition,validation and
accreditation of the outcomes of non-formal and informal learning[M].
Hamburg:UNESCO Institute for Lifelong Learning,2012.

[68] VPL.The power of VPL:validation of prior learning as a multi-targeted
approach for access to learning opportunities for all[M].Vugth:Inholland
University AS & European Centre Valuation Prior Learning,2014.

[69] A LIS, LAUDENBACH. Dimensions of validation of prior learning in
Europe:empirical insights from Denmark,Poland,Turkey and Germany[M].
Bielefeld:WBV Media GmbH & Co.KG,2022.

[70] SINGH,DUVEKOT.Linking recognition practices and national qualifications
frameworks[M].Hamburg:UNESCO Institute for Lifelong Learning,2013.

［71］ DUVEKOT，SCHUUR，PAULUSSE. The unfinished story of VPL［M］. Utrecht：Foundation EC-VPL & Kenniscentrum EVC,2005.

［72］ BRAŇKA. Strengthening skills recognition systems：recommendations for key stakeholders［M］.Geneva：International Labour Organization,2016.

［73］ WERQUIN. Recognition of non-formal and informal learning：country practices(2010)［R/OL］.［2023-08-25］.https：//www.bollettinoadapt.it/old/ files/document/5650OECD_RECOGNITION.pdf.

［74］ BANKS J A,AU K H,BALL A F,et al.Learning in and out of school in diverse environments：life-long，life-wide，life-deep［R］.Washington：The LIFE Center,2007.

［75］ PLA Centre. Achieving our potential：an action plan for prior learning assessment and recognition（PLAR）in Canada［R］.HALIFAX：PLA CENTRE,2008.

［76］ PAUSITS.Prospective report on the future of non-formal and informal learning towards lifelong and life-wide learning ecosystems［R］.Luxembourg：Publications Office of the European Union,2020.

［77］ CLAYTON，R SMITH. Recognising non-formal and informal learning：participant insights and perspectives［R］.Adelaide：National Centre for Vocational Education Research,2009.

［78］ TUCK. An introductory guide to national qualifications frameworks：conceptual and practical issues for policy makers［R］.Geneva：International Labour Organization,2007.

［79］ CEDEFOP.Validation of non-formal and informal learning in Europe：a snapshot 2007［R］.Luxembourg：Office for Official Publications of the European Communities,2008.

［80］ MOURATOGLOU，VILLALBA-GARCIA. Ridging lifelong guidance and validation of non-formal and informal learning through ICT operationalisation［R］. Luxembourg：Publications Office of the European Union,2022.

［81］ American Council on Education. Credit for prior learning：charting institutional practice for sustainability［R］.Washington：American Council on Education,2015.

［82］ LILLIS，STOTT. The feasibility of employing the accreditation of prior learning(APL)to identify distance travelled towards the achievement of full Level 1，2 and 3 qualifications［R］.Coventry：Learning and Skills

Council,2006.

[83] WHEELAHAN,DENNIS,FIRTH,et al.Recognition of prior learning:policy and practice in Australia [R/OL]. [2024-06-15]. https://core. ac. uk/download/pdf/143881079.pdf.

[84] CEDEFOP,European Commission,ICF.European inventory on validation of non-formal and informal learning 2018(FINAL SYNTHESIS REPORT)[R/OL].[2023-09-16]. https://cumulus. cedefop. europa. eu/files/vetelib/2019/european_inventory_validation_2018_synthesis.pdf.

[85] DUVEKOT,KARTTUNEN,NOACK,et al.Making policy work:validation of prior learning for education and the labour market[M].Houten:European Centre Valuation Prior Learning,2020.

[86] Quality Assurance Agency for Higher Education.Guidelines on the accreditation of prior learning[M/OL].Mansfield:Quality Assurance Agency for Higher Education, 2004.https://portalold.ipb.pt/images/sa/GUIDELINES_APL_QAA.pdf.

[87] Australian quality training framework:standards for registered training organisations[Z/OL].[2020-04-20].https://vital. voced. edu.au/vital/access/services/Download/ngv:12568/SOURCE2.

[88] DUVEKOT,COUGHLAN,AAGAARD.The learner at the centre:validation of prior learning strengthens lifelong learning for all[M].Houten:European Centre Valuation Prior Learning,2017.

[89] Understand students who earn credit through prior learning assessment (PLA)have higher degree completion rates and shorter time-to-degree[Z/OL].[2024-08-04].https://files.eric.ed.gov/fulltext/ED524578.pdf.

[90] Description of the eight EQF levels[Z/OL].[2024-09-18].https://europass. europa.eu/en/description-eight-eqf-levels.

[91] UNESCO guidelines for the recognition,validation and accreditation of the outcomes of non-formal and informal learning[Z/OL].[2020-04-20].https://unesdoc.unesco.org/ark:/48223/pf0000216360.

[92] Education 2030:Incheon Declaration and Framework for Action for the implementation of Sustainable Development Goal 4:ensure inclusive and equitable quality education and promote lifelong learning opportunities for all [Z/OL]. [2020-04-20]. http://unesdoc. unesco. org/images/0024/002456/245656E.pdf.

[93] Promising and practical strategies to increase postsecondary success:prior

learning assessment［Z/OL］.［2023-08-20］. https://www2. ed. gov/documents/college-completion/prior-learning-assessment.pdf.

［94］10 years of the European qualifications framework(EQF)［Z/OL］.［2019-07-05］.https://ec.europa.eu/social/BlobServlet? docId＝19191&langId＝en.

［95］Prior Learning Assessment and Recognition:Resource Guide［Z/OL］.［2023-08-20］.www.northernc.on.ca.

［96］Northeast Resiliency Consortium.Prior learning assessment(PLA)handbook for the Northeast Resiliency Consortium［Z/OL］.［2023-05-02］. https://achieving the dream.org/wp-content/uploads/2022/04/plahandbooknrc_oct_2017.pdf.

［97］S X YIN，KAWACHI. Improving open access through prior learning assessment［J］.Open Praxis,2013,5(1):59-65.

［98］SANSÉAU,SANDRINE. Accreditation of prior experiential learning as a catalyst for lifelong learning:analysis and proposals based on french experiments［J］.Journal of International Education Research,2013,9(4):317-327.

［99］ANDERSSON,FEJES,SANDBERG.Introducing research on recognition of prior learning［J］.International Journal of Lifelong Education,2013,32(4):405-411.

［100］LATCHEM.Informal learning and non-formal education for development［J/OL］.［2022-05-21］.Journal of Learning for Development-JL4D,2014,1(1).https://files.eric.ed.gov/fulltext/EJ1106082.pdf.

［101］JEN. Recognition of prior learning(RPL):Can intersubjectivity and philosophy of recognition support better equity outcomes? ［J］.Australian Journal of Adult Learning,2011,51:90.

［102］WILLIAM G.Choosing outcomes of significance［J］. Educational Leadership,1994,51(6):18.

［103］SOUTO-OTERO.Validation of non-formal and informal learning in formal education:covert and overt［J］.European Journal of Education,2021,56(3):365-379.

［104］The relativity of formal,non-formal and informal learning［Z/OL］.［2023-08-29］. https://www.researchgate.net/publication/41083322_The_relativity_of_formal_non_formal_and_informal_learning.

［105］MASLO,SURIKOVA,KARTTUNEN,et al.Validation of non-formal and informal learning in Latvia, Estonia and Finland: an analysis of the context [J]. Journal of Educational Sciences, 2012, 13(2):30-42.

[106] CHERRSTROM, BODEN, SHERRON. Decade of prior learning assessment in the United States: a systematic literature review [J]. The Journal of Continuing Higher Education, 2022, 70(2):88-104.

[107] Faculty perceptions of prior learning assessment and recognition: a university case study [Z/OL]. [2023-08-23]. https://www.researchgate.net/publication/352694847_Faculty_Perceptions_of_Prior_Learning_Assessment_and_Recognition_A_University_Case_Study.

[108] CASANO. The future of European labour law and the right to employability: Which role for the validation of non-formal and informal learning[J]. European Labour Law Journal, 2016, 7(3):498-519.

[109] MIKULEC, SINGH, SCHILLER, et al. Toward a convergence or divergence of adult learning and education policies? Recognition of prior learning in Germany and India[J]. Journal of Education, 2022, 10(2):37-60.

[110] PITMAN. Recognition of prior learning: the accelerated rate of change in Australian universities[J]. Higher Education Research and Development, 2009(2):227-240.